近江の古代寺院と造営氏族

発掘した遺構と軒瓦から謎を解く

小笠原好彦 著

SUNRISE

目次

第二部　近江の古代寺院と歴史的展開

第三部　近江の古代寺院の探究

エピローグ

プロローグ

日本に百済《くだら》から仏教が伝えられたのは、宣化《せんか》三年（五三八）説と欽明《きんめい》一三年（五五二）説がある。前者は「元興寺伽藍縁起《がんごうじがらんえんぎ》」に、後者は『日本書紀』欽明一三年一〇月条に記されているものである。二つの説のうち、現在は五三八年説が有力視されている。

百済から仏教が伝来した直後の寺院は、有力氏族の自宅の建物を仏堂に改築したり、宅地の一部に新たに仏堂を建てたものである。これらの仏堂は、いずれも瓦を葺くことなく、草堂《そうどう》や精舎《しょうじゃ》と呼ばれるものであった。

そして、用明《ようめい》二年（五八七）、蘇我馬子《そがのうまこ》と物部守屋《もののべのもりや》とが政治の主導権をめぐって戦った際、仏教の国家的な導入も争点となった。この戦いで勝利した馬子は、翌年に、百済の昌王《しょうおう》に寺院を建てる建築工・造瓦《ぞうが》工人・画師《えし》らの派遣を招来し、日本でも初めて本格的な古代寺院である飛鳥寺《あすかでら》が造営されることになった。

この飛鳥寺は、昭和三〇、三一年（一九五五、五六）に発掘され、一塔三金堂《こんどう》式の伽《が》藍《らん》が検出された。そして、これらの堂塔には、百済の造瓦工人が指導して製作した平《ひら》瓦《がわら》・丸瓦と、百済系の素弁蓮華文《そべんれんげもん》の軒丸瓦《のきまるがわら》が葺かれていたのである。

飛鳥寺が建立された直後から、仏教の普及が国家的に進められるようになった。また、蘇我馬子と物部守屋との戦いのとき、馬子側に加担した厩戸皇子《うまやどのみこ》、平群《へぐり》氏・巨勢《こせ》氏・葛城《かつらぎ》など大和《やまと》の有力氏族、さらに渡来系氏族の秦《はた》氏らが中心となり、本格的な古代寺院の造営が進展した。『日本書紀』推古《すいこ》三二年（六二四）九月三日条は、この年の調査で、寺が四六ヶ所、僧八一六人、尼五六九人いたことを述べている。

古代寺院に葺かれた軒丸瓦の瓦当《がとう》文様は、七世紀第1四半期までは素弁蓮華文、舒《じょ》明《めい》一一年（六三九）に舒明天皇が造営した百済大寺《くだらおおでら》から蓮弁《れんべん》の上に子弁《しべん》を重ねる単弁蓮華文、そして天智《てんじ》天皇が川原寺《かわらでら》を造営した六六〇年代からは複弁蓮華文がつけられている。

そして、各地で造営された古代寺院跡から出土する軒瓦からみると、飛鳥時代の寺院は、王宮が営まれた飛鳥を中心に、大和・河内《かわち》・摂津《せっつ》・山背《やましろ》で建てられ、他に和泉《いずみ》や近江《おうみ》でも、この時期に氏族の氏寺が一部で建てられている。

また、舒明一一年（六三九）に舒明天皇が百済大寺を造営したのを契機に、国家的な寺院も造営されている。続く白鳳《はくほう》時代には西国に加えて、東国でも氏寺が顕著に造営されるようになり、全国で六〇〇余の古代寺院が知られている。

さて、古代の近江は、畿内の山背の北東に隣接する地域である。白村江《はくそんこう》の戦い後の天智六年(六六七)、王宮は飛鳥から近江大津宮《おおつのみや》(六六七～六七二)へ遷都し、一時的ながら政権の中心地となった。しかし、壬申《じんしん》の乱の後、王宮は再び飛鳥に還都した。藤原氏『家伝』の「武智麻呂伝《むちまろでん》」には、「近江国は宇宙《あめのした》に名のある地なり。地広く人衆《おお》くして、国富み家給《そな》ふ」と記され、その中心部に大きな琵琶《びわ》湖を抱き、周辺に広い平野が広がる地であった。また、畿内および東山道《とうさんどう》、北陸道の諸国とつながりをもつこともあり、じつに豊かに発展した地域であった。それだけに、近江では各地を本拠とした有力氏族よって、多くの氏寺が造営されている。

古代の近江では、飛鳥期に穴太《あのう》廃寺・衣川《きぬがわ》廃寺・柿田《かきた》廃寺・蜂屋《はちや》廃寺が造営されていた。これらのうち穴太廃寺は、全面的な発掘によって飛鳥期と白鳳期の伽藍が検出されている。また、衣川廃寺でも飛時期末の伽藍が発掘されている。さらに、柿田廃寺と新たに蜂屋廃寺が検出され、注目されている。

続く白鳳期には、天智天皇が近江大津宮へ遷都した際に建てられた崇福寺《すうふくじ》・大津《おおつ》廃寺・南滋賀《みなみしが》廃寺、さらに雪野寺《ゆきのでら》跡・宮井《みやい》廃寺など六〇余の古代寺院が知られている。

これらの白鳳期の寺院は、地域別にみると、湖西《こせい》地域南部では、穴太廃寺・衣川廃寺・崇福寺・南滋賀廃寺・真野《まの》廃寺などがある。穴太廃寺は、近江に建立された最古の有力氏族の氏寺である。この氏寺では、飛鳥期に地域の地割に沿って北で東に大きく偏した伽藍を造営し、ついで天智天皇が近江大津宮へ遷都した時期に、伽藍を真北の方向に、しかも規模の大きなものに改修していた。穴太廃寺からは、これらの伽藍を造営した穴太村主《あのうのすぐり》の政治力・経済力がよくうかがえる。

また、崇福寺は、近江大津宮に遷都した翌年に天智が勅願した寺院である。この崇福寺の伽藍は、飛鳥の川原寺と同一のもので、弥勒堂《みろくどう》跡（金堂跡）の基壇に瓦積《かわらづみ》の外装を採用している。この瓦積基壇は、百済扶余《ふよ》の定林寺址《じょうりんじし》・軍守里寺址《ぐんしゅりじ》などにみる百済固有の基壇外装である。そして、崇福寺の瓦積基壇は、六六〇年に百済が滅亡した際に、日本に渡った百済人らによって導入されたものであった。その後、飛鳥でも檜隈寺《ひのくまでら》跡の講堂跡に瓦積基壇が採用されているように、渡来系氏族の氏寺に顕著に採用されている。

さらに衣川廃寺は、大津北部の堅田《かたた》を本拠とした有力氏族の氏寺である。この氏寺は、飛鳥期の奥山久米寺《おくやまくめでら》系や白鳳期に山田寺《やまだでら》式の軒丸瓦を葺いており、大和の氏族との強いつながりを知ることができる。この他に、県庁の北に所在した大津廃寺も、崇福寺と同じく飛鳥の川原寺と同笵《どうはん》（同一の型で製作された）軒丸瓦が葺かれており、湖西地域南部にふくめて、この寺院の性格を検討する必要がある。

また湖南地域には、石居《いしずえ》廃寺・花摘寺《はなつみでら》廃寺・宝光寺《ほうこうじ》廃寺などがある。ここでは花摘寺廃寺・石居廃寺が注目される。花摘寺廃寺では藤原宮《ふじわらきゅう》所用瓦が葺かれ、石居廃寺では、柱座《はしらざ》を造り出した礎石が使用されており、いずれも造営氏族の性格の検討が課題になる。

さらに湖東地域で注目される古代寺院には、雪野寺跡・宮井廃寺・法堂寺《ほうどうじ》廃寺・軽《かる》野塔ノ塚《のとうのづか》廃寺・小八木《こやぎ》廃寺などがある。この地域の蒲生《がもう》郡の日野《ひの》川流域に造営された雪野寺跡は、古く塔跡から多量の塑像仏が出土し、著名な古代寺院である。この塑像仏は、宮井廃寺でも塔跡から出土している。

また、愛知《えち》郡の軽野塔ノ塚廃寺・小八木廃寺と妙園寺《みょうおんじ》廃寺・野々目《ののめ》廃寺などでは、単弁で平坦な中房をなし、その中央に大きな蓮子《れんし》を一つつけ、その外側に環状に蓮子を配し、外区内縁に珠文帯《しゅもんたい》をめぐらす湖東式軒丸瓦が葺かれている。これと同様の瓦当文様は、日本では見出し難く、百済公州《こうしゅう》の大通寺《だいつうじ》址・南穴寺《なんけつじ》址・西穴寺《さいけつじ》址などで出土している。しかも公州の大通寺址などの古代寺院から導入した可能性が高く、その歴史的背景を具体的に明らかにする必要がある。

近江の北にあたる湖北地域では、井口《いのくち》廃寺・柿田廃寺などが知られている。柿田廃寺では、堂塔の遺構は見つかっていないが、飛鳥期の素弁蓮華文の軒丸瓦が出土しており、注目される氏寺である。さらに湖西地域北部には、大供《おおとも》廃寺と大宝寺廃寺がある。これらのうち大宝寺廃寺では、軒瓦とともに、多くの鴟尾《しび》片も出土している。しかも、この二つの氏寺は、軒瓦に強いつながりがあり、造営氏族の性格を明らかにする必要がある。

本書では、近江の主要な古代寺院跡から出土した資料を紹介するとともに、これらの古代寺院を造営した有力氏族に言及する。

伊香郡
浅井郡
井口廃寺
浅井郡
大供廃寺
柿田廃寺
高島郡
大宝寺廃寺
琵琶湖
坂田郡
屋中寺跡
犬上郡
滋賀郡
法堂寺廃寺
軽野塔ノ塚廃寺
真野廃寺
衣川廃寺
小八木廃寺
愛智郡
穴太廃寺
野洲郡
雪野寺跡
崇福寺跡
花摘寺廃寺
神崎郡
宮井廃寺
南滋賀廃寺
蜂屋廃寺
蒲生郡
宝光寺廃寺
手原廃寺
大津廃寺
瀬田廃寺
国昌寺跡
栗太郡
甲賀郡
石居廃寺
甲賀寺跡

近江の古代寺院分布図

第一部

近江各地の古代寺院と造営氏族

第一章　湖西地域南部の古代寺院

一、衣川廃寺と造営氏族

衣川廃寺の金堂跡と塔跡

衣川《きぬがわ》廃寺は大津《おおつ》市の北部、ＪＲ堅田《かたた》駅の南にある衣川町に所在する古代寺院です。古く江若《こうじゃく》鉄道の建設時に瓦が出土し、地元の方によって注目された遺跡でした。昭和四五年（一九七〇）に、湖西《こせい》線の開設にともなって、さらに多量の瓦が出土し、古代寺院が所在することが確かなものとなりました。しかも、湖西線の建設前後から、この地域一帯で開発があいつぐようになりました。このような状況のもと、昭和五〇年（一九七五）、衣川廃寺の発掘調査が実施されています。

この衣川廃寺は、その西にある西羅《にしら》古墳が築造されているあたりから東へのびる丘陵の東端部に造られており、寺域は、東西六〇ｍ、南北八〇ｍほど、周辺より一段高い地形をなしています。発掘調査のときには台地上の北側にあたる位置に、一段高く東西一八m、南北一八mほどの不整形な北方建物の土壇が遺存していました（**図1**）。

この北方建物の土壇は、黒褐色土《こっかっしょくど》を主体に積み、ほかに淡黒褐色土、黄色土、茶褐色土などを水平に搗《つ》き固めて版築《はんちく》した建物基壇です。この基壇では、かつて配されていた礎石はいずれも抜き取られていましたが、三ヶ所で、礎石の割れた破片や根石《ねいし》が遺存した礎石の抜取穴が検出されています。

それによると、北方建物の柱間は一〇尺（三m）に推測され、この基壇の大きさから東西五間、南北四間の金堂《こんどう》と推測されています。

図1　衣川廃寺の現状（右：塔跡、奥：金堂跡）（著者撮影）

この金堂に推測される北方建物跡の北側では、多量の瓦《かわら》片が堆積しており、西側の基壇端でも瓦片や鉄釘《てつくぎ》が出土しました。この金堂跡の発掘時に著者も、この建物の基壇の北側断面を観察する機会がありました。残っていた基壇の上部の一mほどは、数cm～十数cmの厚さで積んでおり、じつに丁寧に黒褐色土と茶色の山土を搗き固めたものでした。そして、黒褐色土の中に、縄文早期の押型文《おしがたもん》土器が破片となってふくまれているのを観察することができました。これらの土は、衣川廃寺から遠くない縄文遺跡から運んだものと思います。

また、この金堂跡の東南に、一辺七mほどの規模をなす方形状の低い土壇が遺存していました。その中央部に径一・五m、深さ〇・四mの掘削した穴を見ることができました。この土壇は発掘した結果、一辺約一四m、高さ一・二五m、七層が互層《ごそう》となった版築した基壇でした。そして、この基壇の規模、形状からみて塔跡に推測されます。中央部の窪《くぼ》みは、塔心礎《しんそ》の抜取穴に推測されます。この抜取穴の上面から須恵《すえ》質の瓦塔《がとう》の破片が出土しており、注目されています(図2)。

これら二つの建物のほかに、金堂跡の西南部、塔跡の西方でも、ほかに建物が建てられていなかったか試掘をおこなっていますが、建物の存在は確認されていません。

衣川庵寺の瓦窯跡

また、この台地の西南部にあたる斜面には発掘前から窪んだ穴が確認されており、衣川廃寺の屋瓦《おくが》を焼成した瓦窯《がよう》跡に推測され、

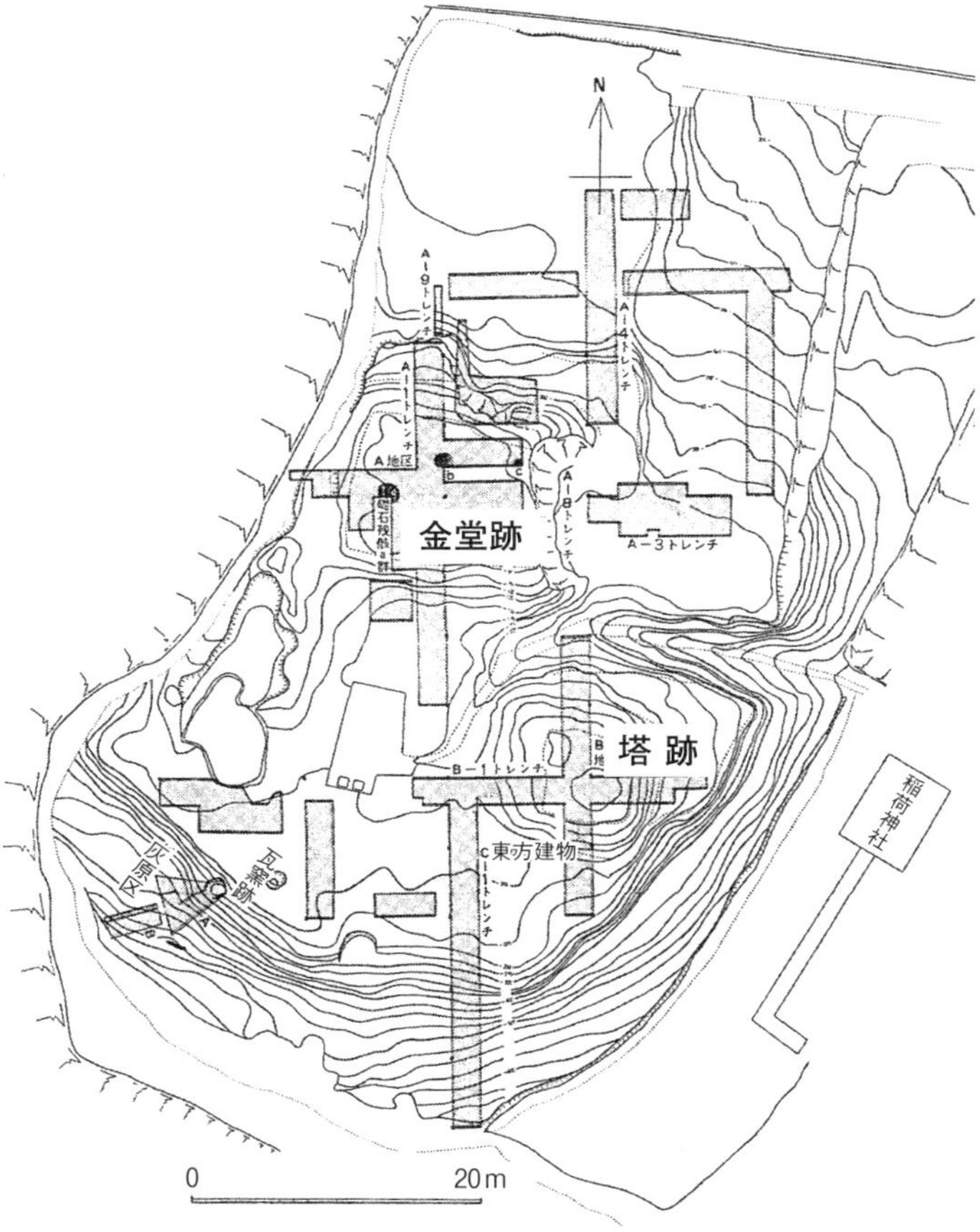

図２　衣川廃寺の発掘遺構（『衣川廃寺発掘調査報告』）

後に発掘されています。その結果、地山《じやま》を刳《く》り抜いて床面に階段を設けた窖窯《あながま》であることが判明しました。この瓦窯は、全長七m、幅一mほどで、焚口《たきぐち》部から煙道《えんどう》部までよく残っています。焚口は石組みされ、焼成部に階段を設けており、全体で十数段が設けられていたものと推測されています。この衣川廃寺からは、軒丸瓦《のきまるがわら》として瓦窯跡のものをふくめ、素弁《そべん》八弁蓮華文《れんげもん》(図3-1)、単弁八弁蓮華文など六種のものが出土しています。

衣川廃寺は金堂に素弁八弁蓮華文の軒丸瓦が葺かれ、この様式からみて、飛鳥《あすか》期末に造営された寺院であったことが判明しました(図3)。そして、平瓦《ひらがわら》には格子目《こうしめ》叩きを施し、一般にみる縄目叩きのものは出土していません。

壬申の乱まで近淡海国造の氏寺か

さて、この衣川廃寺は春日山《かすがやま》古墳群の南に建立された氏寺です。ここは古代の滋賀《しが》郡真野《まの》郷にふくまれ、小野臣《おののおみ》、真野臣、近淡海国造《ちかつおうみくにのみやつこ》の本拠とした地域でした。小野氏の本拠からは少し南に離

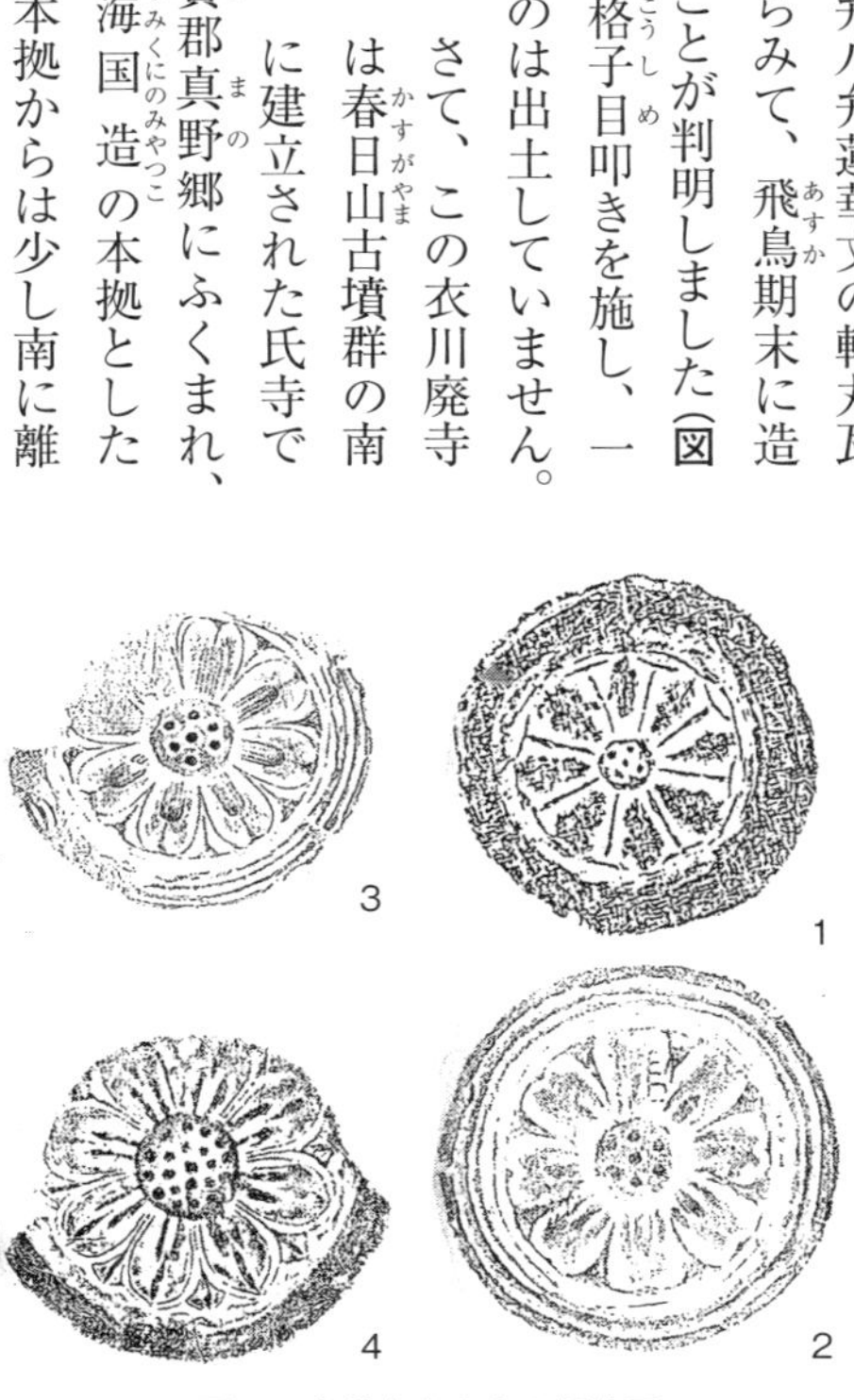

図3　衣川廃寺出土の軒丸瓦
(『衣川廃寺発掘調査報告』)

れ、真野臣の地には真野廃寺が知られていますので、近淡海国造が造営した氏寺であった可能性が高いものです。しかも、この衣川廃寺の堂塔と葺かれた軒瓦からみると、この氏寺は造営を中断しています。これは壬申《じんしん》の乱の後に廃絶したものと推測されており、近江《おうみ》朝廷側に加担した在地の有力氏族の氏寺であったと思われます。

二、真野廃寺と造営氏族

瓦類から塔跡の可能性

真野《まの》廃寺は、ＪＲ堅田《かたた》駅の西北、真野川の南、真野町中村の地に所在したと推測される古代寺院です。早くから観音堂と俗称される地の水田の水路に礎石が蓋石《ふたいし》に使用され、単弁蓮華文軒丸瓦《れんげもんのきまるがわら》の破片二種、複弁蓮華文軒丸瓦が西田弘《にしだひろむ》氏によって注目され、近くに古代寺院があったことが『近江《おうみ》の古代寺院』に紹介されています。

その後、真野廃寺は平成二一年（二〇〇九）以後に三度にわたって、都市計画道路の改良に関連して発掘調査されています。まず、同年の第一次調査では、南北に幅一五m幅の調査区を設定して発掘されています。その結果、調査区の北端部で方形基壇の遺構、中央部から瓦窯《がよう》跡、さらに三基の古墳が検出されています。

これらのうち方形基壇は、幅二mの溝が東西一一m、南北一二mがめぐるものです。その上部から瓦類が多く出土したので、基壇は残っていませんが、その規模から塔跡の可能性が推測されています。

また、その南一五mで、瓦窯一基が遺存していました。この瓦窯は、焚《たき》口《ぐち》から焼成部にかけてよく残っており、半地下式の登窯《のぼりがま》です。全長は六・六m以上、幅一・〇～一・五mで、焚口から燃焼部まで平瓦《ひらがわら》を積んで天井部をなしていました。焼成部の床面に段はなく、瓦片《かわらへん》を敷いています。焚口は最後に瓦を焼成した際に、瓦を取りだすため、広く口をあけた状態で検出されています。

真野廃寺の瓦窯跡と古墳

軒瓦には、軒丸瓦として五種のものが出土しています。1類は単弁八弁蓮華文のもので外縁に重圏文《じゅうけんもん》をめぐらすもの、2類は素弁十二弁蓮華文で外縁に花弁状のものをめぐらすもの、3類は素弁《そべん》八弁蓮華文のもので外縁が無文のもの、4類は重弁八弁蓮華文で、蓮弁《れんべん》の間に点珠《てんじゅ》をつけ、外縁が無文のもの、5類は単弁八弁蓮華文で、1＋8の蓮子《れんし》をつけ、外縁をもたないものがあります（図5）。軒平瓦には重弧文《じゅうこもん》をつけるものが出土しています（図4）。これらの軒丸瓦からみると、七世紀の第3四半期に造営された氏寺です。

ほかに、古墳三基が南北に並んで検出されています。そのうち、北端の一号墳は組合式木棺を直葬した主体部も検出され、金環、鉄刀・刀子《とうす》・ガラス玉・須恵器《すえき》などが副葬され

図４　真野廃寺の瓦窯跡（大津市埋蔵文化財調査センター提供）

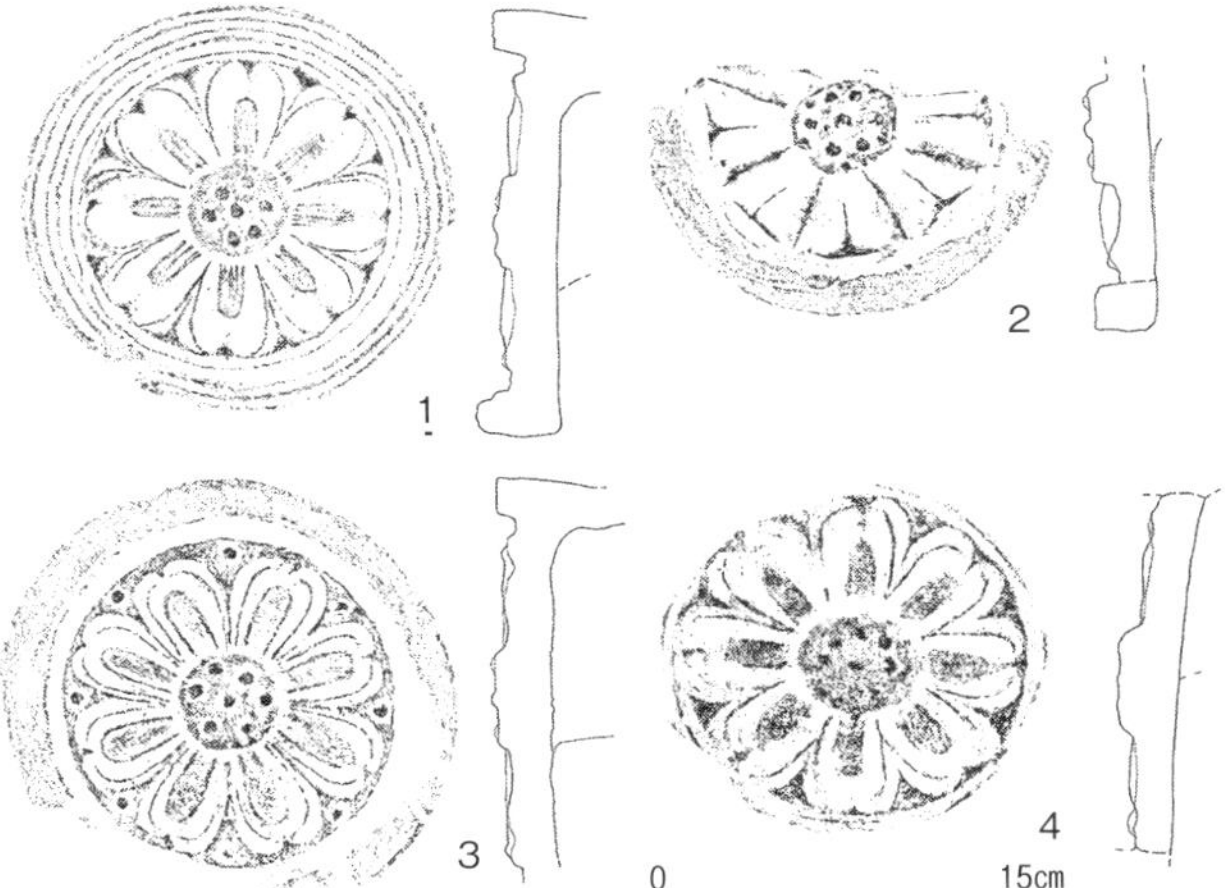

図５　真野廃寺出土の軒丸瓦（『真野廃寺発掘調査報告』）

ており、六世紀中ごろの群集墳です。

その後、さらに北部でも二度にわたって発掘され、一部で瓦溜《かわらだまり》が検出され、軒丸瓦が一部出土しています。

七世紀後半　真野臣の氏寺か

このように、真野廃寺は、古くは水路に被《かぶ》せた礎石一個と、単弁蓮華文二種と複弁蓮華文の軒丸瓦一種が採集されているだけでした。しかし、発掘によって方形基壇と瓦窯一基が検出され、ここに白鳳《はくほう》期の古代寺院が存在したことは疑いないものなりました。

見つかった方形基壇は、塔跡に推測されており、三重塔の可能性があります。ほかの建物は見つかっていませんが、単弁軒丸瓦五種、ほかに複弁軒丸瓦も採集されていますので、金堂《こんどう》、講堂などの仏堂も建てられていたものと推測されます。

そして、これまで知られる軒瓦からすると、ここには七世紀後半に、この地域を本拠とする有力氏族が造営した氏寺が建っていたものと推測されます。奈良時代の軒瓦はまったく出土していないので、奈良時代には廃絶したのかも知れません。

この真野廃寺の北には曼荼羅《まんだら》山《やま》古墳群が築造されています。また、南には春日山《かすがやま》古墳群が築造されています。この堅田の地域は、これまで有力氏族として小野臣《おののおみ》、真野臣、近《ちか》淡海国造《おうみくにのみやつこ》が本拠としたと推測されています。これらの氏族のうち、小野臣は真野廃寺から少し北に隔てた小野の地を本拠としたものと推測され、この廃寺が所在する真野は、真野臣が本拠としたものと推測されます。真野臣は、『新撰姓氏録《しんせんしょうじろく》』右京皇別《こうべつ》下に、「天足彦国押人命《あめたらしひこくにおしひとのみこと》三世孫」であり、近江国志賀《しが》郡真野村に居住することが記されています。

真野廃寺から出土した軒丸瓦のうち、1類と3類は、南二㎞に所在する衣川廃寺でも同笵《どうはん》（同じ型）軒丸瓦が出土しており、衣川廃寺の造営氏族とじつに親密な関係をもっていたことがわかります。琵琶《びわ》湖の南湖《なんこ》と北湖《ほっこ》の境を本拠とする真野臣は、和邇《わに》系氏族の一氏族として、七世紀の後半に、ここに有力氏族として真野廃寺を造営したものと推測されます。

三、穴太廃寺と造営氏族

創建寺院の堂塔と改築した伽藍

穴太《あのう》廃寺は、大津《おおつ》市穴太、唐崎《からさき》に所在する古代寺院です。ここに古代寺院が所在することは、昭和四六年（一九七一）に、この穴太廃寺の南にあたる下大門《しもだいもん》遺跡が発掘され、掘立柱《ほったてばしら》建物、暗渠《あんきょ》排水溝が検出されています。また、大量の瓦類が出土したことから、周辺に古代寺院が所在することが推測されています。その後の昭和五九年（一九八四）、大津北部から京都へ通ずる西大津バイパスが計画されることになり、その事前調査として大規模に発掘されています。

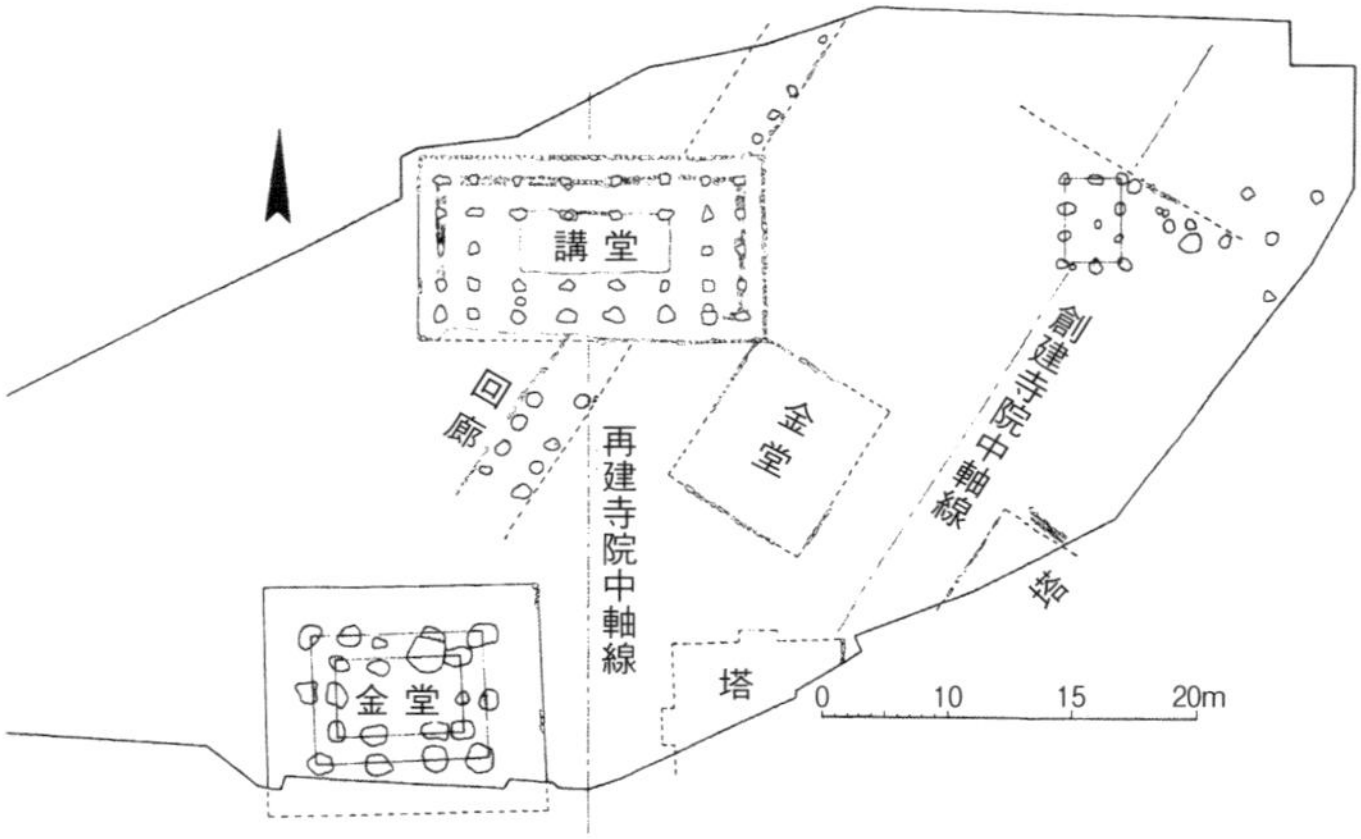

図6　穴太廃寺の伽藍（『穴太遺跡発掘調査報告書Ⅳ』）

その結果、下大門遺跡の発掘の際に推測したように、その北側で古代寺院の伽藍《がらん》が検出されました。しかも、この発掘では、創建寺院の堂塔とそれらを改修した二つの伽藍が検出されたのです。このような発掘状況が報道されたので、研究者のみでなく、広く多くの市民によって注目されることになりました。

まず、創建寺院の堂塔は、東側に塔跡、西に金堂《こんどう》跡を配したものです。この金堂跡は、基壇土の一部と基壇の端に施した地覆《じふく》石《いし》が遺存しており、南北一四・四m、東西一二mのものです。また、塔跡は、基壇の西辺の一部が検出されたものですが、やはり地覆石が遺存していました。しかも地覆石に凝灰岩《ぎょうかいがん》の切石《きりいし》が用いられていました。

また金堂跡の西では回廊の地覆石が遺存しており、金堂跡と塔跡は、主軸が北で東に四二度ほど偏して建てられていました（図6）。

真南北に大規模な改築

一方の創建の堂塔を全面的に改築した伽藍は、北に講堂跡、その西南に金堂跡、東南に塔跡を配したものでした。金堂跡は南面し、東西二二・八m、南北一九mで、瓦積《かわらづみ》基壇を採用したものでした。この瓦積基壇は、よく残る北面では平瓦一〇枚、高さ一mほどが遺存していました。この基壇上に、身舎《もや》は桁行《けたゆき》三間《けん》、梁行《はりゆき》二間、庇《ひさし》も桁行三間、梁行二間に礎石を据えたものでした。また塔跡は、基壇の北半部のみを検出したもので、東西一二mのものです。さらに講堂跡は、じつに基壇がよく残っており、礎石の大半が残存していました。基壇は東西二八・二m、南北一五・五mで、基壇端に据えた地覆石もよく残っていました。礎石は一辺一m大の花崗《かこう》岩《がん》の自然石の上面をわずかに平らにしたもので、身舎の中央三間分に、補助的に使用した束石《つかいし》が残っており、ここに須弥壇《しゅみだん》が設けられていました。しかも三区分されているので、三尊仏《さんぞんぶつ》を安置していたものと推測されます。ここから塑像の螺髪《らほつ》も出土しています（図7）。

この堂塔の位置を変えて改築した伽藍は、ほぼ真南北に堂塔を配しており、創建期の東に偏した堂塔の、金堂跡の西北隅の地覆石の上に、改築した講堂跡の東南隅の地覆石が据えられていたので、後に改修して構築したことが明らかなものでした。

図7　穴太廃寺の発掘遺構（北から：手前が講堂跡）（滋賀県提供）

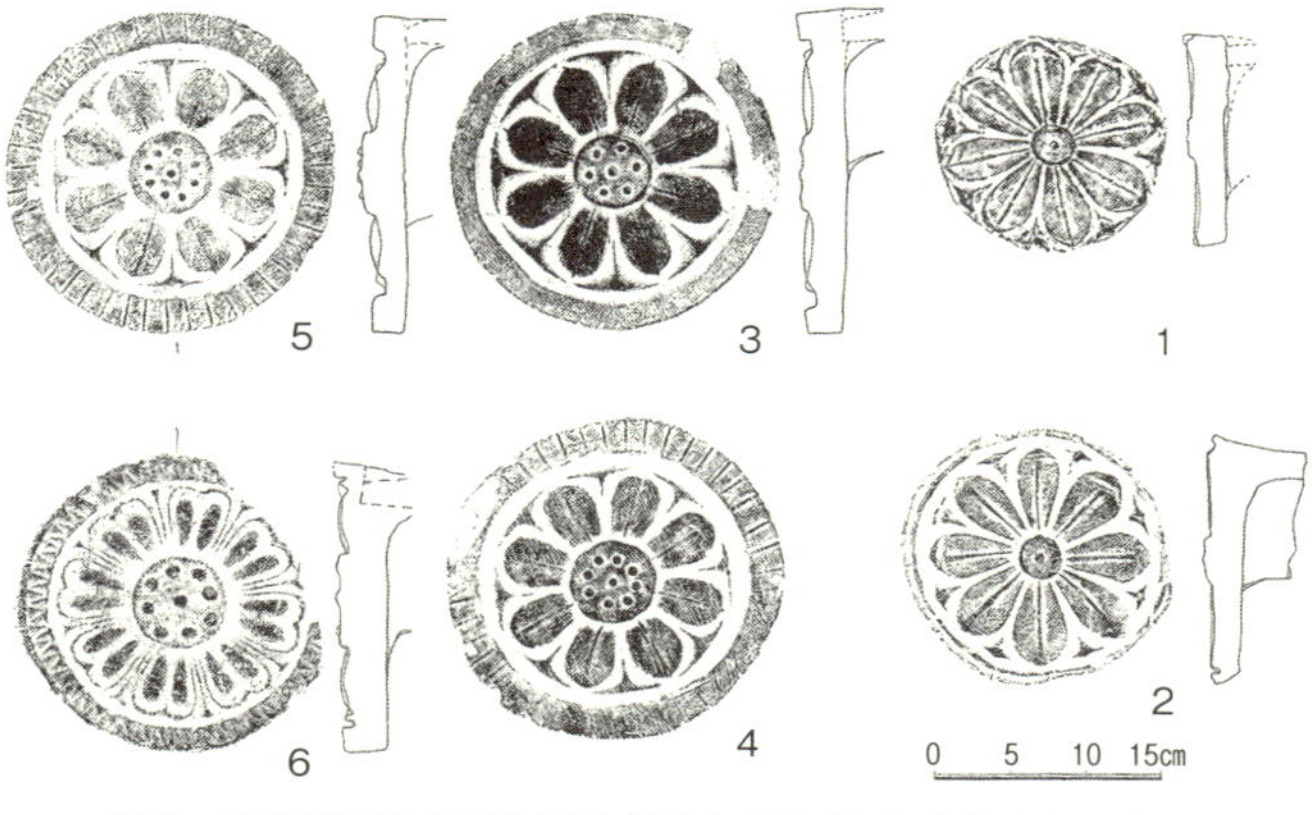

図8　穴太廃寺出土の軒丸瓦（『穴太遺跡発掘調査報告書Ⅳ』）

このように、穴太廃寺では、創建の伽藍の堂塔に対し、改築した堂塔は、より規模を大きくし、しかも真南北に造営されています。

穴太廃寺に葺かれた軒瓦には、素弁八弁蓮華文《そべんはちべんれんげもん》（図8－1・2）、単弁八弁蓮華文（図8－3）、輻線文縁《ふくせんもんえん》単弁八弁蓮華文（図8－4・5）、面違《めんたがい》鋸歯《きょし》文縁《もんえん》複弁八弁蓮華文（図8－6）、軒平瓦として重弧文《じゅうこもん》をつけたものが出土しています。これらの軒丸瓦《のきまるがわら》のうち、素弁八弁蓮華文は飛鳥《あすか》期末のもの、ほかは白鳳《はくほう》期のものです（図8）。このような軒瓦からみると、穴太廃寺は、飛鳥時代の末に伽藍が創建され、その際に素弁八弁蓮華文が葺かれたものと推測されます。そして、塔が建てられた後に、何らかの事情から、この氏寺の伽藍の方向を真南北に変更し、大規模に改築しています。しかも、改築した金堂は、その規模を一回り大きくし、崇福寺《すうふくじ》の弥勒堂《みろくどう》跡（金堂跡）に初めて導入された百済《くだら》系の基壇外装である瓦積《かわらづみ》基壇を採用しています。

また、創建伽藍の堂塔を解体した際には、それまで屋根に葺かれた素弁軒丸瓦は、西端部からまとめて出土しており、寺域の西端附近に廃棄されたものと推測されます。

近江大津宮へ遷都で 崇福寺の造営後に改築

前述のように、穴太廃寺の発掘では、創建伽藍とそれを改築した伽藍の二つの伽藍が検出されています。しかも、北で東に四二度振れた創建伽藍の堂塔には、素弁八弁蓮華文が葺かれています。この軒丸瓦は、山背《やましろ》の京都市北野廃寺に葺かれたものと様式的に近いので、北野廃寺とのつながりによって導入したものと推測されます。

この北野廃寺は、『日本書紀』推古一一年（六〇三）一一月一日条に記すように、山背に秦河勝《はたのかわかつ》が建てた蜂岡寺《はちおかでら》に推測されている寺院です。穴太廃寺に葺いた素弁八弁軒丸瓦は、蓮華文をつけた瓦当《がとう》面と丸瓦との径が合わなかったようで、外縁部を削って作っています。

さて、改築した穴太廃寺の伽藍は、講堂の西南に金堂、東南に塔を配した法起寺《ほっきじ》式伽藍です。しかも、金堂は瓦積基壇を採用していました。この瓦積基壇は、百済《くだら》の扶余《ふよ》に建てられた軍守里寺址《ぐんしゅりじし》・定林寺《じょうりんじ》址・王宮里寺址《おうきゅうりじ》などに採用されている基壇外装です。この基壇外装は、地覆石を据え、その上に平瓦を半截《はんせつ》し、側面を表にして平積みしたものです。この日本では、近江大津宮《おうみおおつのみや》へ遷都した翌年に、天智《てんじ》天皇が造営した崇福寺跡に初めてこの基壇外装が導入されています。その後、近江大津宮周辺に建てられた南滋賀《みなみしが》廃寺、穴太廃寺へ、また山背では高麗寺《こまでら》跡、北白川《きたしらかわ》廃寺など、近江と山背を中心に採用され、さらに各地で広く採用されるようになった基壇外装です。

また、改築した金堂の建物は、身舎《もや》、庇《ひさし》ともに桁行《けたゆき》三間《けん》、梁行《はりゆき》二間に礎石を配した建物でした。これと同一に礎石を配した金堂は、飛鳥の山田寺《やまだでら》金堂と三重県名張《なばり》市にある夏見《なつみ》廃寺で知られるだけです。このような金堂の建築様式が穴太廃寺に採用されたのは、飛鳥から天智が近江大津宮へ遷都した際に、山田寺の金堂の造営を担った建築工人らも移動したことによるものと推測されます。

また、改築した伽藍の堂塔に葺かれた軒瓦は、川原寺《かわらでら》式の複弁八弁蓮華文、外縁に輻線《ふくせん》文《もん》をつける単弁八弁蓮華文が葺かれています。また、軒平瓦は重弧文をつけるものが出土しています。これらの軒瓦からすると、穴太廃寺の伽藍の改築（移建）は、崇福寺の造営がおこなわれた直後に、おこなわれたものと推測されます。

穴太村主の氏寺を新地割で向きと規模変更

ところで、穴太廃寺を建立した造営氏族は、所在地が穴太の地にあり、周辺に大遺規な穴太野添《のぞえ》古墳群が築造されているので、ここを本拠にした有力氏族である穴太村主《あのうのすぐり》の氏寺として建てられたものと推測されます。この穴太村主氏は、『新撰姓氏録《しんせんしょうじろく》』諸蕃《しょばん》の未定雑《ざっ》姓《しょう》に、「穴太村主　曹氏《そうし》寶徳公《ほうとくこう》之《の》後也《あとなり》」と記されており、大津の琵琶《びわ》湖南半の西岸を本拠とした大友《おおともの》村主、錦織《にしこりの》村主などとともに、古代の滋賀郡の大友郷を本拠とした渡来系の有力氏族です。そして、湖北の地にも同族が顕著に居住しています。

では、穴太廃寺では、創建伽藍が北で東に偏して建てられていたのに、ほぼ真南北に向きを変えて堂塔を建て、しかも伽藍の規模を大きく造営したのはなぜでしょうか。

この伽藍の向きに関しては、天智六年（六六七）に、後飛鳥岡本宮《のちのあすかおかもとのみや》から遷都した近江大津宮は、大津市錦織で関連する遺構が検出され、いずれもほぼ真南北に殿舎が構築されています。そして、この錦織から坂本の地域には、真南北に設けた条里の地割《じわり》と、条里地割よりも幅の広い一七六・五ｍの地割が広く存在することが西田弘氏によって喚起されています。この条里より広い地割の性格は、まだ十分に明らかになっていません。しかし、近江大津宮が造営された地域であることからみて、飛鳥から近江大津宮への遷都した際に、近江大津宮の周辺に設けた飛鳥から移住する官人らの居住を想定して設けた地割の可能性がきわめて高いように推測されます。

しかも、条里より大きな真南北の地割は、穴太廃寺が建てられた穴太や坂本地域まで及んだ可能性が高いものです。当初は、東に大きく偏した地割のもとに建てられた穴太廃寺は、近江大津宮遷都にともなって設けられた地割と食い違ったことから、国家的な支援のもとに、伽藍の向きを変え、しかも首都の地域に建てる寺院に相応しい規模の伽藍を造営したものと推測されるのです。

四、崇福寺の造営と天智天皇

崇福寺《すうふくじ》は、大津《おおつ》市滋賀里《しがさと》の山中の尾根に造営された古代寺院です。京阪石山坂本《いしやまさかもと》線の滋賀里駅で下車して西進し、西大津バイパスを過ぎ、さらに百穴《ひゃっけつ》古墳から少しだけ西の尾根上に造営されています。

遷都の翌年に天智天皇が造営

この崇福寺は、平安時代に編纂《へんさん》された『扶桑略記《ふそうりゃっき》』に所収する「崇福寺縁起」に、天《てん》智《じ》天皇が近江大津宮《おうみおおつのみや》に遷都した翌年（六六八）に、山中に崇福寺を建てるに至った縁起を述べ、ついで伽藍《がらん》として弥勒堂《みろくどう》（金堂《こんどう》）、講堂、小《しょう》金堂、宝塔、僧房、印蔵《いんぞう》、炊屋《かしぐや》、湯屋《ゆや》、竈《かまど》屋《や》、浄屋《じょうや》などが静寂な山間に建てられていたことを記しています。

南尾根の伽藍が不明なままの肥後説

この崇福寺跡は、昭和初期に、大津宮の所在地の解明が望まれるようになり、昭和三・四年（一九二八・二九）に肥後和男《ひごかずお》氏によって、また昭和一三・一四年（一九三八・三九）に、柴田實《しばたみのる》氏によって一部が発掘され、実測図が作成されています。

まず、肥後氏は、大津宮の所在地を解明するための方法として、大津宮の乾《いぬい》（西北）に建てられたと記す崇福寺を明らかにすることにしました。そこで、滋賀里山中の寺院跡と南《みなみ》志賀《しが》の南滋賀廃寺の発掘を試みました。この滋賀里山中の発掘では、北尾根で金堂跡、中尾根で小金堂跡と塔跡、南尾根で金堂跡と講堂跡を検出しました。

これらの堂塔のうち、北尾根の金堂跡は、瓦積《かわらづみ》基壇の外装を施した規模の大きな建物でした。また中尾根の小金堂は、桁行《けたゆき》三間《けん》、梁行《はりゆき》二間の小規模なもので、基壇端に石を積んでおり、塔跡は桁行三間、梁行三間で、これも基壇端に石を積んだものでした。

さらに、南尾根でも、西側に桁行五間、梁行四間の金堂跡、その東の規模の大きな建物は、桁行五間、梁行四間の講堂跡を検出しています。

このような検出された建物跡に対し、肥後氏は、北尾根の建物跡を弥勒堂跡と呼び、これと中尾根の小金堂跡と塔跡に対し、崇福寺と理解しました。しかし、ほとんど遺物が出土しなかったのと、南尾根の建物に対する理解が不十分でしたので、異なる見解もだされることになり、十分に解明されたとは言い難いものとなりました。

南尾根の伽藍を後の建築とする柴田説

その後、近江神宮が建設されることになり、近江大津宮の所在地の解明が再び課題になったので、昭和一三・一四年（一九三八・三九）、柴田實氏によって南滋賀廃寺と滋賀里山中の伽藍の補足的な発掘がおこなわれています。

この調査中に、中尾根の北側の一部ががけ崩れし、崩れた土砂から白鳳《はくほう》期の軒瓦《のきがわら》と塼仏《せんぶつ》が出土しました。また、中尾根の塔跡で心礎《しんそ》が検出され、その南側面に穿《うが》った小孔《しょうこう》に舎利《しゃり》容器が埋納されていました。この舎利容器は、金函《きんばこ》の中に瑠璃瓶《るりびん》を納め、この金函を銀函《ぎんばこ》に入れ、さらに銀函を格狭間《こうざま》がともなう銅函に収納していました。また、外函《そとばこ》の銅函《どうばこ》には、舎利として水晶粒三点、紫水晶二点、ガラス玉一四個が入っていました。さらに、舎利容器の銅函の台脚に付着して無文銀銭一一枚、舎利容器の外に、荘厳具《しょうごんぐ》として鉄鏡《てっきょう》一面、銅鈴《どうれい》二個、硬玉《こうぎょく》製丸玉《まるたま》三個も入れられていました。

そして、このときの柴田氏の調査では、複弁八弁蓮華文《れんげもん》、輻線文縁《ふくせんもんえん》複弁八弁蓮華文の軒丸瓦、重弧文軒平瓦《じゅうこもんのきひらがわら》などの軒瓦が出土しています。また滋賀里山中の堂塔の詳細な実測図も作成されました。

その結果として、柴田氏は、北尾根、中尾根の堂塔と南尾根の建物の主軸が異なるので、北・中尾根の堂塔を崇福寺とし、南尾根は後に建てられたものとしています（図9）。そして、それ以前から滋賀里山中の伽藍との関連が注目されている南滋賀廃寺は、白鳳期に建てられた逸名《いつめい》の寺院としました。

中尾根の小金堂で白村江戦の死者を供養か

さて、崇福寺跡の発掘では、北尾根で弥勒堂跡（金堂跡）、中尾根に西に小金堂、東に塔跡が配されており、飛鳥《あすか》の川原寺《かわらでら》跡と同一の伽藍をなしています。「崇福寺縁起」によると、

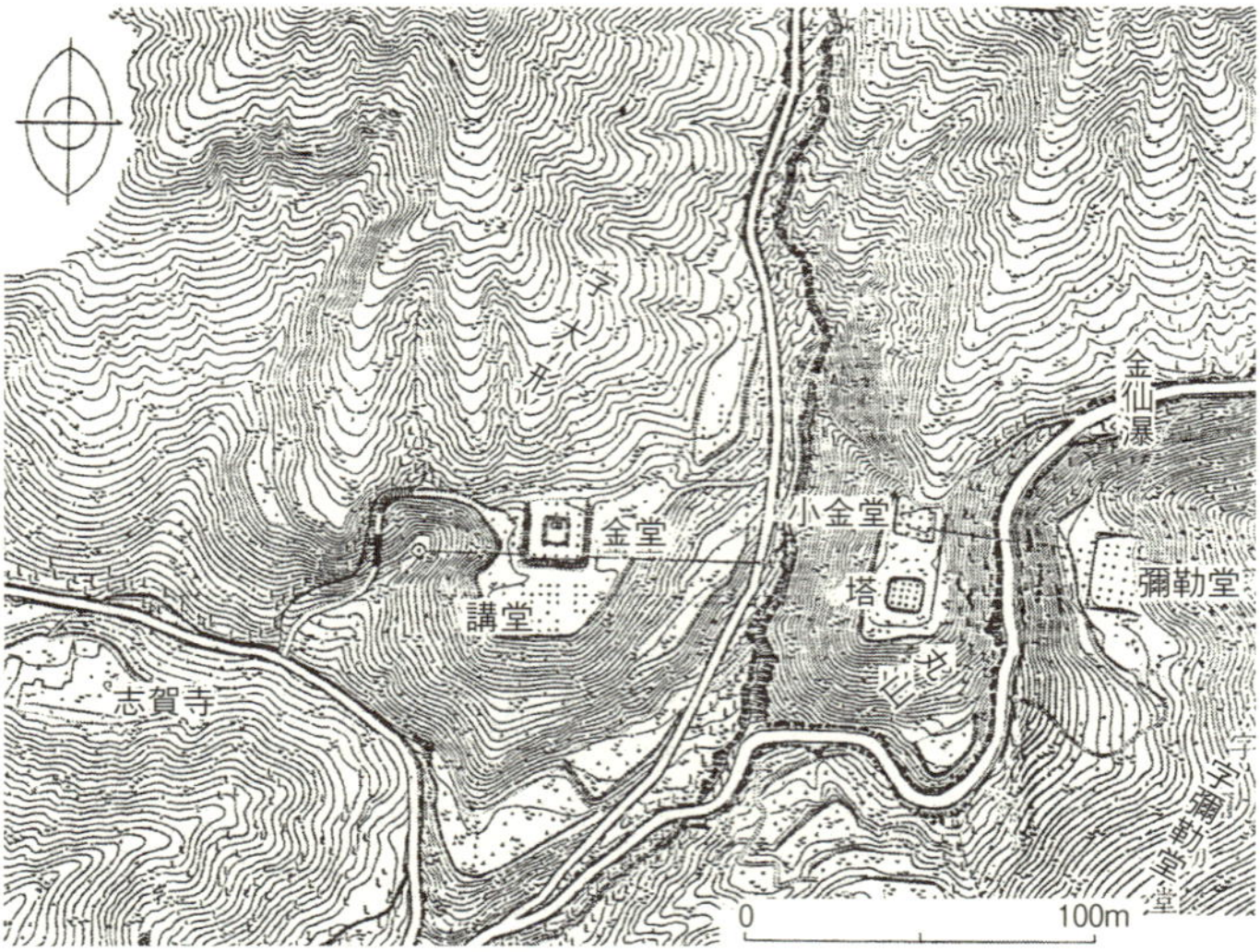

図９　崇福寺の主要伽藍（『大津京阯　下　崇福寺阯』）

図10　崇福寺の弥勒堂跡（西から）（著者撮影）

金堂に弥勒仏、小金堂に阿弥陀仏、塔に四方仏《しほうぶつ》が安置されています。とすると、天智天皇が造営した川原寺でも中《ちゅう》金堂に弥勒仏、西金堂に斉明を弔う阿弥陀仏を安置したものと推測されます。また、一方で、天智が造営した崇福寺の小金堂に安置した阿弥陀仏は誰を弔うためだったのかを考える必要があります。著者は、小金堂とはいえ、白村江《はくそんこう》の戦いで二万人を超える兵士が戦死しているので、この戦いで没した兵士を弔ったものと考えます。

また、崇福寺の弥勒堂跡（図10）の東では、平坦な石の上に、瓦を合掌に積んだ遺構も見つかっています。これは築地、もしくは回廊状のものの基壇が存在した可能性があります。この合掌型の瓦積基壇は、崇福寺のほかには知られていません。おそらく、弥勒堂跡の平積みした瓦積基壇と同様に、百済から移住した百済の造営工人らの指導のもとに構築したものと推測されます。

南尾根の伽藍を梵釈寺とする福山説

ところで、柴田實氏による崇福寺の発掘が終了した昭和一六年（一九四一）、石田茂作《いしだもさく》氏は、塔跡から出土した舎利容器の格狭間《こうざま》の様式を平安時代初期のものとし、崇福寺跡とする伽藍を、平安時代初期に桓武天皇が建立した梵釈寺《ぼんしゃくじ》跡とする考えを提示しました。

この考えに対し、崇福寺の発掘に関与した考古学者の梅原末治《うめはらすえじ》氏は、格狭間の様式は奈良時代のものが少ないこと、韓国の慶州にある皇福寺《こうふくじ》の石塔から見つかった舎利容器

（七〇六年建立）と類似すること、軒瓦、塼仏、鏡、さらに地下式の心礎、瓦積基壇などから白鳳期のものとし、発掘の結果を重視すべきであるとして反論しました。この反論に、石田氏は白鳳期の瓦が少ないこと、塼仏や鏡の年代の根拠が不十分であり、また白鳳期には山岳寺院は存在しないと反論しました。

この論争に対し、建築史家の福山敏男《ふくやまとしお》氏は、崇福寺の北尾根の弥勒堂跡、中尾根の小金堂跡・塔跡と南尾根の金堂跡、構造跡の主軸が異なること、南尾根の金堂跡の礎石が出柄《でほぞ》式である点などから平安時代の様式としました。そして、北尾根と中尾根の伽藍を崇福寺、南尾根を桓武天皇が建てた梵釈寺の伽藍とする考えを提示しました。また、田中重久《たなかしげひさ》氏も、梵釈寺に関連する和歌から、山中に建てられていたと理解しうるとし、福山氏の考えを支持しています。

現状では福山氏の考えが定説となっています。

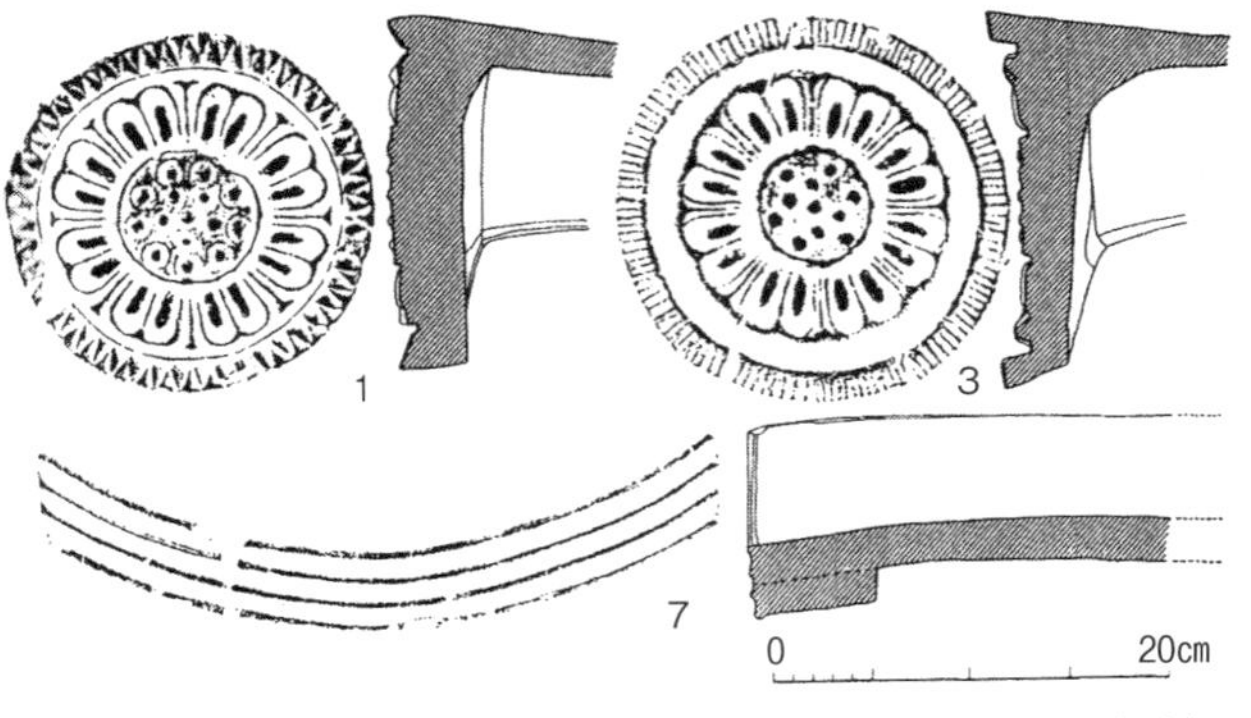

図11　崇福寺出土の軒瓦（左上：川原寺軒丸瓦Aと同笵）（著者作成）

「崇福寺縁起」には、崇福寺は林樹森々とし、清涼な流水の流れる空間に造営されたと記しており、崇福寺跡は、それに相応しい地に所在しています。

「志我山寺」とも呼ばれた国家的寺院

天智が建立した崇福寺は、『続日本紀《しょくにほんぎ》』大宝元年（七〇一）八月四日条に、近江国の志我山寺《しがやまでら》は、庚子《かのえね》（庚午《かのえうま》か。六七〇年）の年から食封《じきふ》を与えて、満三〇年となると記しており、天智年間から食封（対象の戸《こ》の租《そ》の半分と調庸《ちょうよう》）が与えられた国家的な寺院でした。このように崇福寺は志我山寺とも呼ばれています。そして、昭和六三年（一九八八）に出土した長屋王家木簡《ながやおうけもっかん》には、「志我山寺に都保菜《つぼな》造りて遣わせ」と、野菜を志我山寺に送るように命じた木簡が出土しています。この木簡は、長屋王の母の御名部皇女《みなべのひめみこ》は天智の娘でしたので、崇福寺と深いつながりをもっていたことを示しています。

さらに、『続日本紀』天平一二年（七四〇）一二月一三日条は、一〇月末に東国へ行幸した聖武天皇は、山背《やましろ》の恭仁宮《くにのみや》を訪れる二日前に近江の禾津頓宮《あわづのかりのみや》に宿泊し、志我山寺の参拝に訪れたことを述べています。

この崇福寺は、創建当初は川原寺の創建軒丸瓦と同笵《どうはん》の軒丸瓦を葺いています（図11）。しかし、「崇福寺縁起」を記したころには、弥勒堂、小金堂、塔、講堂などの屋根も雑舎《ぞうしゃ》と同じく檜皮《ひわだ》葺きになっていたようです。山間部では、屋瓦《おくが》は凍結すると割れやすく適さない素材でした。しかし、聖武が参拝したときには、まだ瓦葺きした堂塔が建てられていたものと推測されます。その後に屋根から降ろした屋瓦は、付近に投棄されたものと推測されます。まだ確認されていない雑舎とともに、瓦類を発掘し、さらに創建時の実態を解明する必要があります。

五、南滋賀廃寺と造営氏族

梵釈寺説と他の寺院説

京阪電車の石山坂本《いしやまさかもと》線の南滋賀《みなみしが》駅で下車し、少し南西へ進むと志賀《しが》小学校があります。この小学校の北側一帯に所在したのが南滋賀廃寺です（史跡指定は南滋賀町廃寺だが、本書では南滋賀廃寺と記す）。

昭和三年（一九二八）、近江大津宮《おうみおおつのみや》の所在地を明らかにするため、肥後和男《ひごかずお》氏は、崇福寺《すうふくじ》跡を確認する目的で、滋賀里《しがさと》山中と南志賀にあった南滋賀廃寺を発掘しました。

その結果、南滋賀廃寺は、南から東西二つの塔跡、金堂《こんどう》跡、講堂跡、食堂《じきどう》跡などを検出しました。東の塔跡は基底部に石を据え、その上に瓦を積んだ瓦積《かわらづみ》基壇、西塔《さいとう》跡も瓦積基壇、金堂跡は二重に積んだ瓦積基壇、講堂跡は石を並べた基壇のもの、さらに北に礎石があり、食堂に推測しています。そして、肥後氏は、この伽藍《がらん》を桓武《かんむ》天皇が建てた梵釈寺《ぼんしゃくじ》に推測しました。しかし、異論もだされました。

その後の昭和一三年（一九三八）から一五年（一九四〇）にかけて、柴田實《しばたみのる》氏による再調査が実施されています。この調査では、南から東塔、西塔、その北に金堂、講堂、食堂を配した伽藍とし、東にある礎石を東回廊に推測しています。そして、この南滋賀廃寺は白鳳《はくほう》期に建てられ、平安時代まで存続した逸名《いつめい》の古代寺院としています。

南滋賀町廃寺として国史跡に指定

さらに南滋賀廃寺は、昭和三二年（一九五七）に国史跡に指定されています。そして指定後に、史跡の指定地内での住宅の改築や現状変更などにともなう発掘によって、現状では、中門は検出されていませんが、南回廊の礎石の一部が検出されているので、存在したものと推測されます。そして、その内側に東塔と西に小《しょう》金堂、その北に金堂を配しています。東塔《とうとう》は一辺一二・一m、小金堂は東西一三・二m、南北一二・一m、金堂は東西二一・七m、南北一八・二mで中門から廻る単廊は、金堂にとりついていました。また、その北の講堂を囲んで複廊が東と西に設け、これらは僧房にとりつくものと推測されています（図12・13）。

この南滋賀廃寺は、創建時の軒丸瓦《のきまるがわら》に川原寺《かわらでら》式の複弁八弁蓮華文《れんげもん》のものと単弁八弁蓮華文、さらに蓮華を横に表現した方形軒瓦（俗にサソリ文）のものが出土し（図14）、大津宮遷都のころに建立されています。そして、これらの軒瓦は、南滋賀廃寺の西方の丘陵裾で検

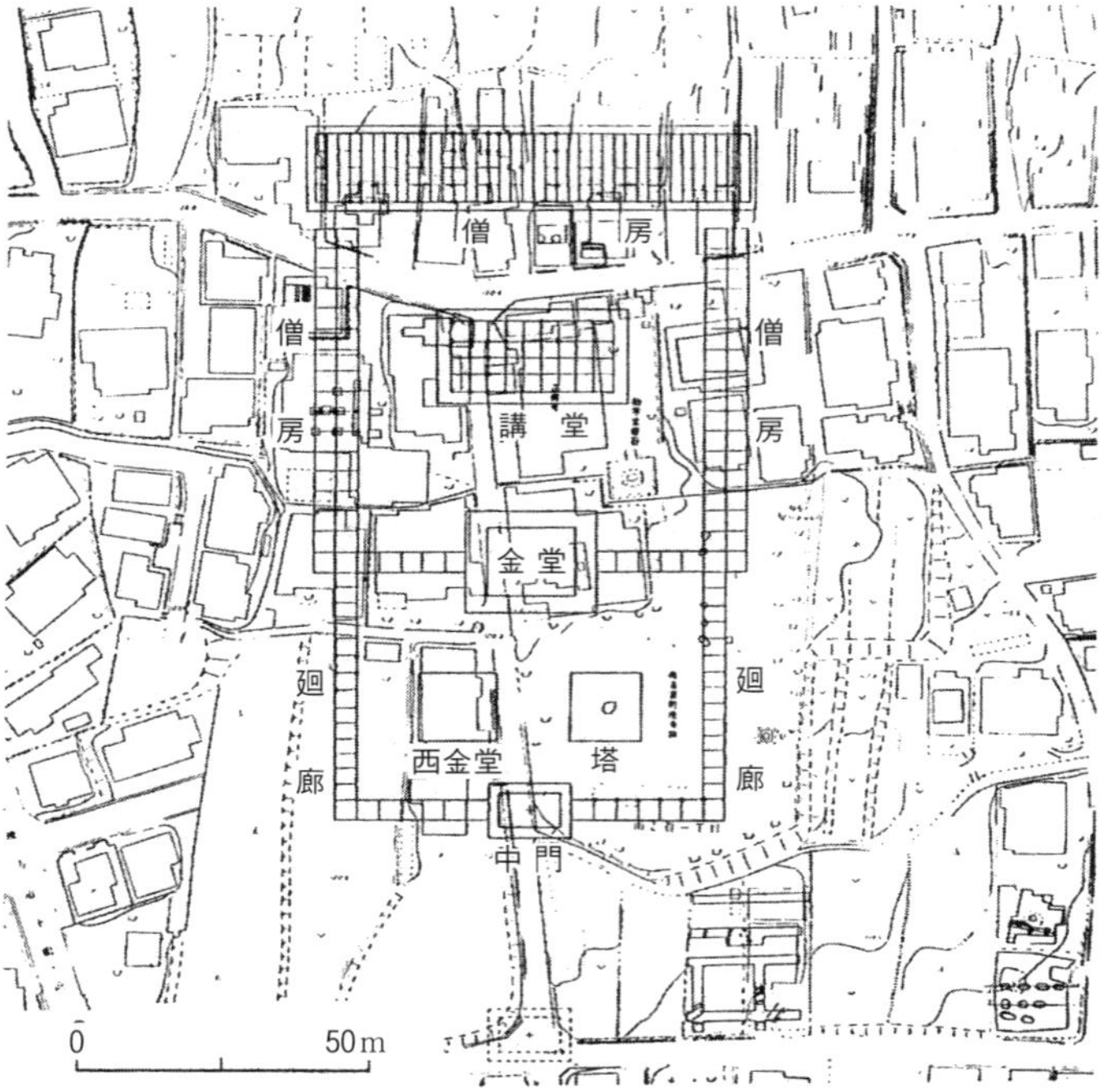

図12　南滋賀廃寺の伽藍（『近江の遺跡』）

図13　南滋賀廃寺の塔跡（西から）

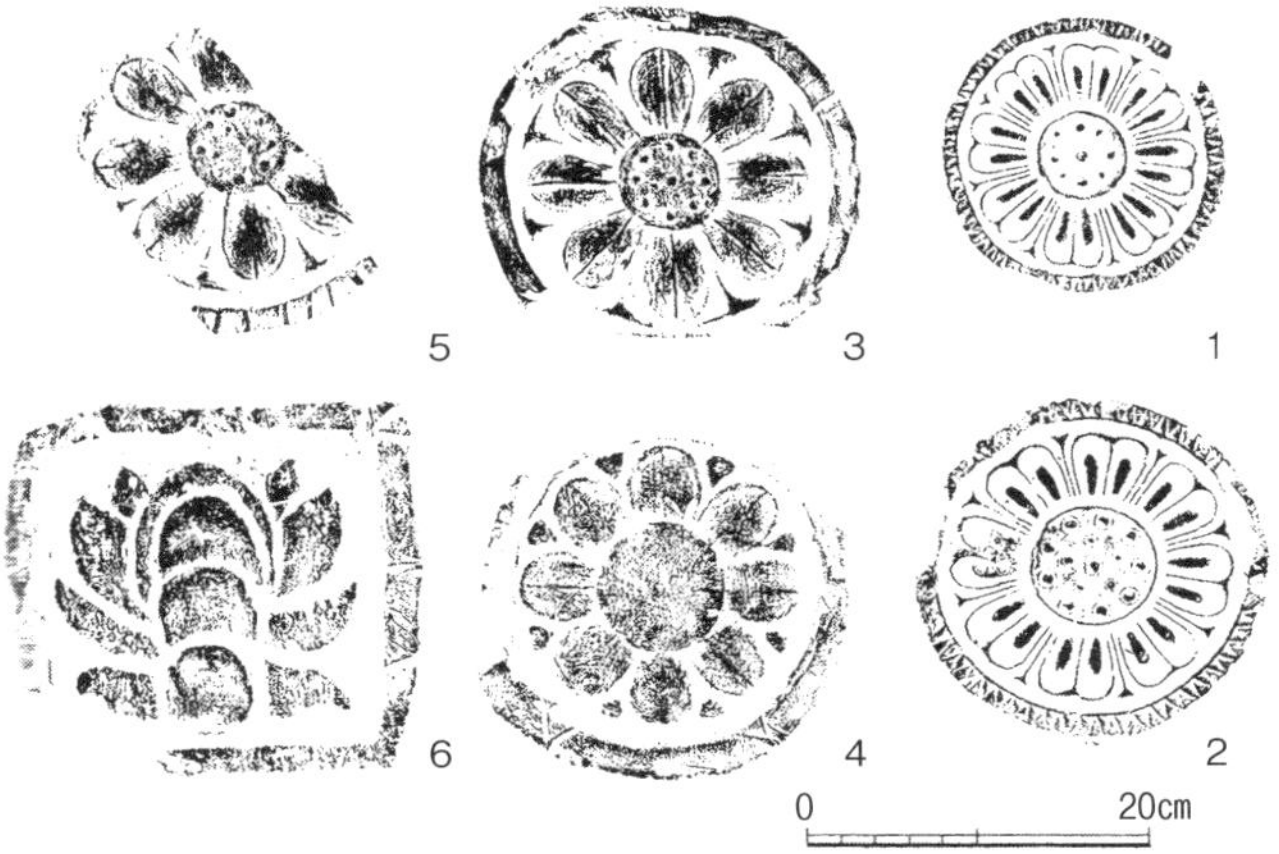

図14　南滋賀廃寺出土の軒丸瓦（『近江の古代寺院』）

出された榿木原《はんのきはら》瓦群で焼成されたことも、発掘によって明らかになっています。とりわけ、南滋賀廃寺からは、通常の軒丸瓦と異なる方形軒瓦が出土し、注目されます。

錦部寺と同一の錦織村主の氏寺

平成二三年（二〇一一）、南滋賀廃寺の東二〇〇mから「錦寺」と線刻した緑釉《りょくゆう》陶器の底部片が農耕地から採集されました。この「錦寺」は、大橋信弥《おおはしのぶや》氏によりますと、『続日本紀《しょくにほんぎ》』天平神護《てんぴょうじんご》二年（七六六）九月六日条に、藤原仲麻呂の乱のとき、官軍を助けた近江の僧と錦部寺《にしこりでら》と藁園寺《わらそのでら》の檀越《だんおつ》と寺々の奴《やっこ》に物を賜った記事があり、この錦部寺と同一の寺院と推測されています（大橋二〇〇四）。

そして、この錦部寺の檀越は、滋賀郡を本拠とする大友村主《おおとものすぐり》、穴太《あのうの》村主と並ぶ志賀漢《しがのあや》人《ひと》の有力氏族である錦織《にしこりの》村主に推測されています。この錦織村主は、もともと河内国若江郡錦織郷を本拠とする渡来系氏族で、『新撰姓氏録《しんせんしょうじろく》』右京諸蕃《しょばん》上に、「韓国の人、波努志《はのし》自《よ》り出《い》づ」とあり、山城国諸蕃にも同様の所伝が記されています。また、『新撰姓氏録』逸文には、仁徳朝に来日し、当初は檜隈《ひのくま》に居住したが、後に手狭になったので近江などの諸国に移動した村主姓の諸氏のなかに錦織村主がみえます。この所伝によって錦織村主は、朝鮮三国からの渡来氏族で、来日した後しばらくして近江に移住し、滋賀郡錦織郷に定着した氏族に推測されています。

この南滋賀廃寺の西側の南志賀・滋賀里の山麓には、百穴《ひゃっけつ》古墳群、太鼓塚《たいこづか》古墳群、大通《だいつう》寺《じ》古墳群など、大規模な古墳群が築造されています。そして、これらの古墳群は、横穴式石室の玄室に穹窿《きゅうりゅうけい》型に石材を積むものをふくんでおり、その大半にミニチュアの竈《かまど》と炊飯具を副葬しています。このミニチュアの竈と炊飯具は、渡来系氏族の墓に顕著に副葬されています。

また、南滋賀廃寺の金堂・小金堂・塔跡には、瓦積基壇の外装が採用されています。これは、在地の有力氏族だった錦織村主が近江大津宮の遷都に多大な貢献をしたので、天智天皇の支援を受けて、南滋賀廃寺の伽藍の堂塔を大規模に造営したことを示すものと推測されます。

六、大津廃寺と造営氏族

『近江輿地志略』では大津・高市皇子の本願

大津《おおつ》廃寺は、大津市京町《きょうまち》二丁目、滋賀県庁前のすぐ北西部に所在したと推測される古代寺院です。周辺の地形は、南からゆるく下がる丘陵地が平坦に変化する地点に位置しています（図15）。

この大津廃寺は、西田弘《にしだひろむ》氏が、『近江《おうみ》の古代寺院』に「大津廃寺」の項目をたてて執筆し、注意されるようになった古代寺院です（西田一九八九）。西田氏によると、昭和五一年

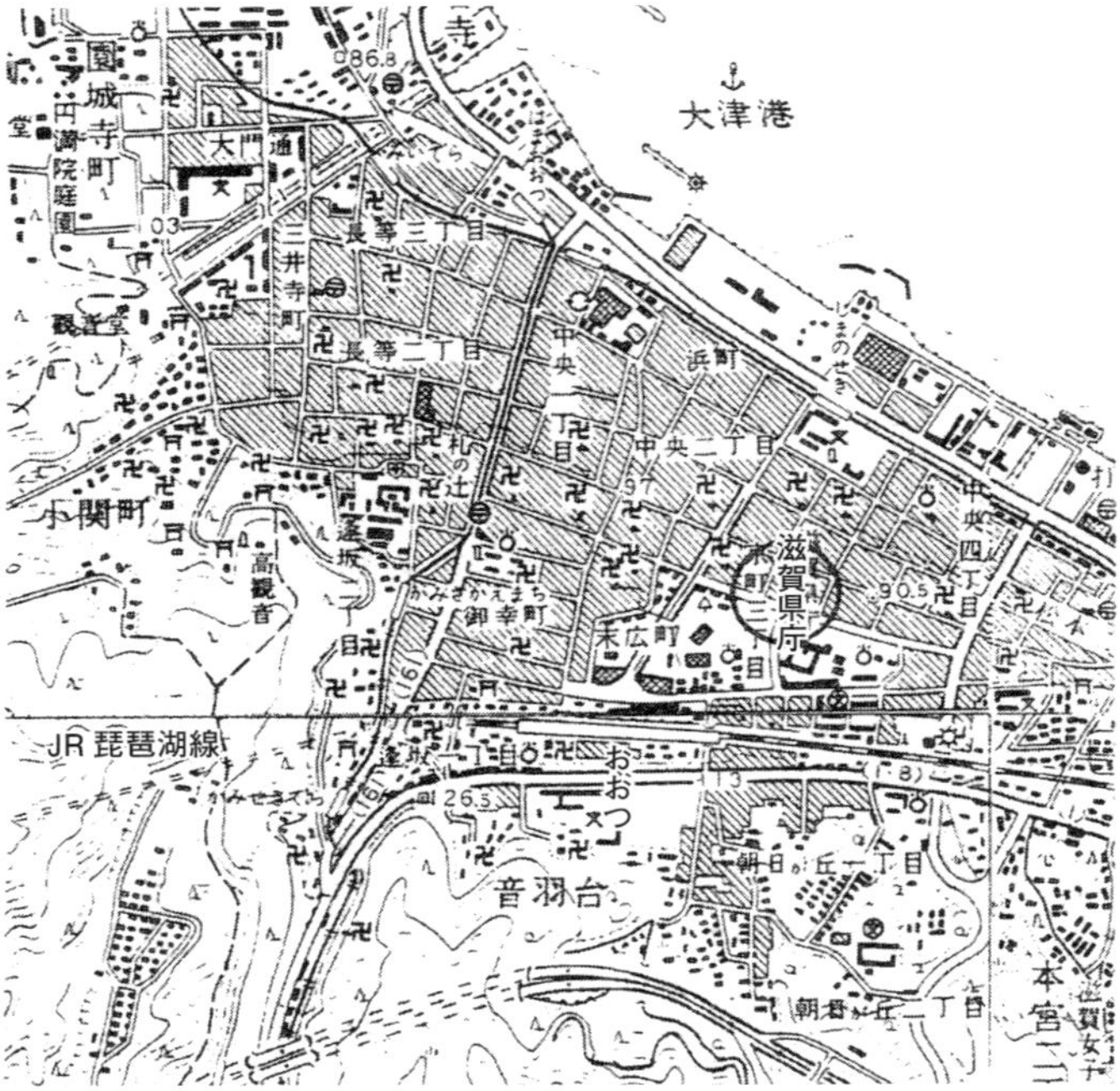

図15　大津廃寺の位置（『近江の古代寺院』）

（一九七六）、家屋の改築に際して、瓦片《かわらへん》が採集されており、大津市教育委員会が瓦の出土を知った際には、改修工事は終わっていたそうです。

　また、西田氏は、改築工事中に採集された四重弧《しじゅうこ》文軒平瓦《もんのきひらがわら》と格子目《こうしめ》叩きの平瓦片を紹介しており、ここに白鳳《はくほう》寺院が存在した可能性を推測しています。そして、『近江輿地志略《よちしりゃく》』巻三二に、「大津寺旧跡」の項があり、これを大津皇子《おおつのみこ》、高市《たけち》皇子の本願として伝えていることにふれ、喚起を促しています。

葺かれた軒丸瓦は飛鳥の川原寺と同笵

その後の平成一〇・一二年（一九九八・二〇〇〇）、この地域での再開発にともなう工事中に、大津市教育委員会による発掘調査がおこなわれています。その結果、東西溝、南北溝と土坑などが検出され、白鳳《はくほう》時代から平安時代の瓦類や土器が出土しています。

出土した軒瓦には、軒丸瓦に複弁八弁蓮華文《れんげもん》で、飛鳥《あすか》の川原寺《かわらでら》の創建軒瓦である川原寺Ａと同笵《どうはん》のもの五点、草津市宝光寺《ほうこうじ》廃寺のものと同笵のもの一八点、ほかに単弁十弁蓮華文などがあります。また軒平瓦に、四重弧文、三重弧文、偏行唐草文《からくさもん》、均整唐草文、飛雲文などのものが出土しています。これらのうち、川原寺の創建軒瓦である川原寺Ａと同笵軒丸瓦が出土したことは、じつに重要視されるものです（図16）。

この川原寺Ａの瓦当笵《がとうはん》は、飛鳥で川原寺の造営が一定進展した段階に、なぜか崇福寺《すうふくじ》に先んじて山背《やましろ》の木津川《きづがわ》河畔に造営された高麗寺《こまでら》跡に移されています。そして、この高麗寺の創建瓦として金堂《こんどう》、塔に葺かれたことが判明しています。また、『扶桑略記《ふそうりゃっき》』に収録された「崇福寺縁起」によると、近江大津宮《おおつのみや》に遷都した翌年、天智《てんじ》天皇は滋賀里《しがさと》山中に崇福寺を造営したことを記しており、崇福寺跡からも川原寺Ａの瓦当笵と同笵の軒丸瓦が出土しています。また一部は、近江大津宮跡に近い南滋賀《みなみしが》廃寺でも出土しています。

そして、さらに大津廃寺にも川原寺Aが葺かれていたとすると、この大津廃寺の性格をどのように考えるか問題になります。

ところで、斉明五年（六六〇）、朝鮮半島で、唐・新羅《しらぎ》軍によって百済《くだら》が滅亡しました。そこで、斉明天皇は、百済の遺民に復興を依頼されると、翌年の春、兵士を百済に派遣するため筑紫《つくし》に行幸しました。しかし、斉明は七月に朝倉宮《あさくらのみや》で没したので、中大兄皇子《なかのおおえのみこ》は、天智天皇となり、一一月には、飛鳥の川原寺で殯《もがり》をおこなっています。そして、飛鳥の川原寺跡は、斉明を弔うために建立された寺院に推測されています。

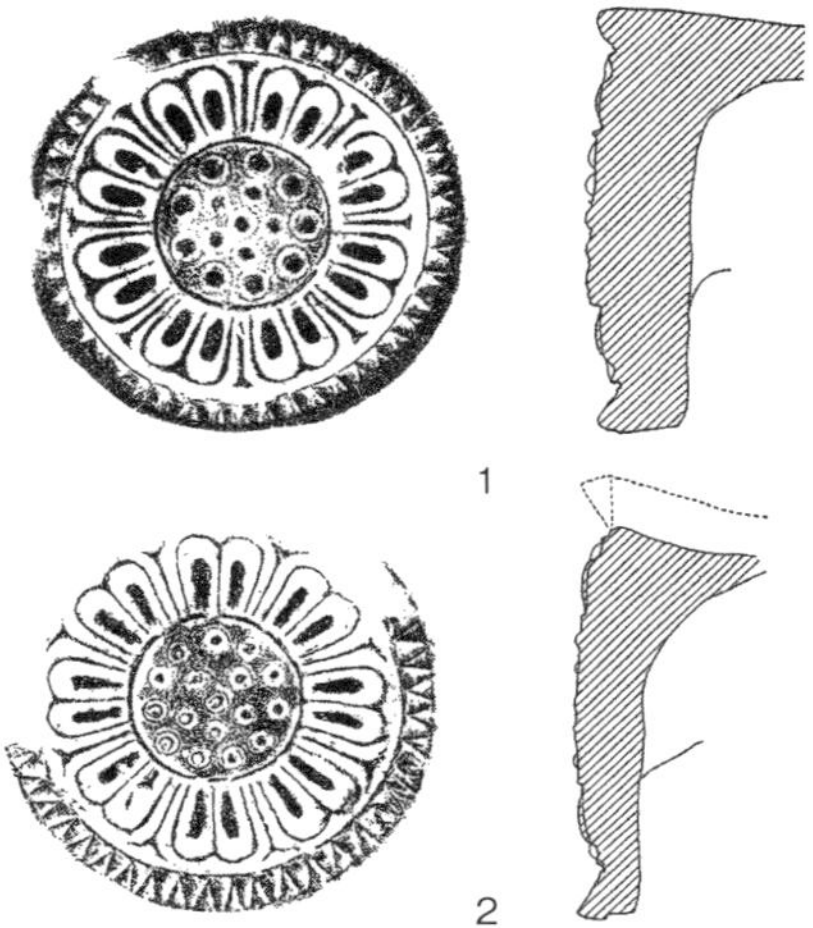

図16　大津廃寺出土の軒丸瓦（著者作成）

天智天皇が造営した崇福寺に対する尼寺か

大津廃寺は、その創建に川原寺Aの同笵軒瓦を葺いたとすると、天智が造営した崇福寺との関連が特に問題になります。大津廃寺は、滋賀里の崇福寺とは少なからず隔てた地に建てられており、山背から逢坂《おうさか》を越え、瀬田《せた》へ通ずる古道沿いに建立された古代寺院です。

古代寺院の大半は、在地の有力氏族が氏寺として建てたものです。しかし、大津廃寺は川原寺Aと同笵軒瓦を創建時に葺いたとすると、崇福寺と同様に、天智が深く関与して建てた可能性が高い寺院です。

そこで、同笵軒丸瓦から、天智との関連を重視すると、崇福寺が僧寺であるのに対し、大津廃寺は尼寺として建てられた可能性が少なくないように思います。

西田氏は『近江輿地志略』に、大津寺旧跡として、大津皇子、高市皇子の本願としたことにふれていますが、それを裏付ける史料を欠いています。しかし、何か関連があったとすると、天智一〇年（六七一）一〇月、大海人《おおあまの》皇子が天智のもとから吉野宮《よしののみや》に逃れたとき、大海人皇子の子である大津皇子、高市皇子らは、そのまま大津宮周辺にとどまっています。このとき、大津皇子、高市皇子らは、一時的に天智が造営した尼寺の大津廃寺に幽閉された、もしくは身を寄せたのではないかと思われます。そのような可能性を、この大津廃寺は推測させる寺院です。

七、近江国分寺と国昌寺跡の造営氏族

瀬田唐橋《せたのからはし》の西四〇〇mに、石山国分《いしやまこくぶ》台地が東西にのびています。この台地の西端にある晴嵐《せいらん》小学校の敷地の西端に近江国分寺阯《おうみこくぶんじあと》の石標が立っています(図17)。この近くに長く近江国分寺があったと推測されていました。

元の国分寺の消失後　国昌寺が国分寺に

『日本紀略《にほんきりゃく》』に、近江国分寺は、延暦四年(七八五)に火災で焼失したので、弘仁一一年(八二〇)に、定額寺《じょうがくじ》だった国昌寺《こくしょうじ》を近江国分寺にしたと記しています。その国分寺も、『小右記《しょうゆうき》』寛仁元年(一〇一七)一二月一四日条に、近江国分尼寺《にじ》が野火によって焼け、さらに離れていた国分寺も類焼したと記されています。

かつて肥後和男《ひごかずお》氏は、この国昌寺を淳仁《じゅんにん》天皇が造営した保良宮《ほらのみや》の跡を寺院にしたと考えたことがあります。しかし、西田弘《にしだひろむ》氏は、『近江の古代寺院』に、福山敏男《ふくやまとしお》氏の教示によるとして、『日本大蔵経 小乗律章疏一《にほんだいぞうきょうしょうじょうりつしょうしょ》』の「沙弥十戒 幷 威儀経疏《しゃみじっかいならびにいぎきょうしょ》」の奥書に、天《てん》平宝字《ぴょうほうじ》五年(七六一)一〇月一五日、淳仁天皇の保良宮への行幸に随行した東大寺僧の慧《けい》山《ざん》らが、この日、国昌寺に宿したと記すので、このとき国昌寺は存在したことを述べています(西田一九八九)。

図17　晴嵐小学校の近江国分寺阯石碑（西から）（著者撮影）

　また西田氏は、持統《じとう》天皇が造営した藤原《ふじわら》宮《きゅう》の同笵《どうはん》軒丸瓦《のきまるがわら》六二七八G、軒平瓦《のきひらがわら》六六四六Aが出土しており、ここは壬申《じんしん》の乱のとき勢多橋《せたばし》を挟んで近江朝廷と大海人《おおあまの》皇子（天武天皇）軍の最後の決戦がおこなわれた地なので、この戦いでの戦死者を弔うために建てたことを推測しています。

国昌寺の瓦は藤原宮と同笵

　さて、この石山国分台地では、一九六〇年代に新幹線の設置にともない、また近年は晴嵐小学校周辺での住宅開発や南消防署の事前発掘がおこなわれ、掘立《ほったて》柱《ばしら》建物が検出され、多くの瓦類が出土しています。さらに、台地の東端に鎮座する鳥居川町《とりいがわちょう》の御霊《ごりょう》神社の西一〇〇mで、宅地の造成中に、藤原宮所用瓦を焼いた瓦窯《がよう》二基が検出され、藤原宮の軒丸瓦六二七八Ｇと、軒平瓦六六四六Ａ・六六四六Ｂａが焼成され、藤原宮に運ばれたことも判明しています。

さて、これまでの発掘調査で、石山国分台地西半部には掘立柱建物が建てられ、一部に瓦葺き建物も含まれていたものと推測されます。しかも、この発掘では、軒丸瓦二型式、軒平瓦三型式が出土しています。これらのうち、軒丸瓦一は、単弁十二弁蓮華文《れんげもん》で、平《へい》城宮《じょうきゅう》六一三三Ａ〜Ｇと同笵、軒丸瓦二は平城宮六一三三Ｑ形式、軒丸瓦三は複弁八弁蓮華文で平城宮六二三五Ｂ型式と同笵のものです。軒平瓦も均整唐草文《からくさもん》で、平城宮六六六三型式・六六九一Ｂ型式、六七六三Ａ型式と同笵のものが出土しています。

これらの軒丸瓦・軒平瓦は、いずれも平城宮の奈良時代後半の淳仁天皇の時期に葺かれたものと同笵のものです。また、東端付近からは、七世紀末に造営された藤原宮に葺かれた軒丸瓦・軒平瓦と同笵瓦を葺いた国昌寺が建てられたことも明らかになったのです。

このような発掘成果からすると、国昌寺と近江国分寺は、以下のような経過をたどったものと推測されます。

藤原宮の造営に協力した有力氏族の氏寺として

まず、七世紀末に持統による藤原宮・京が造営されたとき、藤原宮には、和泉《いずみ》・讃岐《さぬき》・淡路《あわじ》などで藤原宮の所用瓦を焼く瓦窯が設けられ、藤原宮へ瓦類が運ばれました。その際に、

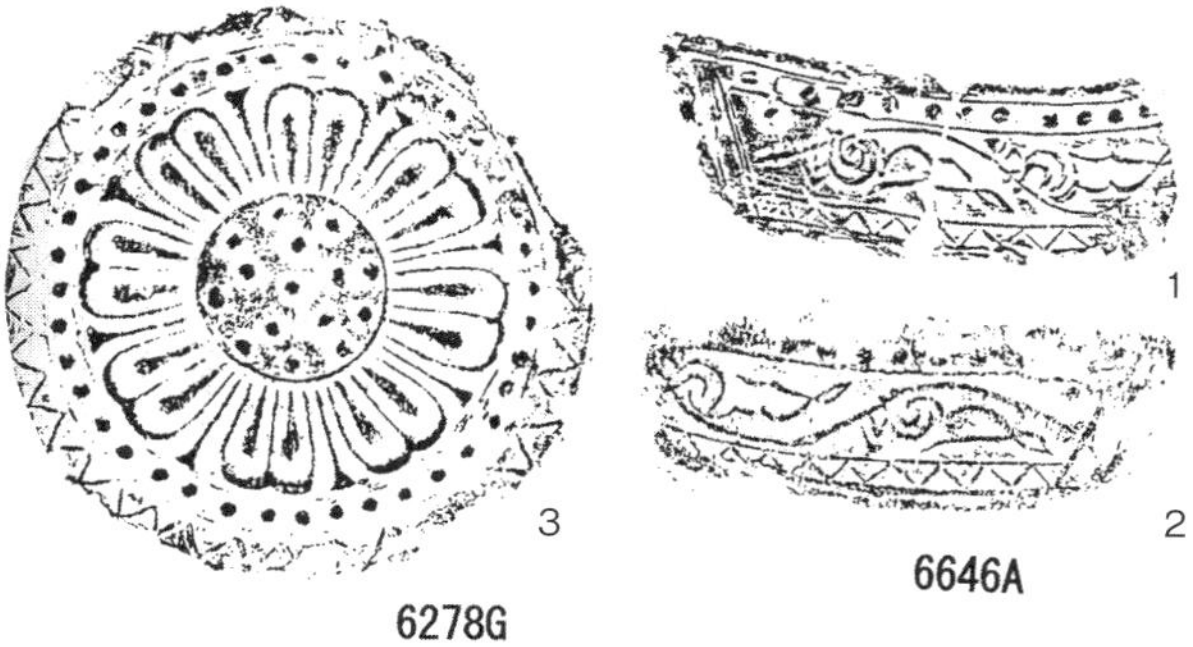

図18　国昌寺跡出土の軒瓦（『近江の古代寺院』）

近江でも石山国分瓦窯が設けられ、瓦類を瀬田川によって漕運《そううん》しています。この瓦生産には大量の燃料が必要となります。そこで、近くにある前方後円墳の国《こく》分大塚《ぶおおつか》古墳とつながりをもつ有力氏族が、伽藍山《がらんやま》から国分一帯の山林から燃料を調達して協力したものと推測されます。その結果、その有力氏族が氏寺として国昌寺を建てたとき、この藤原宮所用瓦が葺かれたものと推測されます（図18）。西田氏は、持統が建立した寺を想定しますが、近江では壬申の乱のとき坂田《さかた》郡の横《よ》河《かわ》、犬上《いぬかみ》郡の鳥籠山《とこのやま》、野洲《やす》郡の野洲川で戦いが展開していますが、ほかに藤原宮の同笵軒瓦は出土していないので、無理な推測かと思います。

その後、近江国分寺（甲賀寺）が延暦四年（七八五）に焼失したので、しばらく国昌寺が仮の状態で国分寺となったものと思われます。そして、弘仁《こうにん》一一年（八二〇）に、定額寺の国昌寺が正式に近江国分寺となっています。しかも、時期は不明ですが、のちに述べる瀬田廃寺（59〜64ページ）の近江国分尼寺が廃絶したとき、少し西に離れた晴嵐小学校の付近に移転していたようです。しかし、国昌寺の近江国分寺も、寛仁《かんにん》元年（一〇一七）に、野火によって近江国分尼寺が焼失した際に類焼し、いずれも廃墟になったものと推測されます。

八、石居廃寺と造営氏族

石居廃寺の金堂跡と礎石

大津《おおつ》市の東南部、琵琶《びわ》湖から流れ出した瀬田《せた》川は、東から流れる大戸《だいど》川と合流しています。石居《いしずえ》廃寺は、この合流地の東一・五㎞、大戸川の北岸にある石居の集落にある古代寺院です。古く島田《しまだ》貞彦《さだひこ》氏、肥後《ひご》和男《かずお》氏、高井《たかい》悌三郎《ていさぶろう》氏らが、この石居廃寺の建物跡と採集された遺物を紹介しています。

島田氏は、大正一三年（一九二四）に、残っている長さ十数m、幅八mの建物基壇を発掘し、一二個の礎石を確認しています。これらの礎石には、いずれも径六〇㎝の柱座《はしらざ》が造り出されています。そして、この基壇を東西一三・五m、南北九mとし、桁行《けたゆき》七間《けん》、梁行《はりゆき》四間の金堂《こんどう》に推測しています。また、その北二一mの地に、礎石二個を認めて、ここに講堂跡が建てられていたものと推定しました。

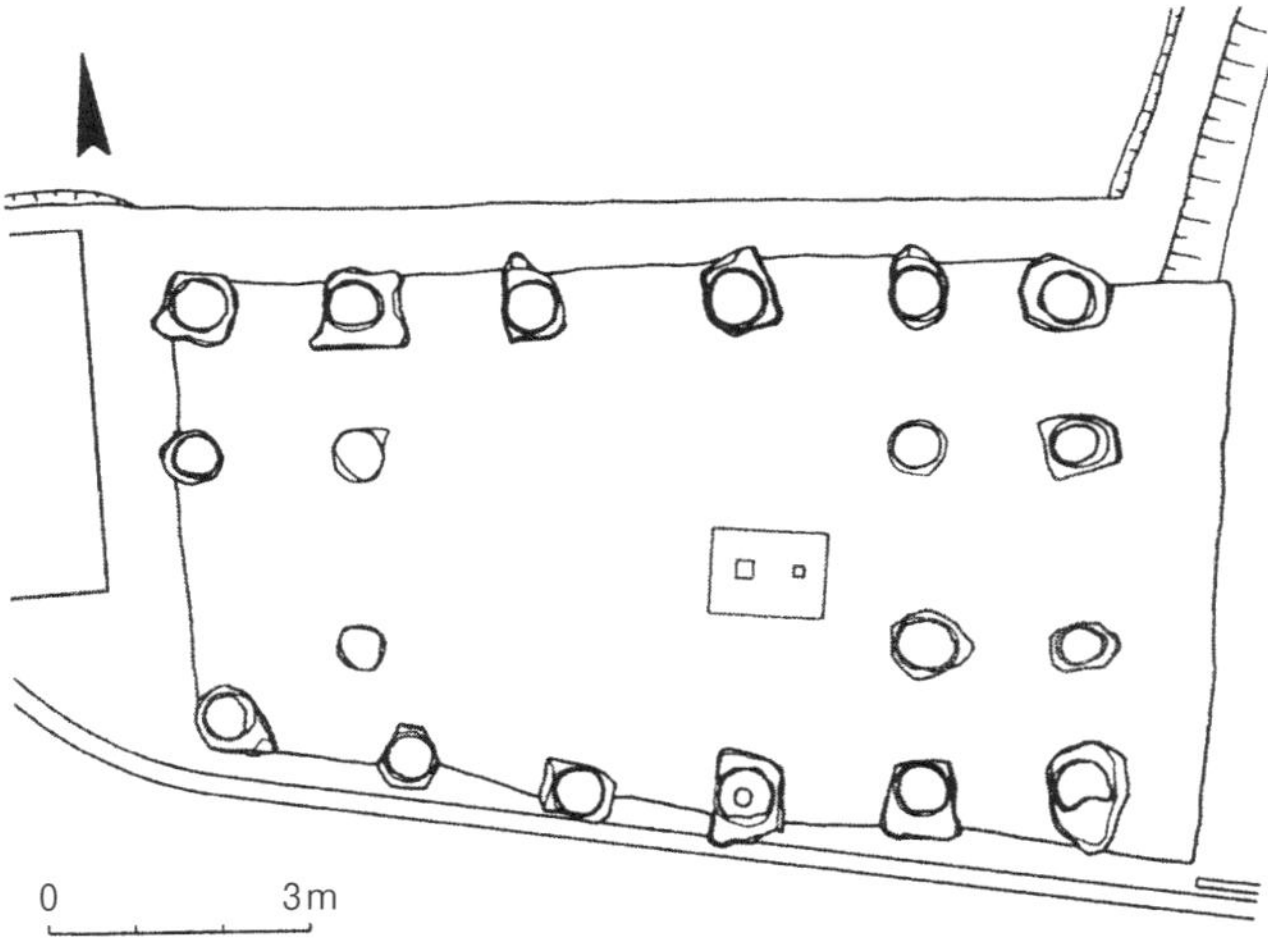

図19　石居廃寺の金堂跡実測図（『滋賀県史蹟調査報告』第５冊）

図20　石居廃寺の現状（西から）（著者撮影）

その後の昭和八年（一九三三）、肥後和男氏は、『滋賀縣史蹟調査報告』第五冊に石居廃寺を報告し、一六個の礎石を確認し、この建物跡を金堂跡とし、東西九・九m、南北七・五mの建物基壇に推測しています。また建物は桁行五間、梁行三間としています（図19・20）。また、昭和四八年（一九七三）、ここを訪れた高井氏は、桁行五間（一〇・一m）、梁行三間（六m）の建物に推測しています。

このように、石居廃寺に残されている建物基壇の規模と、建物の桁行・梁行の推測に、島田氏と肥後・高井氏との間に、差異があります。現状の遺存する礎石の状態からしますと、南側に存在した庇《ひさし》の礎石はいずれも失われた可能性が高いので、桁行五間、梁行四間の金堂跡が建てられていた可能性が高いものと思われます。ほかに北に講堂などの建物が構築されていたものと思われます。

この石居廃寺からは、これまで中房に1＋8の蓮子《れんし》をつけ、外縁を無文にした複弁八弁蓮華《れんげ》

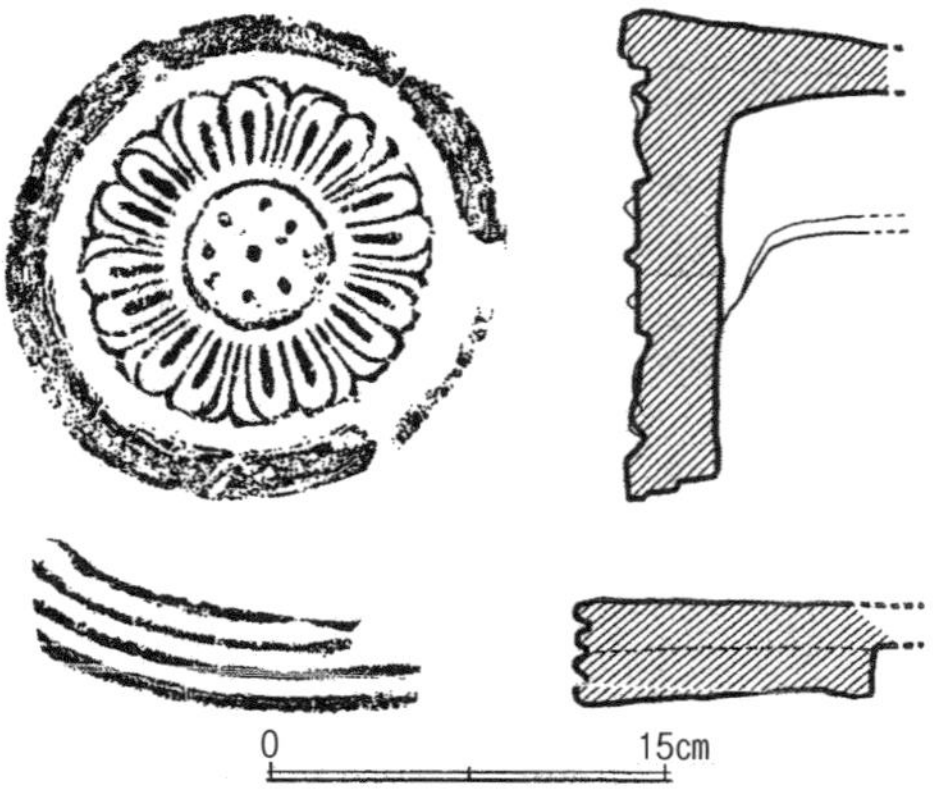

図21　石居廃寺出土の軒瓦（『滋賀県史蹟調査報告』第５冊）

文《もん》の軒丸瓦《のきまるがわら》二種、重弧文軒平瓦《じゅうこもんのきひらがわら》などが出土しています（図21）。ほかに塼仏《せんぶつ》、泥塔《でいとう》などが採集されています。

田上山の木材を組んで大戸川から藤原宮・平城宮へ

さて、石居廃寺は、大戸川の北岸に建てられた氏寺です。この寺院の南には、笹間ヶ岳《ささまがだけ》など田上山《たなかみやま》がよく望めます。この田上山は、『万葉集』巻一の「藤原宮《ふじわらのみや》の役民の作る歌」に、田上山の檜材《ひのきざい》を桴《いかだ》に組んで漕運《そううん》したことが詠まれています。この田上山からは、藤原宮・京、続く平城宮《へいじょうきゅう》・京《きょう》の造営時に、大量の木材が桴に組んで運ばれたことが推測されます。古代の都城の造営では、じつに厖大《ぼうだい》な量の木材を必要としました。しかも、『正倉院文書《しょうそういんもんじょ》』に所収する「造金堂所解案《ぞうこんどうしょげあん》」などには、古代の寺院の建物の造営時に、泉《いずみ》津《つ》で多くの木材を購入し、運んだことを記しています。

このように、田上の地から大量の木材を藤原宮・京、平城宮・京の大造営がおこなわれた地に調達したことは、在地の有力氏族は、木材の漕運《そううん》によって多大な財力を得ることとつながったはずです。

石居廃寺の造営氏族は、まさに藤原宮・京、続く平城宮・京の造営時に、大量の木材を漕運し、財力をなしたものと推測されます。そして、その財力によって、金堂の礎石は自然石ではなく、平城京で造営された国家的な寺院などの堂塔の礎石にみるように、柱座を造り出したものを配して造営したものと推測されます。

この田上の地では、平成一三～一八年（二〇〇三～〇六）に、関津《せきのつ》遺跡で大規模に発掘調査が実施されています。その結果、奈良時代の掘立柱《ほったてばしら》建物が多く見つかっています。これらの建物群は、田上の郵便局の西側一帯に、じつに多くの大型建物が建てられており、その北の一郭《いっかく》は木材を集積し、交易した木屋《きや》（所《しょ》）の施設に推測されるものです（313ページ図90）。

石山寺にも関与した羽栗氏の氏寺か

また、この田上の地は、保良宮《ほらのみや》・京《きょう》への遷都と関連し、『正倉院文書』に収録する天平宝字《てんぴょうほうじ》年間（七五七～七六五）に、金堂の改築はじめ、二六棟の建物を増改築した石山寺《いしやまでら》の大造営では、仏堂（金堂）などの屋根の檜皮葺《ひわだぶき》の作業に、在地の羽栗大山《はくりのおおやま》が関与しています。石居廃寺は、在地の羽栗を本拠とした有力氏族であった羽栗氏が、大戸川の河畔に建立した氏寺であった可能性があります。

このように、古代の田上の地は、瀬田川による木材の漕運に重要な役割をはたした地で、この石居廃寺の金堂跡の北側一帯をさらに発掘し、往時の伽藍《がらん》の状態を明らかにする必要があります。

図22　瀬田廃寺跡（南から）（著者撮影）

九、瀬田廃寺の性格と造営氏族

石山の国分寺の前身か

瀬田《せた》廃寺は、瀬田川に架かる瀬《せ》田唐橋《たのからはし》の東南五〇〇mに所在した古代寺院です（図22）。古く『近江栗太郡志《おうみくりたぐんし》』に、また『滋賀県史』巻二に五つの礎石を残す塔跡が記され、近江国分寺との関連に言及しています。『滋賀縣史蹟調査報告』第五冊にも、礎石が遺存する塔跡ながら、礎石が少ない点を問題にし、葺かれた流雲文《りゅううんもん》をつける軒丸瓦《のきまるがわら》などを紹介しています。さらに、角田文衛《つのだぶんえい》氏が編纂《へんさん》した『国分寺の研究』の「近江国分寺」の項目に、柴田實《しばたみのる》氏が瀬田廃寺をとりあげ、石山にあった国分寺の前

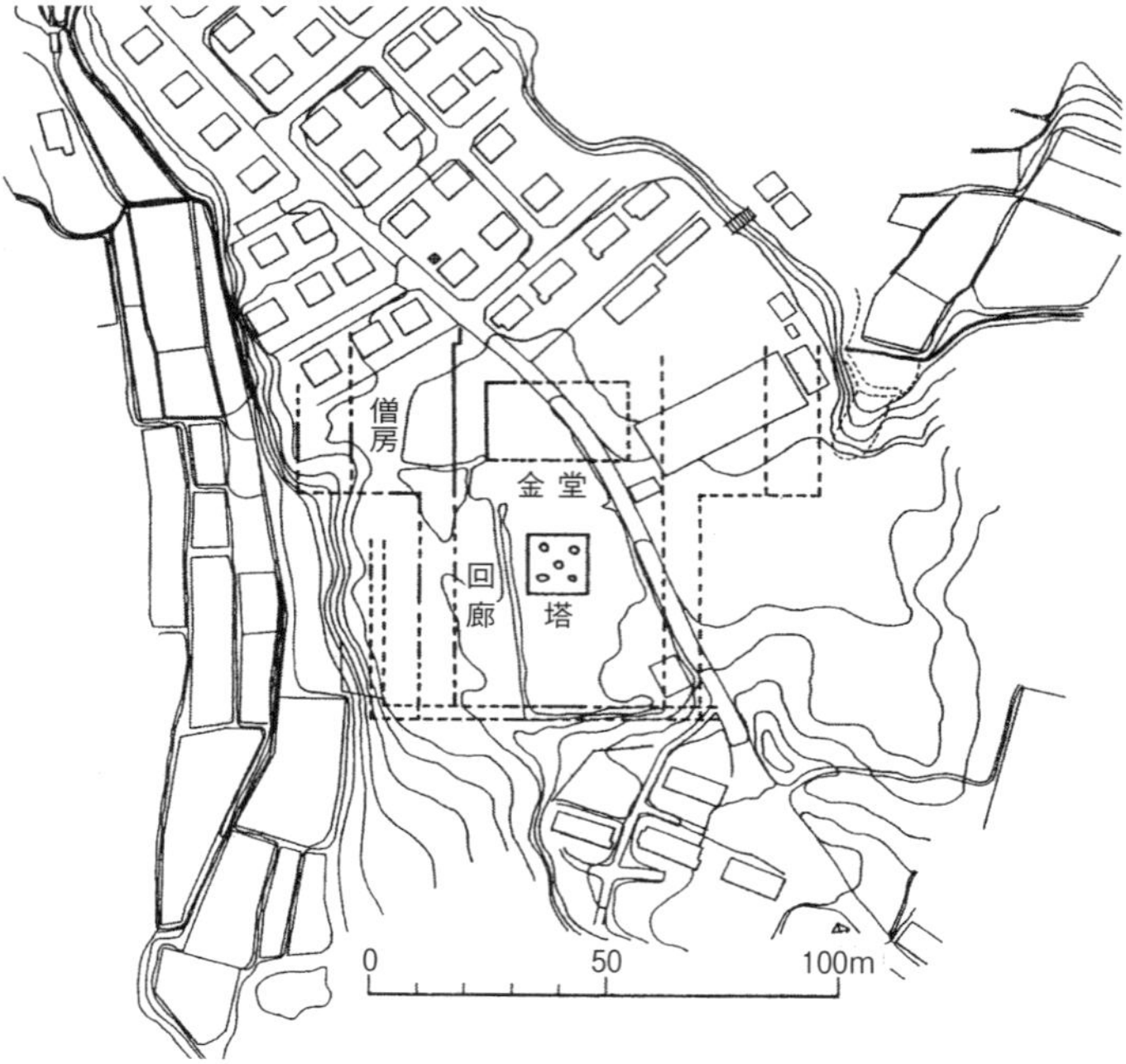

図23　瀬田廃寺の伽藍（『滋賀県史蹟調査報告』第12冊）

身の可能性を述べています。

瀬田廃寺は昭和三四年（一九五九）、名神高速道路の敷設にともなって発掘され、その実態が明らかになっています。この発掘では、瀬田廃寺は南から塔、その北に金堂《こんどう》、金堂の西側に僧房を配した伽藍《がらん》が検出されています（図23）。

これらのうち、塔跡は一辺一二・九六m、高さ一・六mの基壇が残っています。この基壇は地山を整地した後、赤褐色《せっかっしょく》の粘土と灰色粘土を交互に積み重ねており、

図24　瀬田廃寺の金堂跡（南から）（『滋賀県史蹟調査報告』第12冊）

中央と四隅に計五個の花崗岩《かこうがん》の礎石を、基壇を築成する途中で据えていました。これらの礎石には心礎に径六cm、隅の礎石に径一六cmの孔《あな》を穿《うが》っていました。また基壇端には、縦に半截《はんせつ》した平瓦を積んだ瓦積みした外装を施していました。

また、金堂跡は削平が著しい状態でしたが、瓦積みした基壇の下部が残っていました。この基壇は、東西三〇・一六m、南北一八・七mで、基壇端に縦に半截した平瓦《ひらがわら》の側面を前に二枚重ね、その上に半分の丸瓦を重ねたものを約八〇cm間隔に積み、その間に四半截した平瓦を縦に並べる積み方を一ないし二段積み、その上に半截した平瓦一一枚以上平積みしたもので、一m以上の基壇と推測されています（**図24**）。

この金堂のすぐ西に建てられた僧房は、東西二三m、南北四三m以上の建物で、東端部で瓦積基壇の一部が検出されています。そして、この僧房の東面を揃えて幅五mの西面回廊、その西一〇mを隔てて築地《ついじ》が設けられ、それが東側にも対称に配されていたものと推測されています。

出土した瓦類には軒丸瓦《のきまるがわら》五型式、軒平瓦四型式があります。軒丸瓦は複弁八弁蓮華文《れんげもん》が二種、複弁八弁蓮華文で外区内縁に流雲文を配するもの、複弁六弁で外区内縁に流雲文を配するもの（図25）、単弁十二弁蓮華文で外区内縁に珠文《しゅもん》、外区外縁に線鋸歯文《せんきょしもん》をめぐらすものがあります。また、軒平瓦には均整唐草文《からくさもん》のもの三種と流雲文をつけるものとがあります。ほかに緑釉《りょくゆう》陶器、土師器《はじき》、須恵器《すえき》などがあります。

このような瀬田廃寺の発掘からすると、この寺院は葺かれた軒丸瓦・軒平瓦からみて、奈良時代の中ごろに建てられた寺院です。

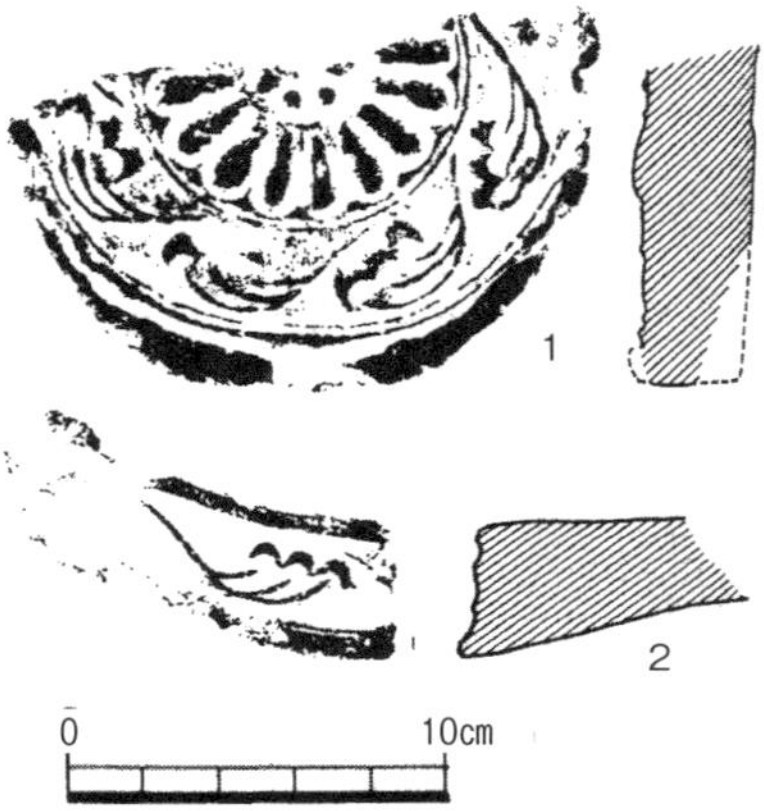

図25　瀬田廃寺出土の飛雲文軒瓦
（『滋賀県史蹟調査報告』第12冊）

奈良時代中期の国分尼寺か

奈良時代の中ごろに、近江国庁の付近に造営された寺院とすると、天平《てんぴょう》一三年(七四一)に、聖武《しょうむ》天皇が各地に造営を命じた国分寺・国分尼《に》寺《じ》の造営があります。近江国の国分寺は、瀬田廃寺に想定する考えもありますが、聖武が紫香楽宮《しがらきのみや》を造営し、さらに甲賀宮《こうかのみや》に遷都して政務を担ったこともあり、信楽《しがらき》の甲賀寺《こうかでら》跡が国分寺として建立されたものと推測されます。

しかし、一方の国分尼寺は信楽の地ではなく、近江国庁が設けられた付近の瀬田廃寺に設けられたものと推測されます。その国分尼寺は、塔・金堂・僧房の基壇に近江国庁の正殿・後殿・脇殿の基壇に採用されたと同様の瓦積基壇の外装を採用しています。この瓦積基壇の外装は、天智天皇が造営した崇福寺の造営に始まるもので、そのころ百済の扶余《ふよ》から移住した百済工人によって導入された基壇外装です。

このように、瀬田廃寺の瓦積《かわらづみ》基壇は、近江国庁とかかわりをもつ造営工人らによって施工されたものと思われます。その後に葺かれた軒瓦に、流雲文をつける軒丸瓦、軒平瓦を葺いているのも、近江国庁と深いつながりをもつ寺院であったことによるものです。

しかし、近江国分尼寺は、『小右記《しょうゆうき》』に、寛仁《かんにん》元年(一〇一七)に近江国分尼寺が野火によって焼け、しかも国分寺(国昌寺《こくしょうじ》)も類焼したとしていますので、それ以前に瀬田廃寺は焼失するなどの要因で廃墟となり、瀬田川西岸の国昌寺の近くに移転していたものと推測されることになります。

以上述べたように、これまで瀬田廃寺は近江国分寺に推測されたこともありました。しかし、近江国分寺は、造営時期、その造営規模からみて、甲賀市信楽町に所在する甲賀寺跡（紫香楽宮址）が近江国分寺として造営されたものと考えられます。そして、瀬田廃寺は、奈良時代に造営された近江国庁の建物に瓦積基壇の基壇外装が採用されているように、また瀬田廃寺の金堂基壇に瓦積基壇が施工されたのも、近江国衙の関与によって近江国分尼寺として造営されたものと推測されます。

コラム

古代の軒瓦文様

飛鳥時代の軒瓦

日本での本格的な古代寺院の造営は、崇峻《すしゅん》元年（五八八）、蘇我馬子《そがのうまこ》が造営した飛鳥《あすか》寺《でら》の造営にはじまった。それ以前の寺院は、屋根を檜皮《ひわだ》や茅《かや》・板などで葺いた草堂《そうどう》・精舎《しょうじゃ》・道場などと呼ばれるものであった。

飛鳥寺の造営では、百済《くだら》の昌王《しょうおう》が派遣した建築工・鑪盤《ろばん》博士・画工らと共に瓦博士《かわらはかせ》（造瓦《ぞうが》工人）四人が派遣されている。飛鳥寺の創建時の堂塔に葺かれた**軒瓦**《のきがわら》[註1]は、軒丸《のきまる》瓦《がわら》のみで、**瓦当**《がとう》[註2]面の中心につけた突出した**中房**《ちゅうぼう》に**蓮子**《れんし》を配し、一枚の**蓮弁**《れんべん》を表した**素**《そ》**弁蓮華文**《べんれんげもん》[註3]が表現されている。これには蓮弁の弁端に切り込みを入れた桜花《おうか》状（図1）と、

註1　**軒瓦**《のきがわら》　屋根の軒先に葺く瓦。正面が円形のものを軒丸瓦《のきまるがわら》、反った横長の長方形のものを軒平瓦《のきひらがわら》という。

註2　**瓦当**《がとう》　瓦の先端部分。軒丸瓦には蓮華文《れんげもん》[註3]などをほどこし、軒平瓦にはカーブの線を重ねた文様（重弧文《じゅうこもん》）やツル草の文様（唐草文《からくさもん》[註4]）などをあしらう。

弁端に点珠《てんじゅ》（蓮弁の先端を点に表現）をつけるもの（図2）とが出土している。前者は丸瓦の端に段を設けない行基《ぎょうき》葺き、後者は玉縁《たまぶち》（段状に作る）をつけており、近年は前者を花組、後者を星組と区分して呼んでいる。これらの花組と星組の軒丸瓦は、造瓦工人四人が招かれているので、製作技法を異にする二組の造瓦工人が訪れたものと推測されている。

飛鳥時代には少し遅れて、蓮弁の中央に稜《りょう》（細い直線）をつけ、また蓮弁の間に点珠を配した高句麗《こうくり》系の素弁蓮華文（図3）が蘇我

註3　蓮華文《れんげもん》　軒丸瓦の瓦当面にほどこすハスの花の文様。花びら「蓮弁《れんべん》」が一枚ずつめぐる「素弁《そべん》」と、それに一枚が重なる「単弁《たんべん》」、単弁が二枚一組でめぐる「複弁」がある。蓮弁の中の小さな弁を「子弁《しべん》（子葉《しよう》）」という。

瓦当面を大きく「外区《がいく》」と「内区《ないく》」に分け、内区中央の突き出た部分「中房《ちゅうぼう》」に種子「蓮子《れんし》」を配する。中心に一個、その周囲に五個の蓮子を配する場合は「1＋5」、さらにその外側に一〇個配する場合は「1＋5＋10」と表現する。

外区を「外区内縁《ないえん》」と「外区外縁《がいえん》」に分けるものもあり、内縁に珠状の「珠文《しゅもん》」や、外縁にノコギリの歯のような「鋸歯文《きょしもん》」がめぐるものもある。鋸歯文には、線で表現した線《せん》鋸歯文、凸状に表した凸《とつ》鋸歯文、面を互い違いに表現した面違《めんたがい》鋸歯文がある。鋸歯文は軒平瓦にもほどこされる。

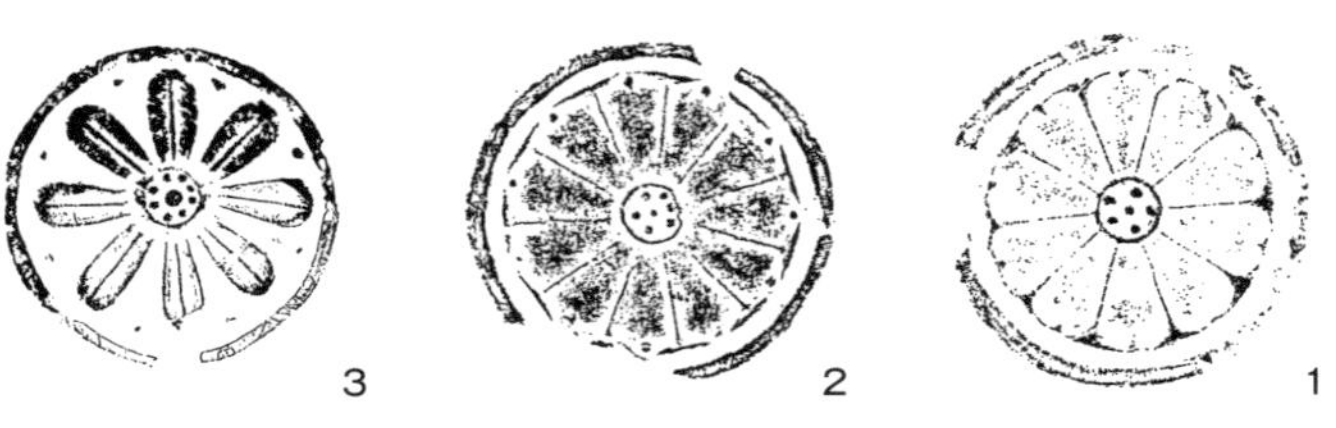

1　2　3

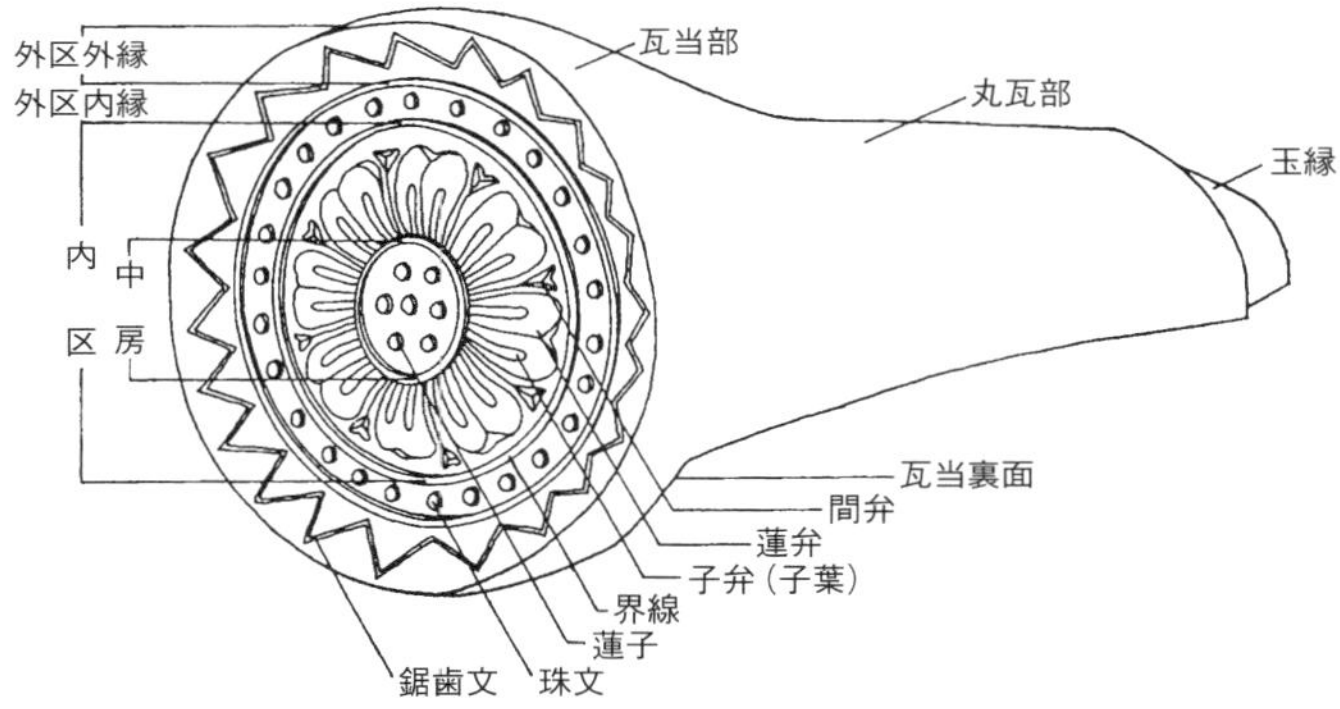

軒丸瓦の部分名称（『一瓦一説』に一部補足）

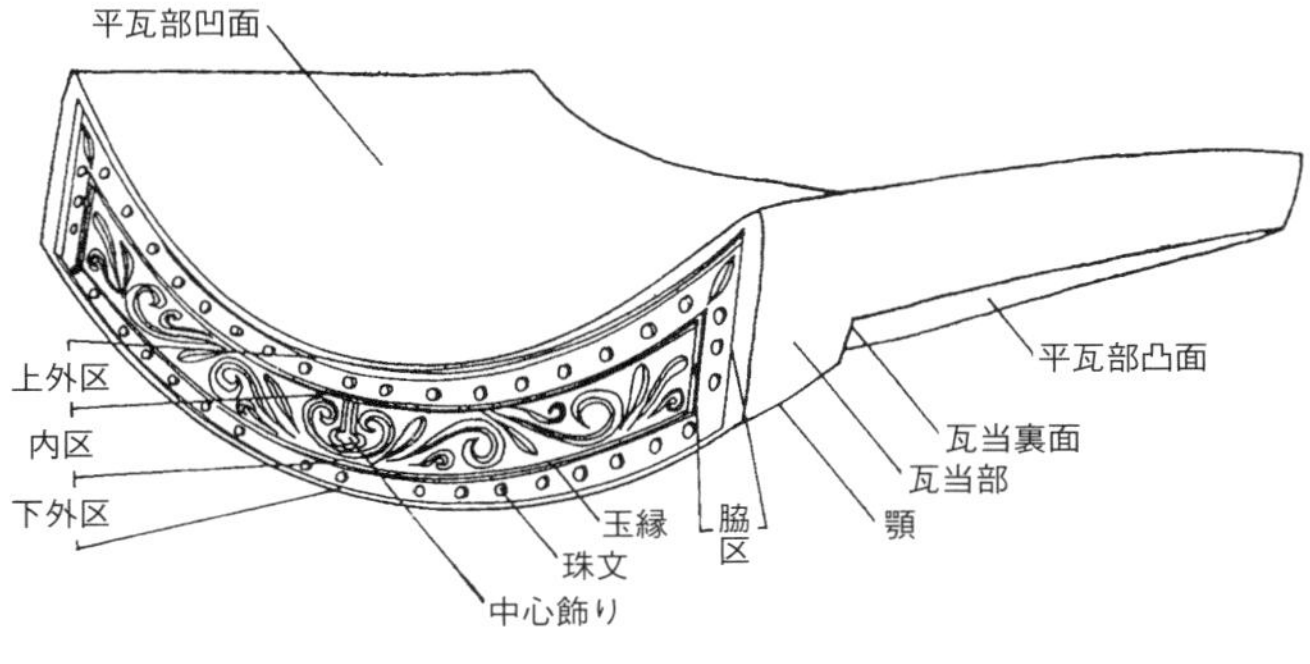

軒平瓦の部分名称（『一瓦一説』に一部補足）

氏の豊浦寺《とゆらでら》（尼寺）に葺かれている。他に飛鳥時代のものとして、角ばった蓮弁をなす奥山久米寺《おくやまくめでら》式、やや肉厚で蓮弁の先端が肥厚《ひこう》する船橋《ふなはし》廃寺式のものが知られている。近江《おうみ》では高句麗系のものが穴太《あのう》廃寺、奥山久米寺式が衣川《きぬがわ》廃寺から出土している。

その後の舒明《じょめい》一一年（六三九）に、舒明天皇が初めて国家的な寺院として百済大寺《くだらおおでら》（吉備池《きびいけ》廃寺）を造営した。この堂塔に葺いた軒瓦に、蓮弁の上に**子弁《しべん》**（**子葉《しよう》**）をのせる単弁をつけ、外縁に同心円状の重圏文《じゅうけんもん》をめぐらす単弁蓮華文と銀杏《いちょう》状の**忍冬文《にんどうもん》**の一単位を押して施文《せもん》した**軒平瓦《のきひらかわら》**もともなって葺かれている。

白鳳時代の軒瓦

百済大寺で創出された単弁軒丸瓦は、続いて飛鳥の山田寺《やまだでら》の金堂（紅玉二一年〈六四三〉建立）に導入され（**図4**）、カーブの線を重ねた**重弧文《じゅうこもん》**軒平瓦（**図13**）とセットで葺かれ、白鳳《はくほう》時代の初期に山田寺式として各地に広まっている。

さらに、六六〇年、百済が唐・新羅《しらぎ》によって倒されると、斉明《さいめい》天皇は、翌年に百済復興の兵士を派遣するため筑紫《つくし》へ行幸した。

4

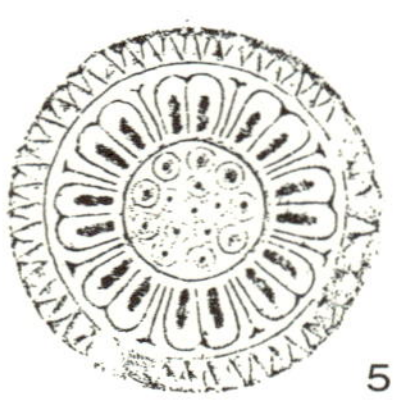
5

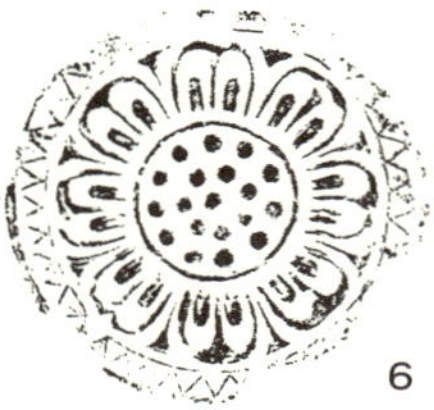
6

しかし、斉明が筑紫で没したので、中大兄皇子《なかのおおえのみこ》は天智《てんじ》天皇となり、斉明の遺体を飛鳥に戻して葬送儀礼をおこなった。その後、飛鳥の川原に斉明を弔う川原寺《かわらでら》が造営された。この川原寺の堂塔に、単弁を二枚並べ、大型の中房に二重に蓮子を配し、外縁に**面違《めんたがい》鋸歯文《きょしもん》**をつける大型化した川原寺式軒丸瓦（図5）が創出され、重弧文軒平瓦とともに葺かれている。この川原寺式軒瓦も畿内はもとより各地の寺院に葺かれている。

また天智九年（六七〇）、法隆寺《ほうりゅうじ》の若草伽藍《わかくさがらん》が全焼した。この法隆寺を再建した伽藍の堂塔に、複弁蓮華文で、大きな中房に蓮子を二重に配し、外縁に**線鋸歯文《せんきょしもん》**をつける法隆寺式軒丸瓦（図6）が創出され、また**忍冬唐草文《にんどうからくさもん》**[註4]軒平瓦（図14）とセットをなして葺かれた。この法隆寺式軒瓦も、畿内や西日本の寺院に葺かれている。

また、白鳳時代には、他に複弁蓮華文で外縁に面違鋸歯文をつけ

註4　唐草文《からくさもん》　軒平瓦の瓦当面にほどこすツル草の文様。「均整」唐草文は中心飾りから左右にのび、「偏行」唐草文は一方から他方にのびる。スイカズラに似たものを「忍冬唐草文」という。

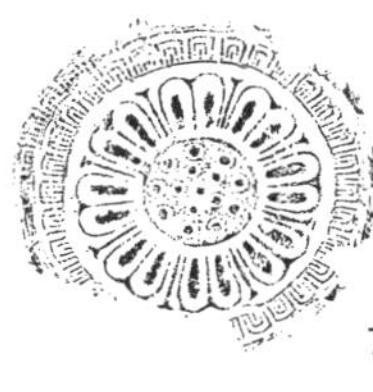

7

8

9

る平隆寺式軒丸瓦、近江では単弁蓮華文の**湖東式軒丸瓦**（257ページ参照）が愛智《えち》郡の氏寺に集中して葺かれている。

さらに、天武《てんむ》九年（六八〇）、鸕野《うの》皇后が重病となり、その平癒祈願を契機に、本薬師寺《もとやくしじ》が造営された。この本薬師寺に、複弁蓮華文で、中房に蓮子を二重に配し、外区内縁に**連珠文**《れんじゅもん》、外区外縁に密に線鋸歯文をめぐらす薬師寺式軒丸瓦（図8）が製作され、**偏行唐草文**の軒平瓦が葺かれている。また、持統《じとう》八年（六九四）に飛鳥から遷都した藤原宮《ふじわらきゅう》でも、複弁蓮華文で外区内縁に連珠文、外区外縁に鋸歯文をつける多くの軒丸瓦（図9）と変形忍冬唐草文（図15）・偏行唐草文《へんこうからくさもん》（図16）の軒平瓦がセットで葺かれている。このほかに、小山《こやま》廃寺（旧の紀寺《きてら》跡）に複弁蓮華文で外縁に雷文《らいもん》をめぐらす軒丸瓦（図7）も創出され、各地の寺院に葺かれている。

奈良時代の軒瓦

藤原宮・京から平城宮《へいじょうきゅう》・京へ遷都した和銅三年（七一〇）以降の奈良時代の軒丸瓦は、複弁蓮華文を主に、外区内縁に連珠文、外区外縁に線鋸歯文をつけるもの（図10・11・12）を主体に葺かれ

10

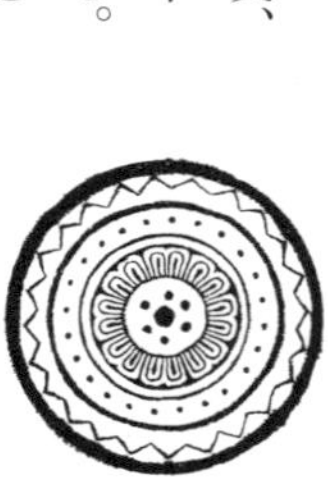
11

12

ている。ただし、白鳳時代の後半のものよりも軒瓦は小型化し、中房も小さくなり、蓮弁も繊細化し、外区外縁は匙面《さじめん》（内側に曲線）をなすものが主体となる。これと組み合う軒平瓦は、中心飾りをもつ均整唐草文（**図17**）を主体に施文している。

参考・引用文献

森郁夫『一瓦一説—瓦からみる日本古代史—』淡交社　二〇一四年

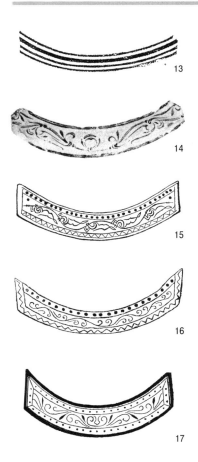

13

14

15

16

17

第二章　湖西地域北部の古代寺院

一、大供廃寺と造営氏族

甲塚古墳の氏族が造営か

大供《おおとも》廃寺は、ＪＲ近江今津《おうみいまづ》駅の西方にある高島《たかしま》市今津町大供にある古代寺院です。ここは饗庭野《あいばの》の北端部周辺にあたる地域で、北一㎞に若狭《わかさ》街道が西へのびて通っています。かつて大供の東にあたる小字「大門《だいもん》」の水田から瓦が採集され、寺の存在が推測されていました。その後、この地域の住宅開発に関連して発掘され、瓦類が大量に出土しています（図26）。しかし、伽藍《がらん》の堂塔に関連する遺構は検出するには至っていません。とはいえ、多くの軒瓦《のきがわら》が出土し、ここに堂塔があったのは疑いないと思います。瓦類が多く出土した地の西側の丘陵地に瓦窯《がよう》の存在も推測されています。

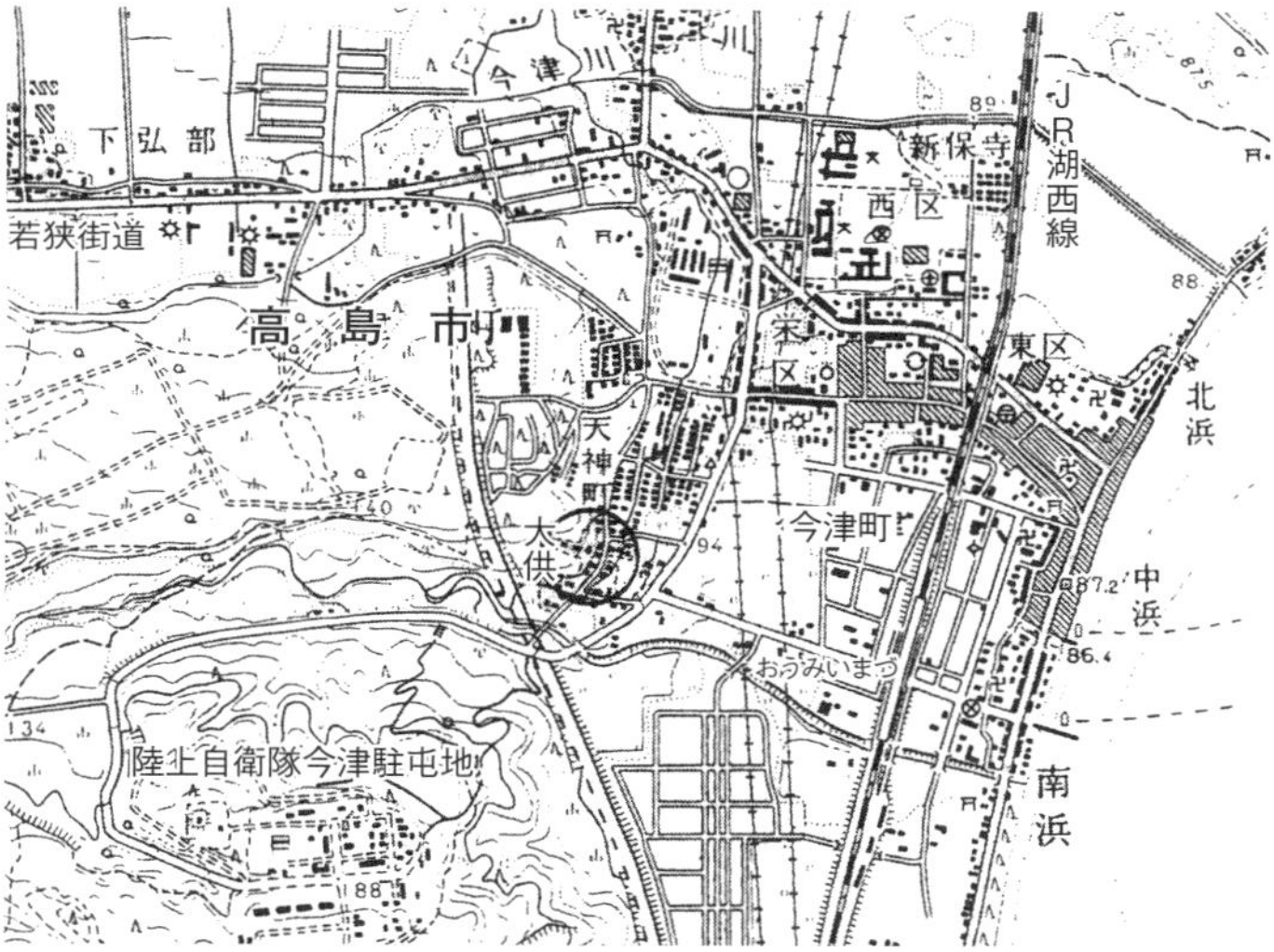

図26　大供廃寺の位置（著者作成）

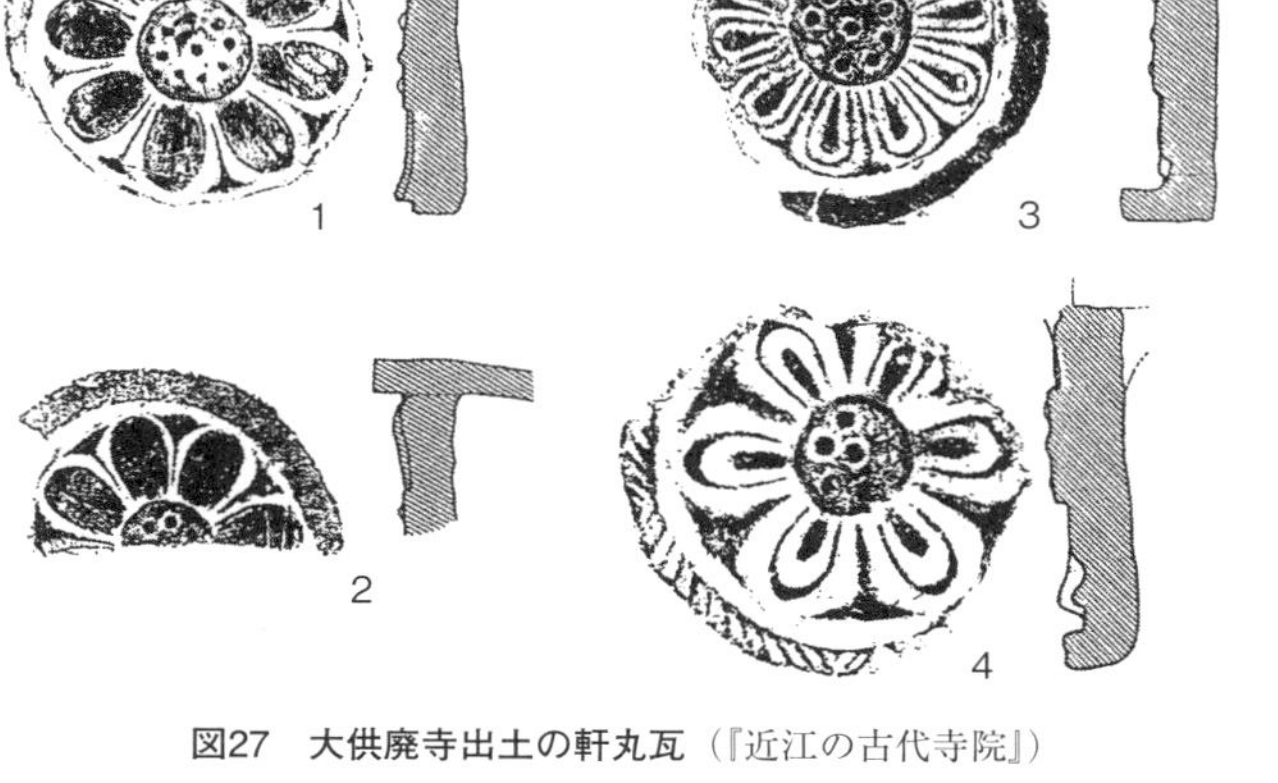

図27　大供廃寺出土の軒丸瓦（『近江の古代寺院』）

出土している軒丸瓦には、素弁《そべん》系二種（図27－1・2）、単弁系二種（図27－3・4）があります。素弁系1は、中房に1＋8の蓮子《れんし》を配し、蓮弁《れんべん》が上反し、弁の中央に稜線をつけています。素弁系2は、中房に四個の蓮子をつけ、少しずんぐりした丸みをもつ蓮弁と長い楔条《くさびじょう》の間弁《かんべん》を表現したものです。また単弁系1は、中房に1＋6の蓮子をつけ、六弁蓮華文《れんげもん》で間弁を大きくつけ、外縁に斜線文《しゃせんもん》をつけています。単弁系2は、1＋8の蓮子をつける十弁蓮華文です。また軒平瓦は二重弧文《にじゅうこもん》・三重弧文をつけています。

さて、大供廃寺が建てられた地域は、古代の高島郡の北半に位置しています。この氏寺は素弁系の軒丸瓦で、七世紀の後半に建てられています。その後、さらに単弁系のものが葺かれています。ここは、古代でも若狭とのつながりの深い地域でした。それだけに早くから、ここを有力氏族が本拠としており、近江今津駅の西二・五㎞には、六世紀の甲塚《かぶとづか》古墳群が築造されています。これらの古墳群を築造した有力氏族の後裔《こうえい》の一族が大供廃寺を造営したものと推測されます。

郡領・角君の氏寺か

この大供廃寺が造営された古代の高島郡にあった郷の構成は、平安時代に編まれた『和名類聚抄《わみょうるいじゅうしょう》』によると、神戸《かんべ》・三尾《みお》・高《たか》嶋《しま》・角野《つの》・川上《かわかみ》・木津《こうつ》・桑原《くわばら》・善積《よしづみ》・大処《おおところ》・鞆結《ともゆい》の一〇郷からなっていました。これらの郷のうち、大供廃寺は角野郷に建てられたと推測される氏寺です。そして、ここは角《つの》（山《やま》）

君《のきみ》が有力氏族として本拠としていたものと推測されます。『続日本紀《しょくにほんぎ》』天平宝字《てんぴょうほうじ》八年（七六四）九月一八日条は、藤原仲麻呂《ふじわらのなかまろ》政権に対し、孝謙《こうけん》上皇側によるクーデターがおこったとき、近江に走った仲麻呂らは勢多橋《せたばし》を先に焼かれたため、越前《えちぜん》をめざして湖西を北へ進んでいます。そして、高島郡の前《さき》の少領《しょうりょう》の角家足《つののいえたり》の宅に宿泊したことを記しています。家足は前の少領ですが、角君の一族が歴代にわたって高島郡の郡領を担っていたものと推測されます。

そして、七世紀の後半に造営された大供廃寺は、伽藍の堂塔は不明ですが、出土している軒丸瓦からすると、その後の七世紀の末に近い時期に、単弁十弁蓮華文、単弁六弁蓮華文の軒丸瓦が葺かれています。これらのうち、単弁十弁蓮華文軒丸瓦は、大宝寺《たいほうじ》廃寺から多くの軒丸瓦が出土しています。そして、この時期に、高島郡の郡領《ぐんりょう》を担っていた大供廃寺の造営氏族である角君一族は、つぎに述べる大宝寺廃寺が所在する安曇《あど》川流域に進出し、そこをも本拠にした可能性が少なくないように考えます。

安曇川・瀬田川から大和へ木材を運んだか

古代の宮都は、七世紀末に飛鳥《あすか》から藤原宮《ふじわらきゅう》・京《きょう》へ遷都し、また八世紀初頭に、平城宮《へいじょうきゅう》・京《きょう》へ遷都しました。この歴史的な大きな激変にともない、じつに厖大《ぼうだい》な木材が一時的に必要な状況になったのです。そこで郡領の角君一族は、これを契機として、壬申《じんしん》の乱で没落したと推測される三尾君《みおのきみ》の本拠の安曇川の下流域をも本拠とし、安曇川上流域から伐採した大量の木材を瀬田《せた》川経由で大和《やまと》へ漕運《そううん》した可能性がきわめて高いものと推測されます。

三尾君の元氏寺を角君が再興か

しかも、大宝寺廃寺は、饗庭野の南端に三尾君が七世紀中ごろに造営しながら、壬申の乱後は廃寺の状態になっていたものを、金堂《こんどう》の大棟《おおむね》に鴟尾《しび》を据えた豪華な氏寺に再興した可能性が少なくないように思います。二つの寺院では、同笵《どうはん》の軒瓦は出土していませんが、再興した大宝寺廃寺の軒丸瓦の主体となった単弁十弁蓮華文は、この大供廃寺の単弁十弁蓮華文の瓦当《がとう》文様をもとに、発展させたものと考えられます。

二、大宝寺廃寺と造営氏族

饗庭野から多数の鴟尾片

高島《たかしま》市を流れる安曇《あど》川の北側に広がる饗庭野《あいばの》台地に、大宝寺廃寺《たいほうじ》がありますᅳ。昭和二八年（一九五三）に大宝山の南麓の緩傾斜面にあった山林一帯が開拓された際に、多くの土器などとともに瓦類も掘り出されました。これらの散乱する土器や瓦類の軒瓦《のきがわら》や鴟尾《しび》片を当時の新旭町《しんあさひちょう》教育長が収集し、それらを旧新旭町公民館に保管し、公開したことによって知られるようになった古代寺院です。

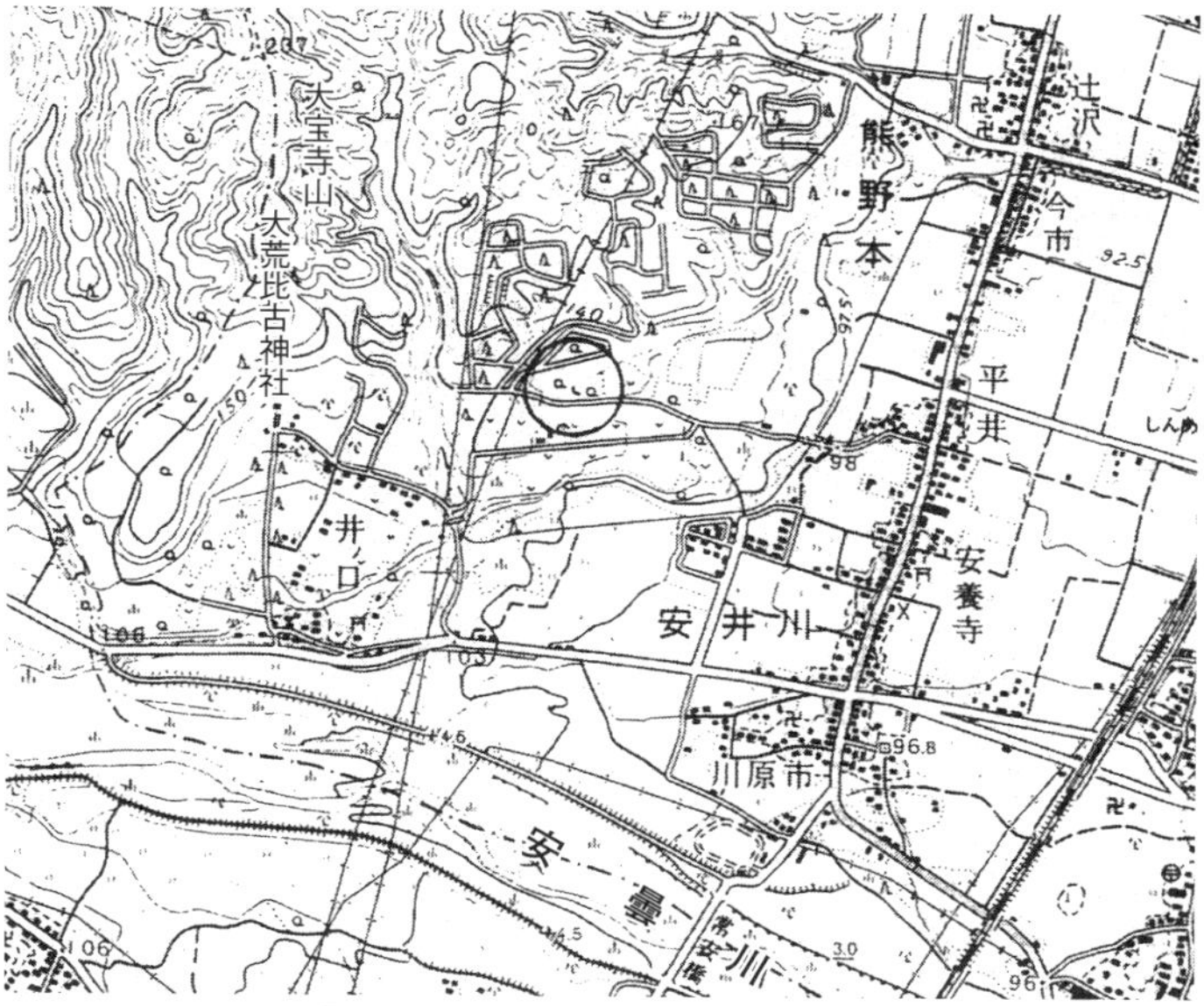

図28　大宝寺廃寺の位置（著者作成）

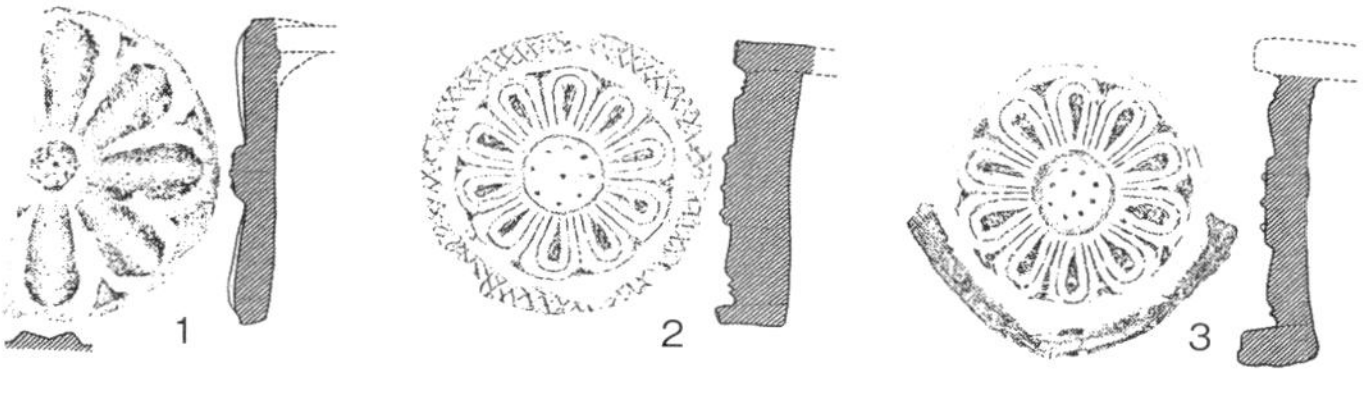

図29　大宝寺廃寺出土の軒丸瓦（『近江の古代寺院』）

饗庭野の中央部を東西に走る道があります。その北側に一辺十余m、高さ一mほどの土壇があります。これが大宝寺廃寺の堂塔の基壇の一つです。現状は小規模な基壇です。しかし、後述するように、後にここから多数の鴟尾片が掘り出されています。この基壇の周辺から多数の鴟尾片が出土したとすると、この基壇は金堂《こんどう》もしくは講堂であったと推測されます。この氏寺は、東に琵琶《びわ》湖が遠く眺望できる台地に、ここを本拠とした在地の有力氏族によって造営されたものです（図28）。

これまで採集されている軒瓦には、軒丸瓦三種、軒平瓦《のきひらがわら》一種、さらに鴟尾と塼仏《せんぶつ》があります。軒丸瓦1は、蓮弁《れんべん》が凹面《おうめん》をなす素弁《そべん》八弁蓮華文《れんげもん》です（図29－1）。軒丸瓦2は、1と同様ですが、小型のものです。いずれも七世紀なかごろのものです。また多数出土している軒丸瓦3は単弁十弁蓮華文で、外縁部に格子目《こうしめ》叩きをつけたものです（図29－2・3）。また、軒平瓦は三重弧文《さんじゅうこもん》をつけたものです。さらに、三点の鴟尾の胴部の破片が採集されています。

ところで、この大宝寺廃寺は、平成元・二年（一九八九・九〇）に、遺存する土壇の周辺から不法に多数の鴟尾片が掘り出されたことがあります。いわば遺跡の盗掘です。平成二年のある日、奈良国立文化財研究所（奈文研）から連絡があり、ある会場を訪れたことがあります。その小体育館には、奈良県在住の某氏が、近畿各地の寺院跡から盗掘した軒瓦を、

図30　大宝寺廃寺出土の鴟尾片
（奈良文化財研究所飛鳥資料館提供）

床一面に区分して置かれていました。そこに近江《おうみ》の大宝寺廃寺から掘り出したと墨で銘記した二十数片の鴟尾片と軒丸瓦一個がありました。これらの多数の鴟尾片（図30）からすると、鴟尾は数個体あり、現地に遺存している土壇は金堂跡に相違なく、ほかに講堂などにも鴟尾を据えていたものと思いました。

これらの大宝寺廃寺の鴟尾片と軒丸瓦は、他の大和《やまと》・河内《かわち》・和泉《いずみ》・山背《やましろ》の古代寺院から不法に掘り出された軒瓦類とともに、平成三年（一九九一）四月、奈文研の飛鳥《あすか》資料館に展示され、図録の飛鳥資料館『飛鳥時代の埋蔵文化財に関する一考察』に写真が収録されています。

壬申の乱で三尾君が没落後角君が進出して再興か

さて、大宝寺廃寺を造営した氏族に対しては、昭和五四年（一九七九）、西田弘《にしだひろむ》氏は、『湖国と文化』に、素弁系の軒丸瓦（軒丸瓦1）は、京都市広隆寺《こうりゅうじ》のものとよく類似すること、造営された地は三尾君《みおのきみ》の本拠であることを強調し、壬申《じんしん》の乱で三尾君が没落したと

する考えを紹介しながらも、その考えを否定しています

しかし、著者は、大宝寺廃寺から出土した七世紀末ないし八世紀初頭の仏堂の屋根に据えられた軒瓦と鴟尾を重視する必要があると考えます。大宝寺廃寺の創建軒丸瓦は、七世紀中ごろのものです。そして、多量に出土する単弁十弁蓮華文で、外縁に格子目叩きを加えた軒丸瓦は、七世紀末ないし八世紀初頭のもので、この寺院には伽藍造営の中断があったものと推測します。

このことは、大供廃寺で述べたように、三尾君が壬申の乱で没落した後、七世紀末に飛鳥から藤原宮《ふじはらきゅう》・京《きょう》へ、また平城宮《へいじょうきゅう》・京《きょう》へ遷都がおこなわれました。このような遷都によって、大和では厖大《ぼうだい》な量の木材が必要な状況となりました。その際に、高島郡の郡領《ぐんりょう》を担っていた角《つの》(山《やま》)君《のきみ》の一族が、この安曇川下流域に進出して本拠とし、安曇川の上流域から大量の木材を大和に漕運《そううん》し、著しく財力をなしたものと思われます。しかも、それまでは廃寺と同様の状態であった大宝寺廃寺を、金堂や講堂の大棟《おおむね》に鴟尾を載せる優れた伽《が》藍《らん》に再興したものと考えられます。その再興の際に葺いた軒丸瓦の主体となった単弁十弁蓮華文は、大供廃寺の単弁十弁蓮華文を導入し、より発展させた瓦当《がとう》文様として葺いたものと推測されるのです。

コラム

古代寺院と伽藍配置

飛鳥時代の伽藍

日本で最初に本格的な伽藍《がらん》を建てた飛鳥寺《あすかでら》は、崇峻元年（五八八）、百済《くだら》から派遣された工人らが造営し、塔の北・東・西に金堂《こんどう》を配した一塔三金堂式の高句麗《こうくり》式伽藍（**飛鳥寺式**）が導入された。また飛鳥時代の伽藍には、百済で採用されていた塔・金堂・講堂を南北一列に配した**四天王寺式**《してんのうじ》の伽藍が四天王寺、法隆寺の若草伽藍・中宮寺《ちゅうぐうじ》跡などで採用されている。

その後の舒明《じょめい》一一年（六三九）、舒明天皇が初めて造営した国家的な寺院である百済大寺《くだらおおでら》（吉《き》備池《びいけ》廃寺）は、東に金堂、西に塔を対置して配

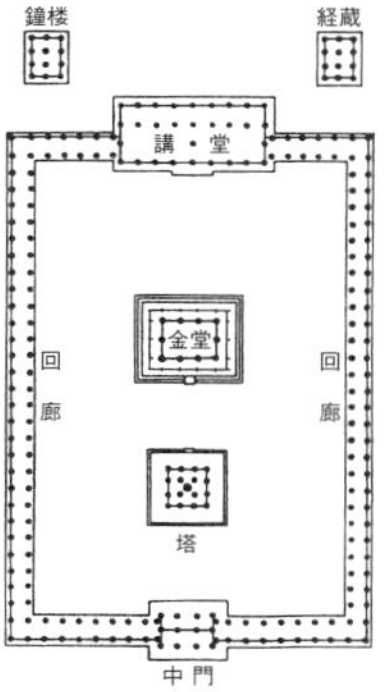

四天王寺式伽藍

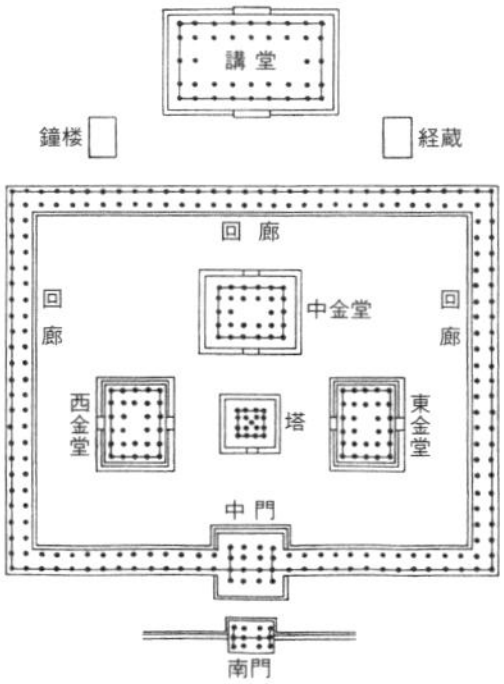

飛鳥寺式伽藍

する新たな伽藍様式の**法隆寺式**《ほうりゅうじ》伽藍が採用されている。

白鳳時代の伽藍

続く白鳳《はくほう》時代は、法隆寺式とともに西に金堂、東に塔を配した**法起寺式**《ほっきじ》の伽藍も造営されている。さらに、斉明《さいめい》七年（六六一）に斉明天皇が没したので、斉明を弔う川原寺《かわらでら》の伽藍に、中金《ちゅうこん》堂《どう》の前に西金堂、東に塔を配した**川原寺式**が採用されている。また、天武《てんむ》九年（六八〇）、天武天皇による鸕野《うの》皇后の病気平癒の請願を契機に、藤原京《ふじわらきょう》に造営した本薬師寺《もとやくしじ》には、新羅《しらぎ》の慶《けい》州《しゅう》に建てられた感恩寺《かんおんじ》・四天王寺と同一の双塔式伽藍（**薬師寺式**）が導入されている。

　このように、白鳳寺院には伽藍の様式は多様化したが、金堂と塔は、いずれの伽藍も単廊の回廊で囲んで配されている。

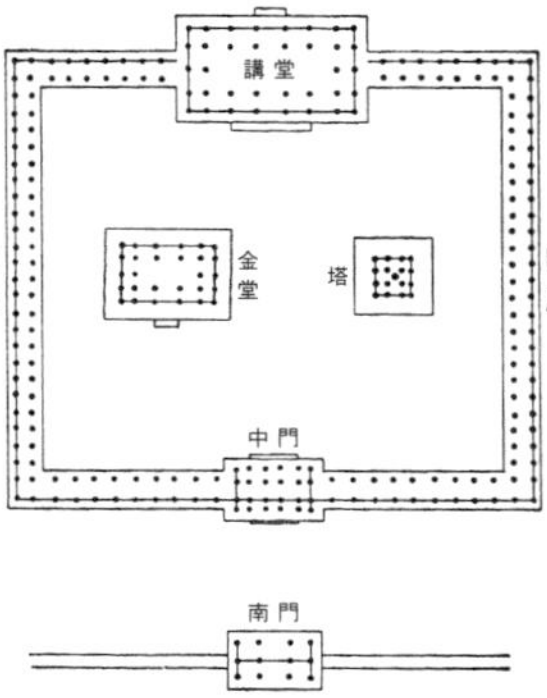

法起寺式伽藍

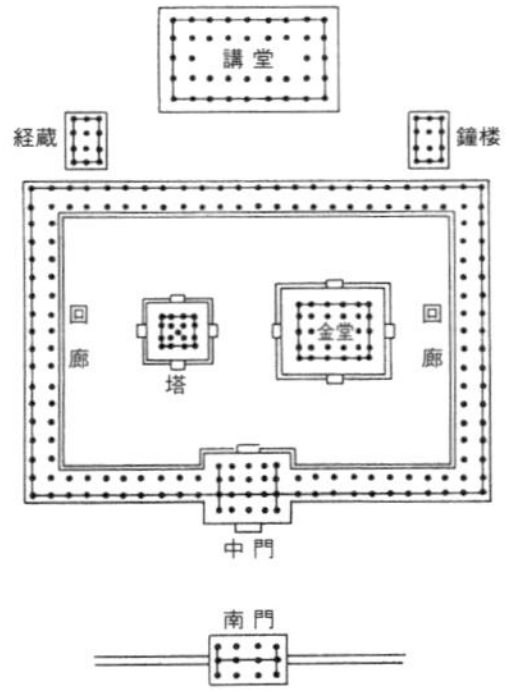

法隆寺式伽藍

奈良時代の伽藍

藤原宮・京から平城宮《へいじょうきゅう》・京《きょう》へ遷都すると、平城京に多くの古代寺院が造営されている。奈良時代に造営された伽藍は、いずれも塔を金堂院の外に配する伽藍が一般化した。これは、高層をなす塔への落雷の被害を考慮した伽藍配置で、平城京で造営された興福寺《こうふくじ》・元興寺《がんごうじ》・大安《だいあん》寺《じ》、さらに東《とう》大寺《だいじ》と諸国の国分寺にみる伽藍が一般化した。

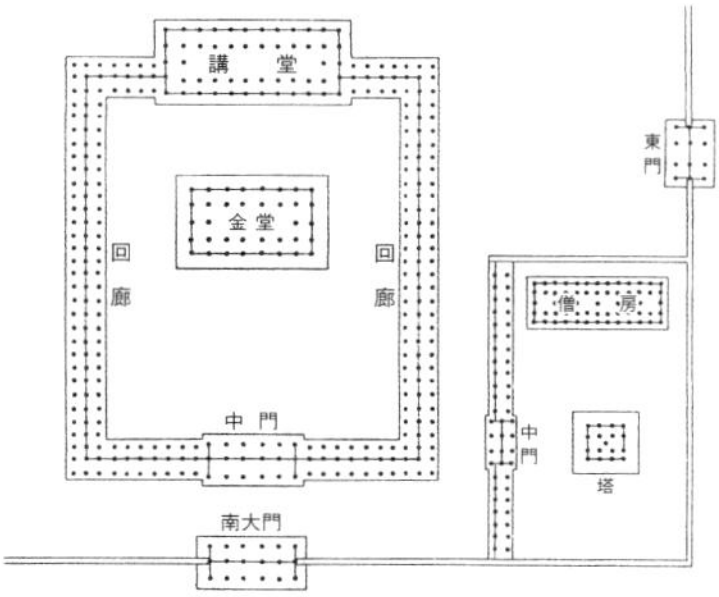

奈良時代の伽藍

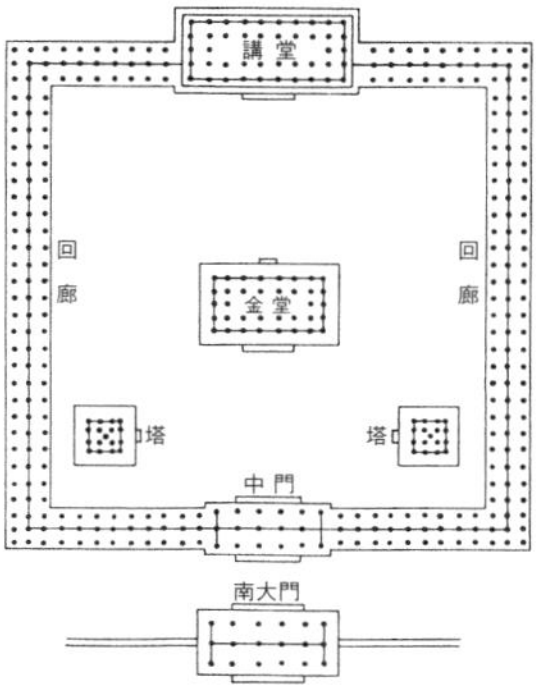

薬師寺式伽藍

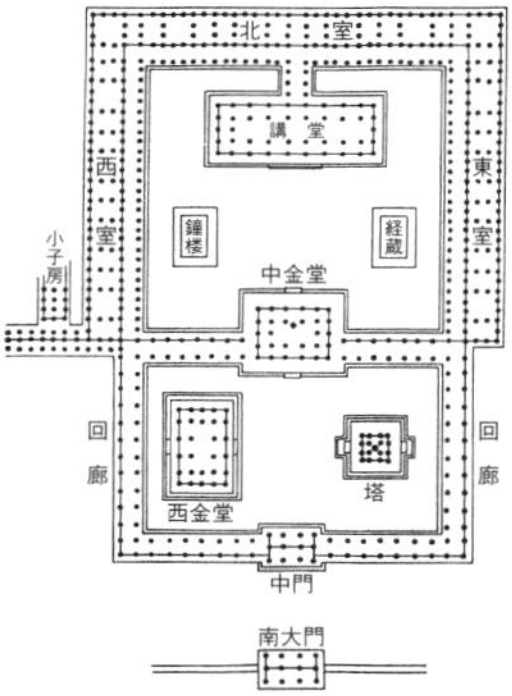

川原寺式伽藍

第三章　湖南地域の古代寺院

一、花摘寺廃寺と造営氏族

草津《くさつ》市の西北部の湖岸より、浜《はま》街道から下物《おろしも》町《ちょう》に入ったところに天満宮が所在します。この天満宮の境内を寺域とするのが花摘寺《はなつみでら》廃寺です。

石蓋は塔の露盤か

この花摘寺廃寺は、古く『栗太志《くりたし》』に、この境内は、元は伽藍《がらん》の跡であるとし、経塔《きょうとう》の蓋《ふた》の如きものがあり、大きさ方六尺、また柱石《ちゅうせき》の如きものあり、長さ六尺、広さ四尺余、石面に孔《あな》あり、径三尺五寸、深さ五寸ばかり。そのほかに、方五尺ほどの数十の礎石が境内にある、と記しています。また古瓦が多く、布目あるいは縄目あり、とも述べており、早くから天満宮境内に、古代寺院があったことが知られていました。

石製の蓋のようなものは、天満宮の入口の東にある太子堂の横に置かれています（図31）。

図31　花摘寺廃寺の石蓋（著者撮影）

これは花崗岩《かこうがん》製の截頭《せっとう》四《し》角錐台《かくすいたい》状のもので、その中央に円孔《えんこう》を刳《く》りぬいた塔の露盤《ろばん》と推測されるものです。上部の四隅から下辺隅に向かって細く一段高い稜線が延びており、表面は丁寧に仕上げています。しかし、下面は仕上げを欠いており、粗いままです。

また、入口西側の社務所の北側にも、堂塔の礎石に使用された十数個の礎石が柵の中に集められています。これらの礎石には、円形の柱座《はしらざ》を造り出したものが三個あります。これらは形と大きさが異なりますので、いくつかの堂塔の礎石と推測されます。

この天満宮の境内は、昭和四四年（一九六九）に、児童公園を造る計画にともなって礎石や瓦類が調査されています。

さらに、昭和五一年（一九七六）、周辺の

圃場《ほじょう》整備が計画された際に、天満宮の南と東で一部が発掘されています。この調査で寺域の南を限ると推測される溝が検出されています。

また、昭和五二年（一九七七）度にも、寺域の東辺と北辺想定地で発掘され、東で南北溝、北で東西溝が検出されており、それぞれ寺域の東限、北限に推測されています。さらに、昭和五七年（一九八二）には、住宅建設に際して発掘され、掘立柱《ほったてばしら》建物三棟、井戸、方形周溝墓二基などがみつかっています。

調査地点からは、軒丸瓦《のきまるがわら》として藤原宮《ふじわらきゅう》の六二七八B型式（図32）、軒平瓦《のきひらがわら》として藤原宮の六六四六B型式、重弧文《じゅうこもん》、簡略した蓮華文《れんげもん》のもの、丸・平瓦などが出土し、また奈良時代から平安時代の須恵器《すえき》・土師器《はじき》などが出土しています。

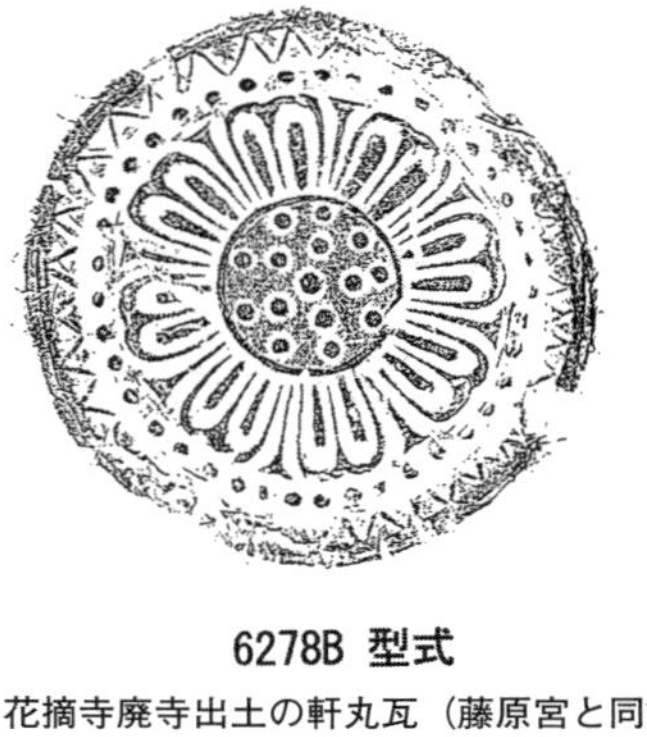

6278B 型式

図32　花摘寺廃寺出土の軒丸瓦（藤原宮と同笵瓦）
（『近江の古代寺院』）

藤原宮所用瓦が葺かれた氏寺

これまで金堂《こんどう》や塔などの位置や配置を知る手がかりは得られていません。しかし、この花摘寺廃寺の堂塔は、藤原宮所用瓦が葺かれた氏寺として、きわめて重要な寺院です。平成二三年（二〇一一）、藤原宮所用瓦を葺いた国昌寺《こくしょうじ》跡の近くの石山国分《いしやまこくぶ》遺跡で、藤原宮所用瓦を焼いた瓦窯《がよう》二基が検出されました。

この石山国分遺跡で、藤原宮の軒瓦を焼成した瓦窯は、古代の宇治橋《うじばし》に橋守《はしもり》の部署を設けていたことからみて、勢多橋《せたばし》にも橋守の部署があり、この部署が一時的に、石山国分台地で藤原宮所用瓦を生産したものと推測されます。しかも、屋瓦の焼成には大量の雑木の燃料を必要とするので、在地の有力氏族の支援を得たものと推測されます。

付近の国家的部署 葦浦屯倉に関与か

そして、花摘寺廃寺の場合も、この寺院の付近に国家的な部署があり、藤原宮所用瓦の生産に関与し、それとの関連で造営氏族が藤原宮所用瓦を氏寺に葺いたものと推測されます。その国家的な部署としては、『日本書紀』安閑《あんかん》二年（五三五）五月甲寅《こういん》条に、葦浦《あしうら》に葦浦屯倉《あしうらのみやけ》を設けたことを記しています。この屯倉は葦浦屯倉と呼ばれており、葦浦の地に設けられたものと推測されます。そして、この葦浦屯倉の運営・管理に花摘寺廃寺の造営氏族が関わったのではないかと推測されます。

葦浦の造瓦工房から 藤原宮へ漕運か

葦浦からは、琵琶《びわ》湖と瀬田《せた》川によって屋瓦《おくが》を容易に大和《やまと》へ漕運《そううん》しうることから、ここに造瓦工房が設けられ、藤原宮所用瓦が生産されたものと思います。そして、それまで葦浦屯倉の運営・管理に関与した在地の有力氏族が、藤原宮所用瓦の生産に関与したのを契機として、自ら花摘寺廃寺を造営することになり、その生産にかかわっている藤原宮所用瓦を葺いたものと推測されるのです。

二、宝光寺廃寺の性格と造営氏族

宝光寺と大萱神社で瓦積基壇と焼瓦検出

草津《くさつ》市の西北部、北大萱町《きたおおがやちょう》に宝光寺《ほうこうじ》と大萱神社が鎮座しています。この宝光寺と大萱神社の一帯で瓦が散布するのが注目され、「興《こう》福寺官務牒疏《ふくじかんむちょうそ》」に栗太《くるもと》郡の駒井《こまい》にある寺として記されています。

だが、この文書は偽書の可能性が高いとされています。しかし、『近江栗太郡志《おうみくりたぐんし》』巻五に、宝光寺の付近から採集された軒丸瓦《のきまるがわら》二個の写真が掲載されています。一つは単弁八弁蓮《れん》華文《げもん》(図34－4)、他は中房に一四個の蓮子《れんし》をつけ、三弁の蓮弁《れんべん》を十字に配し、それぞれの蓮弁の間に小型の蓮華文を配し、外縁は内側に面違鋸歯文《めんたがいきょしもん》、外側に線鋸歯文をつける注目すべきものです(図34－5)。

昭和五五～五八年(一九八〇～八三)、著者は、滋賀大生とともに三回にわたって小規模な発掘を実施しました。この発掘では、まず宝光寺の本堂前で瓦積《かわらづみ》基壇の西北端と西辺部

図33　宝光寺廃寺の講堂跡の瓦積基壇（北から）（著者撮影）

を検出し、この建物基壇は、東西一五m以上、南北一六m以上のものであることが判明しました（図33）。この堂の基壇は、平瓦を縦に半截《はんせつ》したものを横に積んだ瓦積基壇の外装をなしたもので、最もよく残るところで一一枚、〇・八mの高さが遺存していました（小笠原一九八九）。

また、その南に鎮座する大萱神社の本殿の南でも、大量の焼瓦《やきがわら》の堆積を検出しましたので、ここにも堂塔が建っていたものと推測されます。ほかに宝光寺本堂の西北三五mの地で、中世の井戸一基を検出し、その付近から方形瓦も出土しました。

近江大津宮と深い関連

このような発掘から、宝光寺の本堂の前で検出した瓦積基壇には、重弧文《じゅうこもん》

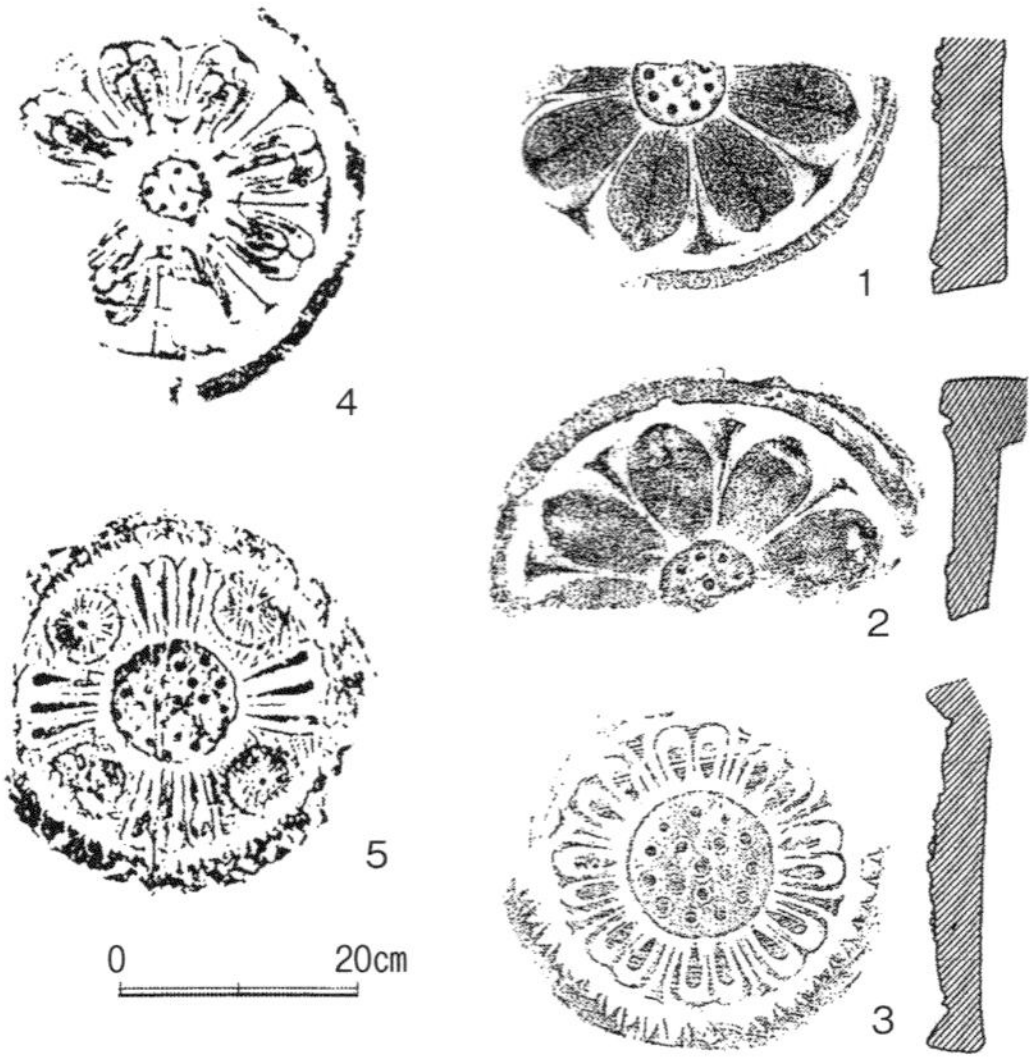

図34　宝光寺廃寺出土の軒丸瓦（著者作成）

軒平瓦《のきひらがわら》も少なからず含んでいますので講堂に想定され、その南の焼瓦堆積地に金堂《こんどう》もしくは塔を配したものと推測されます。

葺かれた軒丸瓦は八種、軒平瓦三種あります。軒丸瓦は素弁《そべん》系のものに、外縁が無文のものと狭い外縁に輻線文《ふくせんもん》をつけるもの、単弁蓮華文のもの、複弁蓮華文のものに中房に１＋５＋11の蓮子をつけ、外縁に面違鋸歯文をつけるもの、中房に１＋６の蓮子をつけ、面違鋸歯文をつけるもの（**図34**）、二十六弁の細弁蓮華文で線鋸歯文をつけるもの、さらに三弁を十字に配し、この蓮弁間にそれぞれ小型蓮華文をつけ、外縁の内側に面違鋸歯文、外側に線鋸歯文をつけるものが出土しています。また、軒平瓦は三重弧文・四重弧文・七重弧文をつけるものがあります。

このように宝光寺廃寺は、本堂の前に瓦積基壇を施した堂が一基が構築され、さらに焼瓦の検出状況から大萱神社の本殿の南にも堂塔が建っていたものと推測されます。検出された瓦積の基壇外装は、近江大津宮《おうみおおつのみや》の周辺に建てられた崇福寺《すうふくじ》、南滋賀《みなみしが》廃寺、穴太《あのう》廃寺の再建金堂に採用されていることからみて、近江大津宮と深い関連をもつ有力氏族によって建てられた氏寺の可能性があります。

天智天皇の大津廃寺ほか大津北郊寺院とものつながり

また、軒丸瓦のうち、複弁八弁蓮華文で、面違鋸歯文をつけたものは、滋賀県庁の北側にあった大津廃寺でも同笵《どうはん》軒丸瓦が出土しています。この大津廃寺は、「大津廃寺」の項（45～49ページ）で述べたように、飛鳥《あすか》に天智《てんじ》天皇が建立した川原寺《かわらでら》に葺かれた川原寺Aと同笵の軒丸瓦を葺いていますので、天智が勅願した崇福寺に対する尼寺として建てられた可能性が高いものです。

このように、宝光寺廃寺の造営氏族は、天智が造営に関与した可能性の高い大津廃寺と深いつながりをもち、この大津廃寺の造営に協力したものと推測されます。また近江大津宮の北に建てられた穴太廃寺・南滋賀廃寺から出土する輻線文縁軒丸瓦、さらに南滋賀廃寺から出土する方形瓦も出土していますので、大津北郊を本拠とした渡来系氏族ともつながりをもつ氏族と思われます。

これまで文字資料を欠いているので、この氏寺を造営した氏族名を明らかにできませんが、大津北郊に集住した大友村主《おおとものすぐり》・錦織村主《にしこりの》・大友但波史《たんばのふひと》・三津首《みつのおびと》など渡来系氏族と同族関係、もしくはつながりをもつ氏族と推測されます。しかも、付近には後期古墳が築成されていませんので、この氏族の人たちの墳墓は、対岸に見える錦織《にしきおり》から滋賀里《しがさと》一帯に広がる丘陵地に営まれたものと考えられます。

三、蜂屋廃寺と造営氏族

並ぶ四条の溝は築地の雨落溝か

蜂屋《はちや》廃寺は、栗東《りっとう》市の北部に位置する古代寺院です。この廃寺は野洲《やす》川が形成した扇状地状の氾濫原に立地する蜂屋遺跡の一部から、平成三〇年（二〇一八）秋に古代寺院が存在することが明らかになったものです。蜂屋遺跡は、縄文時代から中世の各時代の遺構が見つかっている遺跡で、中ノ井《なかのい》川の河川改修に先立っておこなわれていた蜂屋集落の北側の地から古代寺院に関連する遺構が見つかりました。

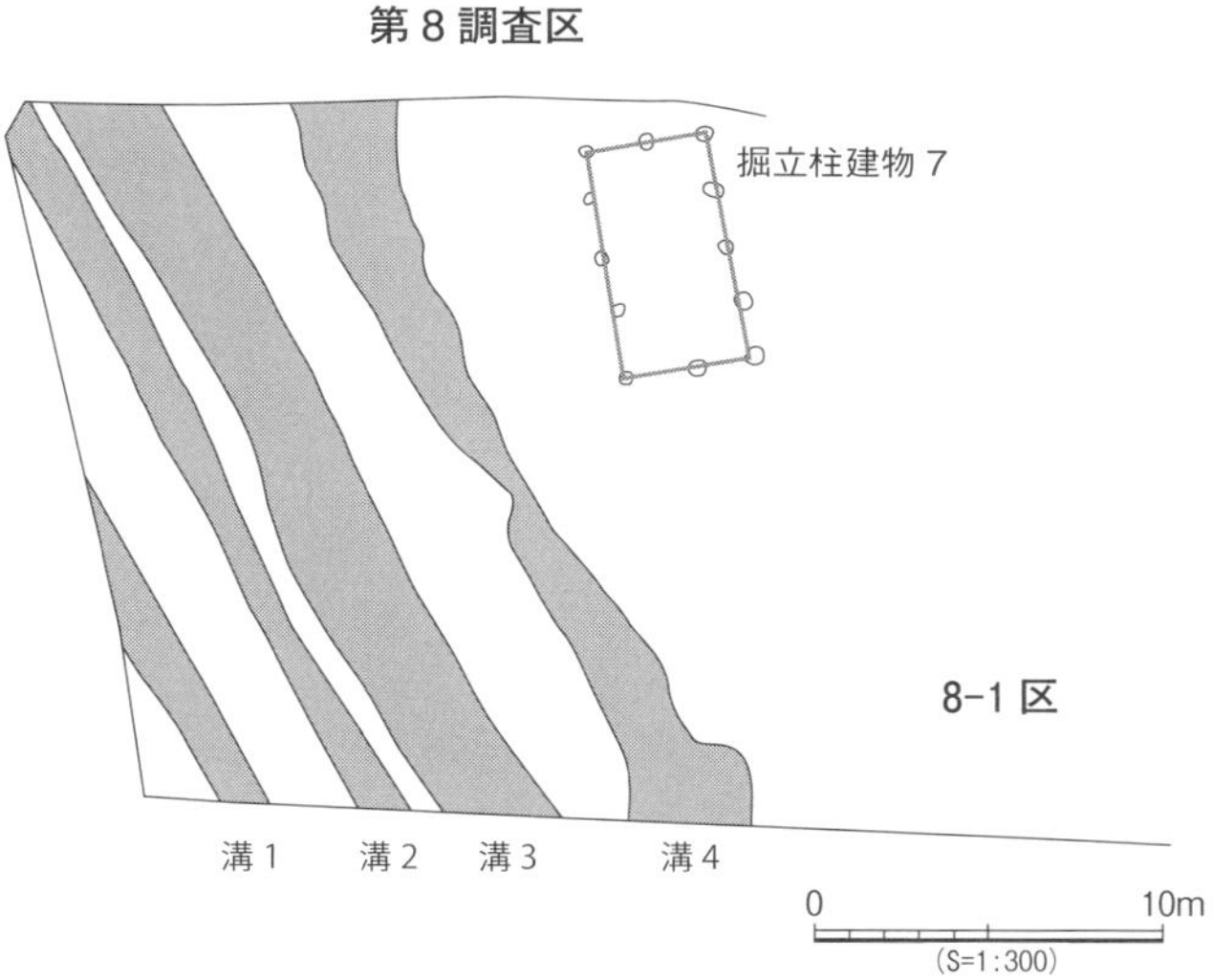

図35　蜂屋廃寺の四条の溝（『現地説明会資料』）

図36　蜂屋廃寺の溝に投棄され瓦堆積（北から）（滋賀県提供）

見つかった遺構は、寺域の西辺部に位置すると推測される地で、幅数mの四条の南北溝が平行して検出されたものです（図35・36）。これらの四条の溝は、いずれも大量の瓦で埋め尽くされた状態で見つかっています。しかも、これらの溝に投棄された瓦類から、法《ほう》隆寺《りゅうじ》の若草伽藍《がらん》で出土している忍冬文《にんどうもん》単弁軒丸瓦《のきまるがわら》と同笵《どうはん》のもの（図37）が四個出土し、ほかにも複弁蓮華文《れんげもん》の法隆寺式軒丸瓦が数十個出土し、注目されています。

まず、四条の平行する南北溝は、蜂屋廃寺の西辺に設けられていた築地《ついじ》にともなった雨《あま》落溝《おちみぞ》と推測されます。この築地の雨落溝は、通常は築地の内外に一条ずつ設けられます。しかし溝1～溝4と、平行して四条が検出されています。また大量の瓦が投棄されています。これは蜂屋廃寺を廃絶する際に、築地の瓦のみでなく、金堂《こんどう》・塔などの堂塔に葺いた瓦類も、ここに溝を加えて掘って投棄した可能性が高いものと推測されます。これらの溝の性格は、さらに東辺の築地および、蜂屋廃寺の伽藍の堂塔を検出して明らかにする必要があります。

渡来系氏族の氏寺か

これらの溝から出土した軒丸瓦には、忍冬文単弁文四点、輻線文《ふくせんもん》縁《えん》単弁蓮華文七点、複弁蓮華文の川原寺《かわらでら》式三点、複弁蓮華文の法隆寺式五〇点、複弁蓮華文で外縁に面違鋸歯文《めんたがいきょしもん》をつける平隆寺《へいりゅうじ》式二九点などがあります。

これらのうち、忍冬文単弁軒丸瓦は、中房に1＋6の蓮子《れんし》を配し、平坦な六弁の上に忍冬文を貼りつけた状態に表現したものです。これは、法隆寺の若草伽藍で出土したものと同一の型で製作された同笵瓦です。この軒丸瓦は中宮寺《ちゅうぐうじ》で葺いたもので、中宮寺から若草伽藍に瓦当《がとう》笵が移動したものです。また、単弁蓮華文で外縁に輻線文をつけるものは、近江《おうみ》では穴太《あのう》廃寺などに葺かれ、渡来系氏族の氏寺に顕著に葺かれています。この軒丸瓦が忍冬文単弁軒丸瓦に続いて葺かれているので、蜂屋廃寺は渡来系氏族が造営した氏寺に推測されます。そして、その後、複弁蓮華文の法隆寺式、平隆寺式の軒丸瓦が葺かれ、軒平瓦にも均整忍冬唐草文《からくさもん》をつける法隆寺式のものが出土しています。

このように、蜂屋廃寺は、法隆寺の若草伽藍出土と同笵の忍冬文単弁軒丸瓦で最初に仏堂が建てられ、ついで輻線文縁単弁軒丸瓦による堂塔が建てられ、その後、法隆寺式と平隆寺式で伽藍全体が完成した氏寺であったことが明らかになった古代寺院です。また出土した瓦類には、鴟尾《しび》片も出土しており、金堂には大棟《おおむね》の両端に鴟尾をのせていたものと推測されます。

図37　蜂屋廃寺出土と同笵の若草伽藍の忍冬文単弁軒丸瓦（著者作成）

物部郷にあった法隆寺の薗地と庄倉を経営・管理

飛鳥《あすか》時代に蜂屋廃寺が建立されたことが明らかになった栗東市北部は、古代は栗太《くるもと》郡物部《もののべ》郷にあたる地域です。天平《てんぴょう》一九年（七四七）に編まれた『法隆寺伽藍縁起　幷《ならびに》流記《るき》資財帳』に、近江の栗太郡に法隆寺の水田、栗太郡物部郷に薗地《えんち》と栗太郡の水田から収穫した米を収納する庄倉《しょうそう》を記しています。ここは当初は物部氏の領地の一部でしたが、用明二年（五八七）、物部守屋《もりや》と蘇我馬子《そがのうまこ》が政治の主導権と仏教の導入をめぐって戦い、守屋が敗死したことから、物部氏の領地の一部が蘇我馬子と加担した厩戸皇子《うまやどのみこ》（聖徳太子）の領地となったものと推測されます。

そして、この物部郷に所在した法隆寺の薗地と庄倉を経営・管理した氏族が蜂屋廃寺を造営した際に、法隆寺の若草伽藍に葺かれた忍冬文単弁軒丸瓦の同笵軒瓦の提供を受けたものと推測されます。この氏族は、ついで蜂屋廃寺固有の輻線文縁単弁蓮華文軒丸瓦を葺いて伽藍の造営を進展させています。この輻線文縁軒丸瓦は、渡来系氏族の氏寺に顕著に葺かれたものです。この法隆寺の若草伽藍は、天智九年（六七〇）に焼失しており、蜂屋廃寺の造営氏族は法隆寺の再建にも協力したものと推測されます。そして、複弁蓮華文の法隆寺式や平隆寺式の軒瓦は、法隆寺の再建と関連して導入された瓦当文様に推測されます。

磐城村主が造営し栗太郡司に任じられたか

さて、蜂屋廃寺は、前述したように渡来系氏族が造営した氏寺に推測されます。この栗太郡を本拠とした渡来系氏族としては、『日本書紀』天智三年（六六四）一二月条に、稲がすぐ実り、天から落ちてきた鍵によって富裕になったと記されている磐城村主殷《いわきのすぐりおお》が注目されます。この稲と鍵の話は寓話性が高いもので理解しにくいが、稲は磐城村主が法隆寺の薗地の経営に関連し、また二つの鍵は栗太郡の水田から収穫した米を庄倉で管理したので、財力をなすようになったと理解しうる可能性があります。そして、氏寺を造営する際に、法隆寺の若草伽藍の忍冬文単弁軒丸瓦の提供を受け、仏堂を造営したものと推測されます。また、輻線文縁単弁軒丸瓦で、さらに伽藍の造営を進めたものと推測されます。

　ところで、栗太郡の郡司は、『正倉院文書《しょうそういんもんじょ》』の「天平八年八月二十六日付内侍司牒《ないしのつかさちょう》」に、小槻山君広虫《おつきやまのきみひろむし》が采女《うねめ》として平城宮《へいじょうきゅう》の後宮《こうきゅう》に出仕しており、小槻山君が栗太郡の郡司を担っていたことがわかります。そして、物部郷に蜂屋廃寺を造営した磐城村主も、財力を有した後、栗太郡の郡司に任じられるようになったものと推測されます。そして、同じく郡司の小槻山君が造営した手原《てはら》廃寺に葺かれた軒瓦は、大半が蜂屋廃寺と同一なので、手原廃寺の造営の際に、多くの軒瓦を提供して支援したものと推測されます。

野洲や草津の一族に瓦を提供

さて、野洲郡には蜂屋廃寺に葺かれた法隆寺式軒瓦が益須寺《やすでら》跡、福林《ふくりん》寺《じ》跡から出土しています。このうち福林寺跡は、『東寺文書』の康和《こうわ》三年（一一〇一）、長治《ちょうじ》元年（一一〇四）の弁官宣旨《べんかんせんじ》に、天武《てんむ》天皇のとき、石城村主宿祢《いわきのすぐりすくね》が鎮護国家を祈願して建てた寺であることを述べており、磐城村主の一族の氏寺に、法隆寺式軒瓦が葺かれた可能性が少なくないものと推測されます。また、蜂屋廃寺から出土した忍冬文単弁軒丸瓦と同笵の軒瓦は、古く昭和二五年（一九五〇）に、草津市大般若寺《だいはんにゃじ》跡から出土したものが梅原末治《うめはらすえじ》氏によって紹介されています。これも蜂屋廃寺の造営氏族と同族関係によって提供され、この氏寺の仏堂に葺いた可能性が高いものと思われます。

四、手原廃寺と造営氏族

掘立柱建物群は栗太郡衙の一部か

手原《てはら》廃寺は、葉山《はやま》川流域の自然堤防状の微高地に立地する古代寺院です。古く草津《くさつ》線を敷設した際に、また草津線のＪＲ手原駅の建設時にも軒瓦《のきがわら》が採集され、ここに古代寺院が所在したものと推測されてきました。この手原駅の周辺には、一辺が二町規模の条里地割と異なる真南北方向の地

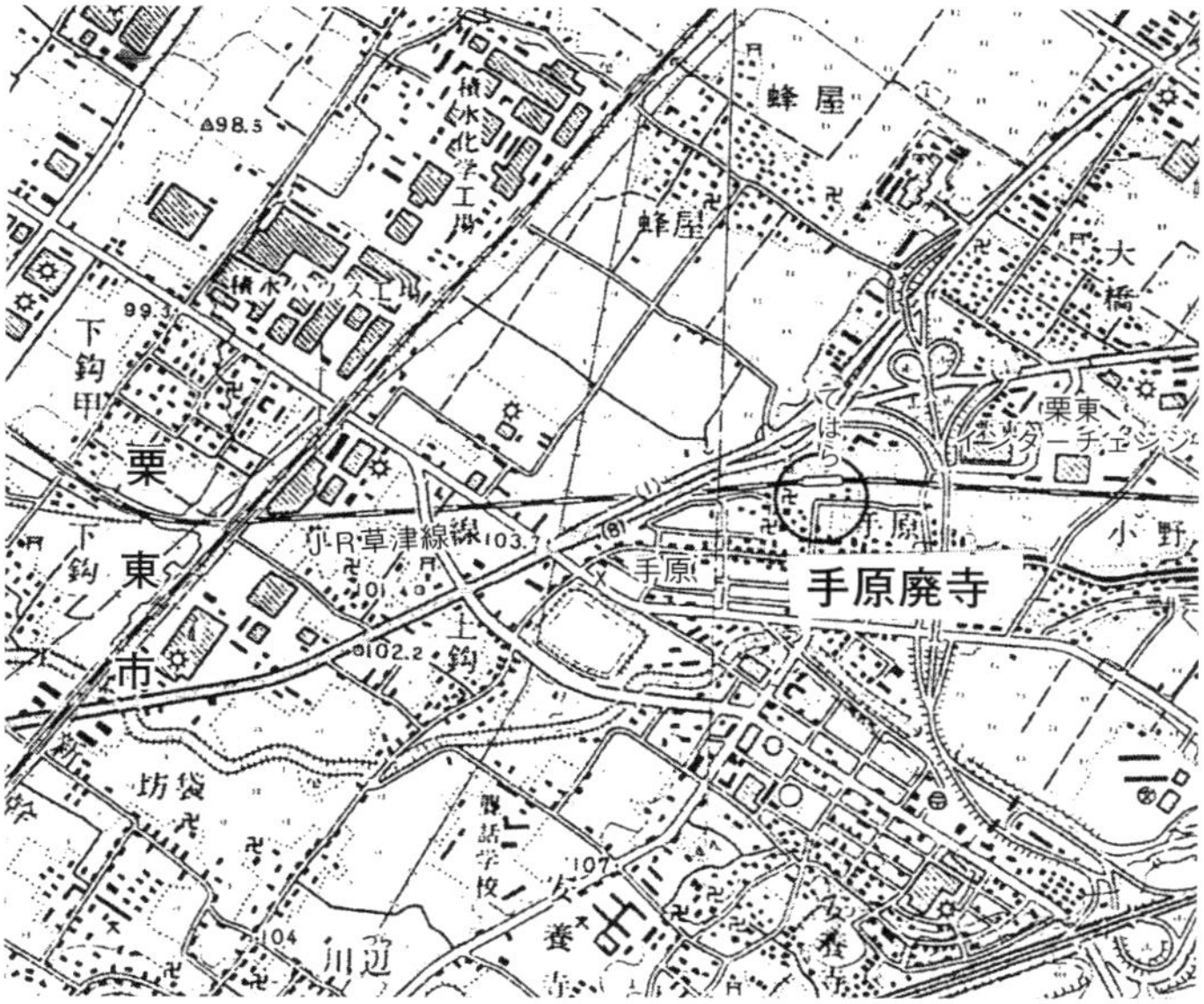

図38　手原廃寺の位置（著者作成）

割が所在することも注目されてきました（図38）。

そして、昭和四五年（一九七〇）以降は、手原駅の周辺の開発と整備にともなって、あいついで発掘調査がおこなわれ、多くの掘立《ほったて》柱《ばしら》建物も検出されています。手原廃寺の軒瓦は、主として手原駅前の栗東《りっとう》市商工会館の南側一帯から出土しており、この付近に伽藍《がらん》が建てられていたものと推測されています。しかし、これまで伽藍の堂塔に関連する遺構は見つかっていません。

また、栗東駅の南側に手原廃寺の伽藍があっただけではなく、その西方三〇〇m付近には、西と北を溝で区画し、その中に掘立柱式の倉庫を一〇棟ほどコ字状に配した倉庫群が検出されています。そして、その区画のすぐ北側でも、一辺一五〇mほど溝によって区画する中に、南北棟の掘立柱建物が八棟検出されている一郭《いっかく》があります。さらに、手原駅の東方二〇〇m付近でも、北側で少し規模の大きな掘立柱式の東西棟建物三棟、その南で南北棟建物二棟がL字状に建てられています。

　このように、手原駅の南側一帯に手原廃寺、その西方地域に倉庫群と掘立柱建物群、そして東部にも掘立柱建物群が検出されています。

　これらの掘立柱建物群は、手原遺跡の西南一五〇〇mに、栗太郡衙《くるもとぐんが》の岡遺跡が所在していますので、これらの建物群は郡衙の一部、もしくは郡衙を司る郡司と関連をもつ倉庫群や関連施設が構築されているものと推測されています。

　さて、手原廃寺に葺かれたと推測される軒瓦には、軒丸瓦四種、軒平瓦《のきひらがわら》三種が採集、あるいは出土しています。これらのうち、軒丸瓦１は中房に蓮子《れんし》を１＋６つける単弁蓮華《れんげ》文《もん》で、外区に輻線文《ふくせんもん》をつける蜂屋《はちや》廃寺のものと同笵《どうはん》のものです。軒丸瓦２も輻線文縁単弁蓮華文のものですが、蓮弁《れんべん》が少し平坦なもので、手原廃寺固有のものです。軒丸瓦３は中房に蓮子を１＋５＋10配した複弁八弁蓮華文で、外区に面違鋸歯文《めんたがいきょしもん》をつける川原寺《かわらでら》のものです。軒丸瓦４は大きな中房に蓮子をつけ、複弁八弁蓮華文で外縁に線鋸歯文をつける

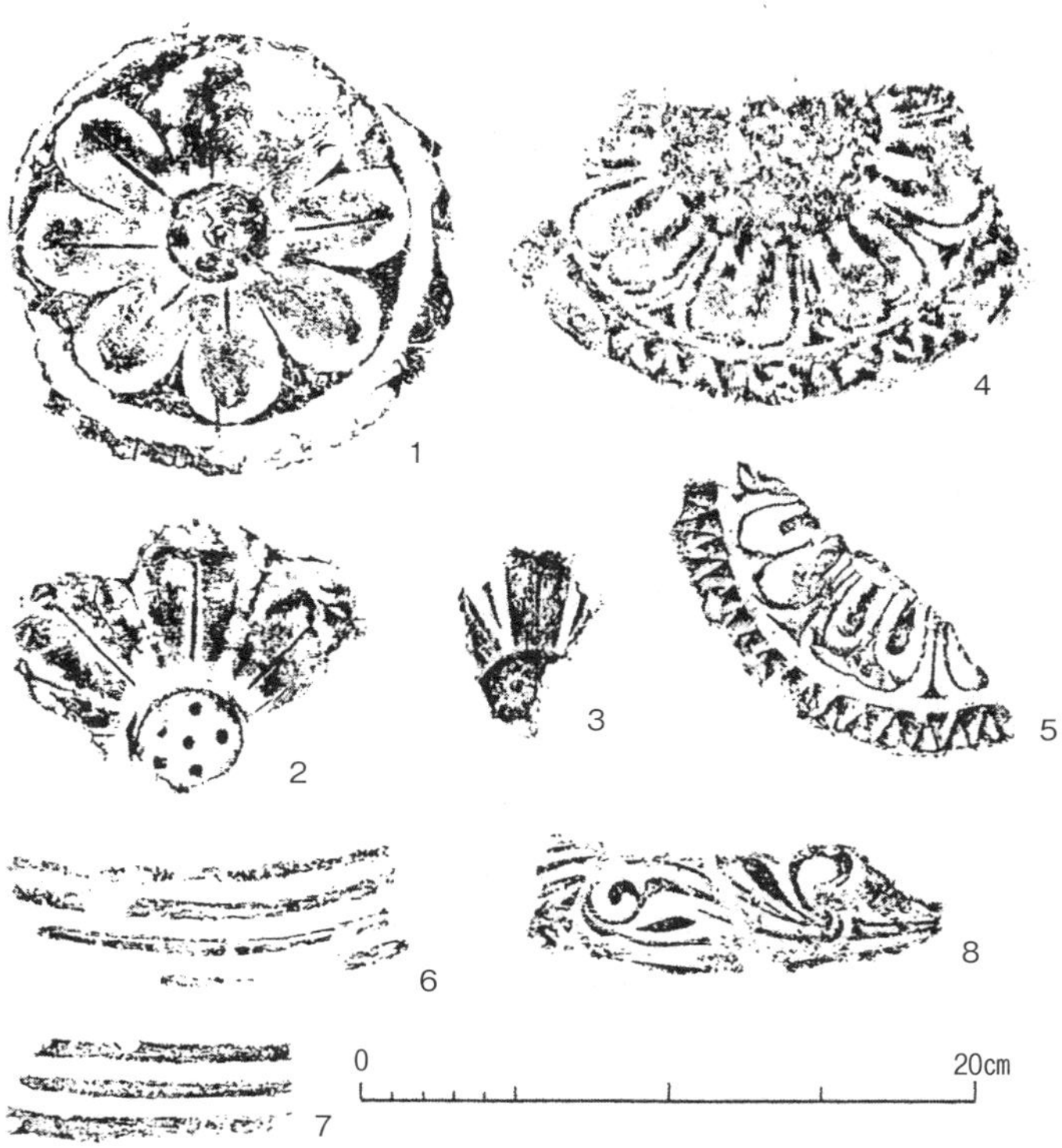

図39　手原廃寺出土の軒瓦（『近江の古代寺院』）

法隆寺《ほうりゅうじ》式のものです（図39）。また軒平瓦は、四重弧文《しじゅうこもん》、三重弧文、忍冬唐草文《にんどうからくさもん》、均整唐草文のものが出土しています。

以上のような軒丸瓦・軒平瓦からみると、手原廃寺は堂塔の遺構は検出されていませんが、七世紀後半に建てられた寺院と推測されます。そして、これらの軒瓦の大半は、手原廃寺に先行して寺院造営がおこなわれた蜂屋廃寺に葺かれたものと共通しています。そして、明らかに手原廃寺の固有のものとみなされるのは前述した軒丸瓦2の輻線文縁単弁軒丸瓦で、これは単弁の蓮弁が少し平坦なものです。

郡司・小槻山君の氏寺

そこで、このような手原廃寺に葺かれた軒瓦からすると、この造営氏族は、氏寺の造営に際して蜂屋廃寺の造営氏族から多くの支援を受けて造営したものと推測されます。また、手原廃寺は、その周辺から多くの倉庫群が検出されていることをふくめると、この氏寺の造営氏族は、栗太郡の郡司を担った小槻山君《おつきやまのきみ》と推測して間違いないと思われます。『正倉院文書《しょうそういん》』の「天平《てんぴょう》八年（七三六）八月二十六日付牒《ちょう》」によると、采女《うねめ》の小槻山君広虫《ひろむし》が天平年間に、平城宮《へいじょうきゅう》の後宮に出仕していいます。この小槻山君は、安養寺山《あんようじやま》地域に築造された首長墳の末裔に推測される有力氏族です。

郡衙の部署の一部を氏寺付近で管理か

手原廃寺に葺かれた輻線文縁単弁軒丸瓦の一つは、蜂屋廃寺から提供された輻線文縁単弁軒丸瓦をモデルにして作られたものと推測されます。この手原廃寺は、栗太郡衙の東北一五〇〇mに造営されています。しかも、手原廃寺の西方には、一〇棟以上の倉庫群が検出されています。これらは、有力氏族が所有する倉庫群の規模を超えているので、栗太郡衙の正倉の改築に際し、一時的に倉庫群を構築した場合、もしくは栗太郡衙が正倉の全焼を避け、郡司の小槻山君が正倉の一部をここに構築し、管理した可能性も推測されます。

また、手原廃寺の東部では、大型の掘立柱建物群が検出されており、木簡の一部も出土しています。郡司の小槻山君は、岡遺跡の栗太郡衙で政務を担う部署の一部を、自らが造営した氏寺の手原廃寺の付近に設けていた可能性を考慮する必要があります。

五、甲賀寺跡の造営とその背景

甲賀宮を国分寺に改修

甲賀寺《こうかでら》は、甲賀市信楽町《しがらきちょう》黄瀬《きのせ》に所在する著名な古代寺院です。『続日本紀《しょくにほんぎ》』天平《てんぴょう》一五年（七四三）一〇月一五日、聖武《しょうむ》天皇が紫《し》香楽宮《がらきのみや》の近くで、盧舎那仏《るしゃなぶつ》の造立に着手した寺院です。しかし、天平一七年（七四五）五月、甲賀宮《こうかのみや》（紫香楽宮）から平城宮《へいじょうきゅう》・京《きょう》へ還都したので、盧舎那仏の造立も中止しました。そして、盧舎那仏は東大寺で再び造立され、完成しました。

さて、信楽町黄瀬の内裏野《だいりの》の丘陵地からは、早くから多くの礎石が存在することが注目され、大正一二年（一九二三）、史蹟名勝天然紀念物調査員（当時）の黒板勝美《くろいたかつみ》氏が現地を視察し、聖武天皇が造営した紫香楽宮跡として仮指定し、大正一五年（一九二六）一〇月に「紫香楽宮趾」として国史跡になりました。

しかし、昭和五年（一九三〇）、宮殿跡かどうか疑問をもった肥後和男《ひごかずお》氏が一部を発掘し、宮殿建物群の東から、塔跡を検出しました。そこで肥後氏は、『正倉院文書《しょうそういん》』「奴婢見来帳《ぬひげんらいちょう》」に、「甲賀宮国分寺」と記すので、甲賀宮（紫香楽宮）を国分寺に改修した遺構と推測しています。

甲賀寺跡の伽藍配置

ところで、「紫香楽宮趾」と刻んだ石碑のところから、北へ少し長く傾斜する山道を進むと丘陵の南端に中門跡があります。礎石がよく残っています。その北の金堂《こんどう》基壇跡にも礎石群がよく残っています（図40）。金堂は桁行《けたゆき》七間《けん》（約二四m）、梁行《はりゆき》四間（約一三m）の建物です。その北に講堂跡があります。この講堂も金堂と同じく、桁行七間、梁行四間の建物で、ほぼ同規模の建物です。発掘されていないので、いずれの建物も基壇の外装は不明です。

図40　甲賀寺跡の金堂跡（南から）（著者撮影）

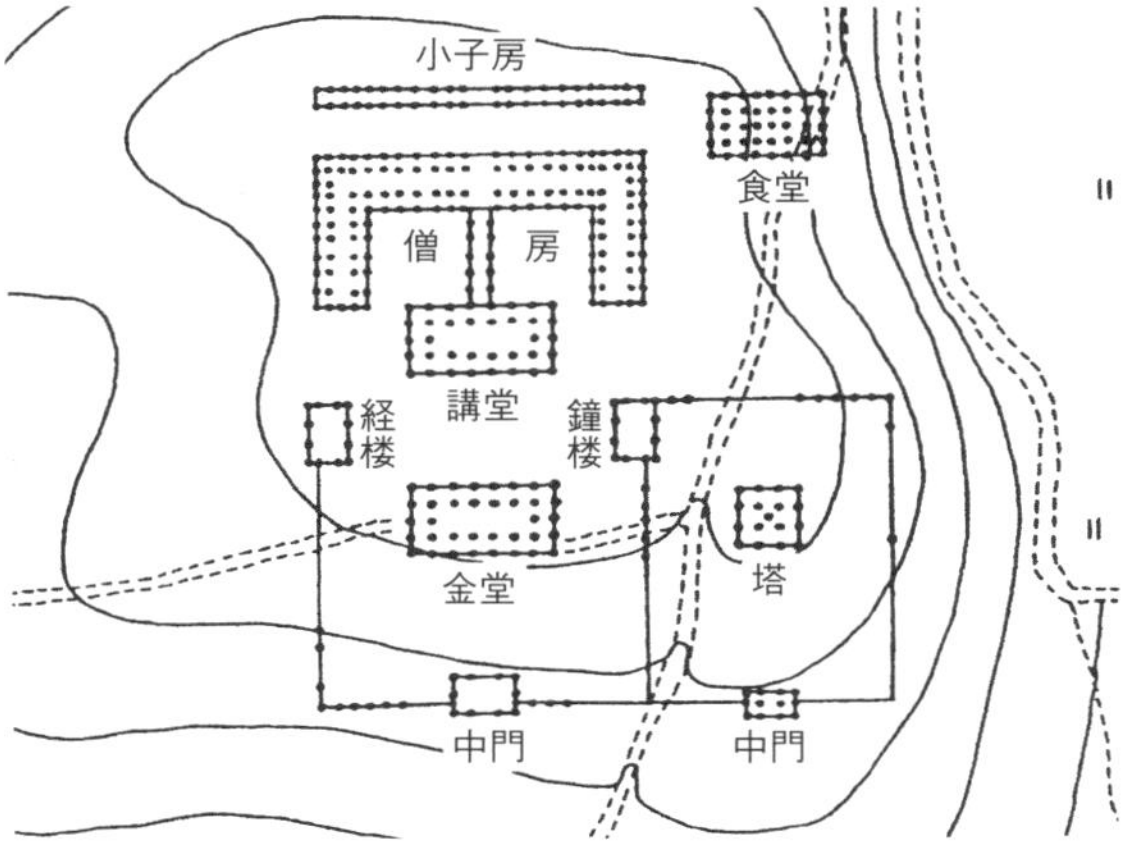

図41　甲賀寺跡の伽藍配置（『近江の古代寺院』）

また、講堂の東に鐘楼《しょうろう》跡、西に経楼《きょうろう》跡があります。さらに講堂の北にコ字型に三面僧房を設けた礎石群が列をなしています。これらは北房と東房、西房からなる僧房が建てられていました。ほかに、その東に食堂《じきどう》の礎石が報告されていますが、現在はよくわかりません。そして、金堂をとり囲む金堂院跡の東方に肥後氏が検出した塔跡があります。この塔跡の礎石は、心礎をふくめじつに大型のものです。南に中門跡もあり、これに塀をめぐらし塔院をなしていました（図41）。

その後の発掘では、平成一六年（二〇〇四）に滋賀県教育委員会が金堂院の中門跡と、中門から西へ延び、北へ折れる塀を発掘し、礎石列の外側で掘立柱《ほったてばしら》列を検出し、回廊をなしていたことが判明しています。

創建瓦は山背国分寺より先に葺かれた同笵瓦

この甲賀寺跡から出土する軒《のき》瓦《がわら》には、軒丸瓦二種、軒平瓦《のきひらがわら》二種が知られています、軒丸瓦1は単弁十七弁蓮華文《れんげもん》（図42）、軒丸瓦2は

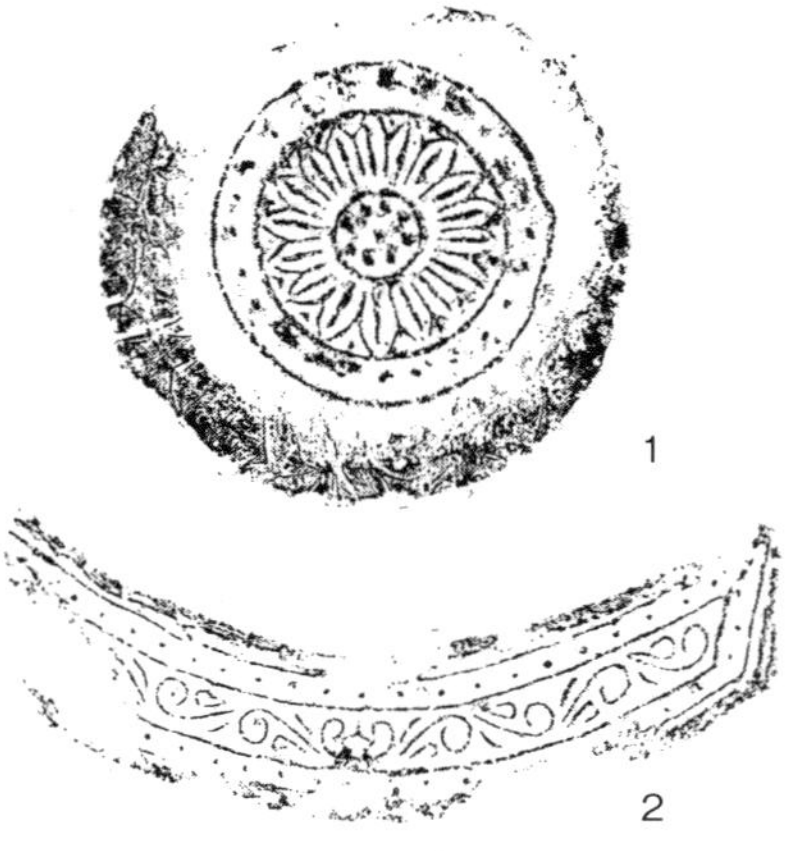

図42　甲賀寺跡の軒瓦（『近江の古代寺院』）

複弁六弁蓮華文のものです。また軒平瓦1は均整唐草文《からくさもん》、軒平瓦2は中心飾りの上下に珠文《しゅもん》を置き、その左右に五回反転する唐草文をつけるものです。軒丸瓦1と軒平瓦1は、甲賀寺跡の創建瓦で、これらは山背《やましろ》国分寺から同笵瓦《どうはんがわら》が出土しており、甲賀寺跡の方が先に葺かれています。

宮町遺跡は甲賀宮跡で甲賀寺は近江国分寺

ところで、甲賀寺跡は、これまで中門以外は発掘をしていないので、その考えは、肥後氏が書かれた報告書の記載から、ほとんど進展していません。そこで、著者は、甲賀宮の所在が宮町《みやまち》遺跡の遺構と木簡によって確認されているので、甲賀寺跡で紫香楽宮の遺構の有無を確認する必要があると考えています。それには、甲賀寺跡（紫香楽宮趾）に数本のトレンチを設けて発掘するだけで明かになります。また、併せて、盧舎那仏の造立した地点を解明することも必要です。

さて、聖武天皇は、四月二七日に起こった地震によって、天平一七年（七四五）五月十一日に、甲賀宮から平城宮・京へ還幸しました。その直後に、『東大寺要録』によると、同年八月二三日に東大寺の地で再び、盧舎那仏の造立を開始しています。そして、翌年の天平一八年九月二九日、恭仁宮《くにのみや》の大極殿を山背国分寺に施入しました。その際に、あるいは直後に、信楽での盧舎那仏の広い造立地の一部に、近江《おうみ》国分寺の造営を開始させたものと推測します。それが史跡「紫香楽宮跡」とされている寺院跡です。

その後、『日本紀略《にほんきりゃく》』に、近江国分寺（甲賀寺跡）は、延暦《えんりゃく》四年（七八五）に焼失したので、しばらく大津市の定額寺《じょうがくじ》であった国昌寺《こくしょうじ》が仮の状態で国分寺となったようで、弘仁《こうにん》一一年（八二〇）に、国昌寺を正式に近江国分寺にしたと記されています。

コラム

近江の古代氏族

安吉勝（あきのすぐり）

阿伎《あき》とも書く渡来系**氏族**[註1]で、**姓**《カバネ》[註2]は勝《すぐり》である。平城宮《へいじょうきゅう》跡から「近江国蒲生郡《おうみのくにがもう》阿伎里《あきのさと》人大初位上阿□勝足石」と記載した過所木簡《かしょもっかん》（関所を通る許可書）に氏名と本拠が記されており、蒲生郡安吉郷《あきごう》（蒲生郡竜王町《りゅうおうちょう》）を本拠とする有力氏族である。

穴太村主（あのうのすぐり）

近江の滋賀《しが》郡大友《おおとも》郷を本拠とする渡来系氏族である。穴太臼佐《あのうのおさ》、穴太史《ふひと》と同族である。

註1　氏族　天皇に仕える血縁を中心とした政治的集団。氏の名称は、ここでは「安吉」「穴太」「磐城」「依知秦」「大友」「息長」「小槻山」「桑原」「坂田酒人」「狭々城山」「槻本」「角山」「錦織」「羽栗」「三尾」。

註2　姓《カバネ》　天皇から有力な氏族に与えられた称号。ここでは「勝」「村主」「公」「君」「史」「真人」「連」「臣」をさす。

『新撰姓氏録《しんせんしょうじろく》』山城国《やましろのくに》・未定雑姓《ざつしょう》に、「曹氏宝徳公《そうしほうとくこう》の後《すえ》なり」記されている。滋賀郡に穴多《あのう》（太）駅家《うまや》があり、大津《おおつ》市坂本《さかもと》の南部の地名をもとにする氏族である。付近には大規模な穴太野添《のぞえ》古墳群が築造されている。その一族は、坂田《さかた》郡にも多く居住している。

磐城村主（いわきのすぐり）

野洲《やす》郡と栗太《くるもと》郡を本拠とした渡来系氏族である。野洲市森ノ内《もりのうち》遺跡から、出挙《すいこ》（稲の貸付）にかかわる木簡が出土し、これに証文の作成者として「文作人石木主寸《いわきのすぐり》文通」と記している。この石木主寸（磐城村主《いわきのすぐり》）は、森ノ内遺跡で出土した他の戸主《へぬし》の名前を連ねた木簡にも黄文《きぶみ》氏などとともに「戸主石木主寸□□呂」と記したものがあり、ここを本拠にしていたと推測される。また、『日本書紀』天智《てんじ》三年（六六四）十二月条に、栗太郡に住む磐城村主殷《おお》の新婦の部屋で、一晩で稲が生え、翌日に実り、さらに天から二個の鍵が落ちてき、それを殷にわたすと財力をなしたとあり、栗太郡にも本拠とする一族がいた。

依知秦公（えちはたのきみ）

古代の愛智《えち》郡を本拠とする有力氏族である。山背《やましろ》の葛野《かどの》（京都市太秦《うずまさ》の地）を本拠とする秦《はた》氏の一族で、古墳時代に近江に移住した渡来系氏族である。大化《たいか》元年（六四五）、朴《え》

近江の古代豪族分布図
（大橋信弥『古代の地域支配と渡来人』をもとに作成）

市《ち》秦造《はたのみやつこ》田来津《たくつ》は、古人大兄皇子《ふるひとのおおえのみこ》の謀反に参画したが、後に許され、六六〇年に滅亡した百済《くだら》復興のために百済王子の豊璋《ほうしょう》を百済に送っている。その後、白村江《はくそんこう》の戦いで将軍として奮戦したが没している。『正倉院文書《しょうそういんもんじょ》』天平宝字《てんぴょうほうじ》五年（七六二）に、大領《だいりょう》の依知《えち》秦公門守《はたのきみかどもり》の名が記されている。姓は公《きみ》になっており、これ以降、一〇世紀初頭まで依知秦公が愛智郡の郡領《ぐんりょう》を担っている。

大友村主（おおとものすぐり）

大友史《おおとものふひと》、大友曰佐《おさ》と同族である。元来は滋賀郡大友郷を本拠とする渡来系氏族である。『正倉院文書』の「志何《しが》郡古市《ふるち》郷計帳」に、大友村主宿奈尼女《すなにめ》がみえる。また、百済僧の観勒《かんろく》について天文遁甲《とんこう》（占術）を学んだ大友村主高聡《こうそう》、神護景雲《じんごけいうん》元年（七六七）に、西大寺《さいだいじ》に稲一万束、墾田一〇町を献じた大友村主人主《ひとぬし》は、この地の豪族と推測される。

息長真人（おきながのまひと）

近江国坂田《さかた》郡を本拠とする豪族である。姓は真人で、旧の姓は君《きみ》である。『古事記』応神《おうじん》段に、息長君は応神の皇子の若野毛二俣王《わかのけふたまたおう》の子の意富富杼王《おおほどのみこ》を祖とするとされ、『新撰姓氏録』左京皇別《こうべつ》にも、誉田天皇《ほむたのすめらみこと》（応神）の皇子より出る、稚渟毛《わかぬけ》二俣王の末裔《まつえい》と

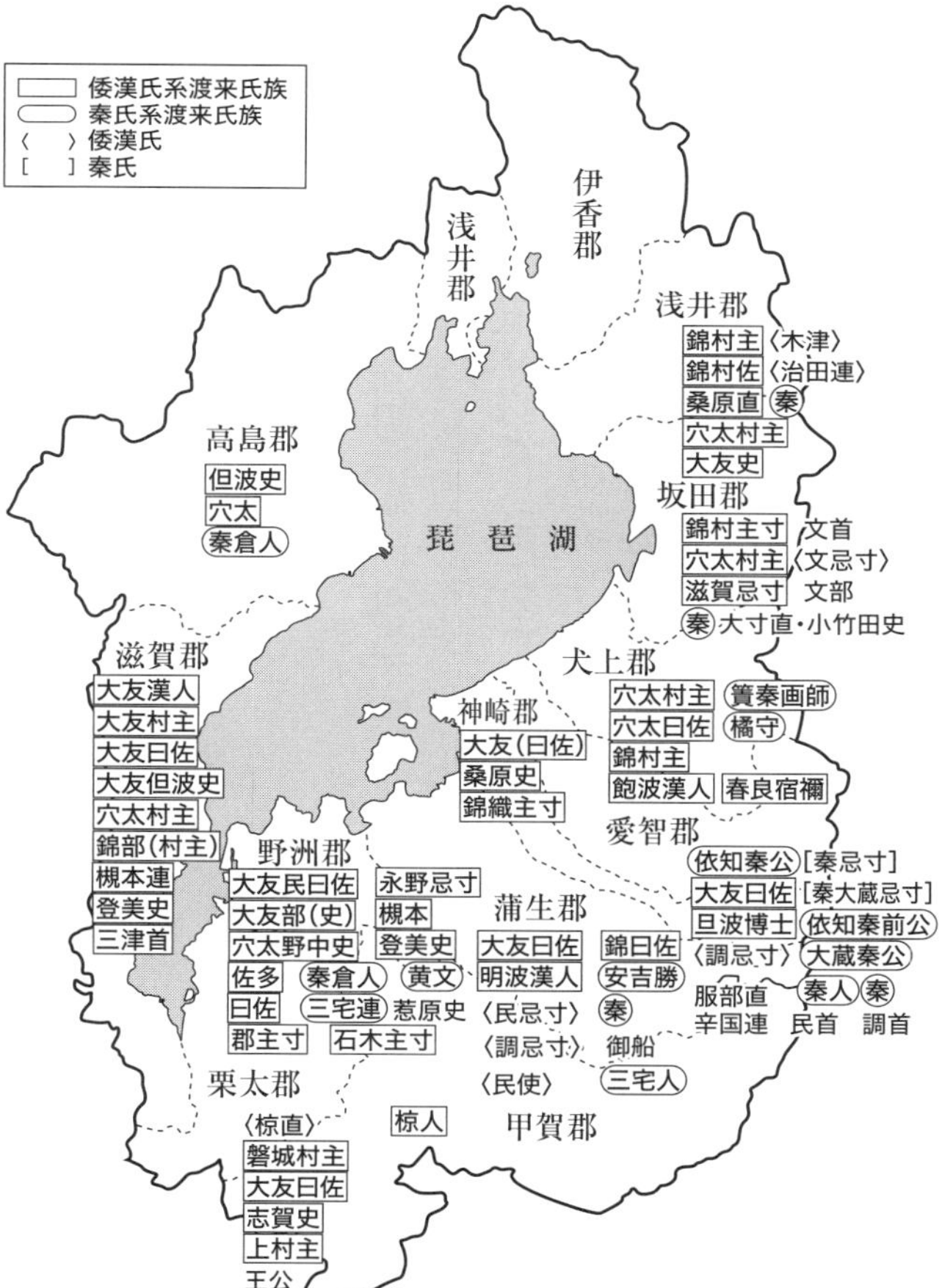

近江の渡来系氏族の分布図

（大橋信弥『古代の地域支配と渡来人』をもとに作成）

する。『日本書紀』天武《てんむ》十三年（六八四）十月条に「真人」を賜っている。一族には、『日本書紀』皇極《こうぎょく》元年（六四二）十二月条に、舒明《じょめい》天皇の殯宮《もがりのみや》で、「日継之事《ひつぎのこと》」の誄《しの》びをした息長山田公《おきながのやまだのきみ》をはじめ、多くの者が記されている。舒明以前にも、敏達《びだつ》の皇后である広《ひろ》姫《ひめ》の父として息長真手王《までおう》が記されている。息長氏の本拠は坂田郡の南部と推測される。しかし、天武朝以降に、本宗家《ほんそうけ》は中央に本拠を移し、持統《じとう》朝に遣新羅使《けんしらぎし》・兵部卿《ひょうぶきょう》となった息長真人老《おゆ》、出雲守《いずものかみ》などを歴任した息長真人臣足《おみたり》などがいる。

小槻山君（おづきやまのきみ）

近江国栗太郡の豪族である。『古事記』垂仁《すいにん》段に、落別王《おちわけおう》を小月之山《おづきのやま》の祖と伝える。『正倉院文書』の「内侍司牒《ないじのつかさちょう》」に、後宮《こうきゅう》に勤務した采女《うねめ》に小槻山君広虫《おづきやまのきみひろむし》がおり、小槻山君が栗太郡の郡領の一人であることがわかる。一族の者は多く算道《さんどう》（大学の算術）に優れ、その後の平安時代に太政官《だいじょうかん》の官人として史と算博士《さんはかせ》を世襲している。新開《しんがい》古墳をふくむ安養寺《あんようじ》古墳群は小槻山君に関連する古墳である。

桑原史（くわはらのふひと）

桑原史《くわはらのふひと》は、もとは大和《やまと》の葛城《かつらぎ》の地を本拠とする渡来系氏族である。『日本書紀』神功《じんぐう》皇后五年条に、葛城襲津彦《かつらぎのそつひこ》が新羅へ赴き、草羅城《さわらのしろ》を攻め落とし、俘虜《ふりょ》をつれて帰還した。

そのときの俘虜たちは、大和の葛上郡の桑原・佐糜《さび》・高宮《たかみや》・忍海《おしぬみ》の村の漢人らの祖先であるとしている。近江の桑原史は、その後に葛城の漢人が近江へ移住した渡来系氏族である。『続日本紀《しょくにほんぎ》』天平宝字二年（七五八）六月条には、大和国葛上《かつじょう》郡の桑原史年足《としたり》ら男女九五人と同祖の近江国神崎《かんざき》郡の桑原史人勝《ひとかつ》ら男女一〇五五人が桑原直《くわばらのあたい》の姓を賜ったことを記している。

坂田酒人真人（さかたのさかひとのまひと）

近江国坂田郡上坂《かむさか》郷（長浜市東上坂町《ひがしこうざかちょう》・西上坂町）を本拠とする豪族である。姓は君（公）、天武《てんむ》十三年（六八四）真人《まひと》を賜っている。酒人君は、息長君らとともに若野毛二俣《わかのけふたまた》王《おう》の子、意富富杼王《おおほどのみこ》を祖としている。『新撰姓氏録』左京皇別に、坂田酒人真人は、息長真人と同祖とある。『正倉院文書』の「坂田郡司解」に、坂田郡大領として坂田酒人真人新良貴《しらき》の名がみえる。また平城《へいじょう》京《きょう》の『二条大路木簡』に、「上坂郷戸主坂田酒人乙刀麻呂《おとまろ》」と記す木簡が出土している。

狭々城山君（ささきやまのきみ）

近江国蒲生郡篠笥《ささき》郷を本拠とする豪族である。佐々貴山君《ささきやまのきみ》とも書く。『日本書紀』顕《けん》宗《ぞう》元年五月条に、狭々城山韓帒宿祢《ささきやまのからふくろすくね》が罪を得て、陵戸《りょうこ》（賤民《せんみん》）とされたのち、妹の置女《おきめ》の功で倭岱宿祢《やまとふくろのすくね》を本《もと》の姓として狭狭城山君を賜うとある。『日本書紀』孝元《こうげん》七年二月条に、狭々城山君が阿倍臣《あべのおみ》、膳臣《かしわでのおみ》など七氏族とも大彦命《おおひこのみこと》を始祖とすることを記している。『続日本紀』天平一五年（七四四）八月条に、紫香楽宮《しがらきのみや》近くで起こった山火事の消火に、蒲生郡大領の佐々貴山親人《おやひと》、神前《かんざき》郡大領の佐々貴山足人《たるひと》の功があったことを記している。四世紀代の前方後円墳の安土瓢簞山《あづちひょうたんやま》古墳は、狭々城山君が被葬者に推測されている。

槻本連（つきもとのむらじ）

渡来系氏族で、『日本書紀』朱鳥《しゅちょう》元年（六八六）六月に槻本村主勝麻呂《つきもとのすぐりかちまろ》は、勤大壱《きんだいいち》（正《しょう》六位上《ろくいのじょう》）の位と二十戸の食封《じきふ》とともに連《むらじ》の姓を賜与されている。『正倉院文書』の「内侍司牒」に、采女の槻本連若子《わかこ》が後宮の職員として、主薪所《しゅしんじょ》へ薪《たきぎ》を求めた文書があり、滋賀郡の郡領の一人が槻本連であったことがわかる。

角山君（つのやまのきみ）

近江国高島《たかしま》郡の角野《つの》郷を本拠にする氏族である。『古事記』孝昭《こうしょう》段に、天押帯日子《あめおしたらしひこの》命《みこと》の後裔《こうえい》と伝える。一族に、『続日本紀』神亀《じんき》元年（七二四）二月条に角山君内麻呂《つのやまのきみうちまろ》が記されている。また、『続日本紀』天平宝字八年（七五四）九月条に、藤原仲麻呂《ふじわらのなかまろ》へのクーデターが起こったとき、近江国庁へ走った仲麻呂は、勢多橋《せたばし》を先に焼かれたので、高島郡へ向かった。その際に、前少領《さきのしょうりょう》の角《つの》（山《やまの》）家足《いえたり》の宅に宿泊したことを記している。

錦織村主（にしこりのすぐり）

百済《くだら》からの渡来系氏族である。氏族の名は錦織《にしこり》など高級絹織物を織る錦部《にしきおりべ》の管掌《かんしょう》にもとづく氏名である。初期の本拠は河内国錦織《かわちのくににしごり》郡で、『新撰姓氏録』右京諸蕃《しょばん》上に、「韓《から》国《くに》の人、波努志《はむし》より出《い》づ」とある。後に一族の枝族が近江の滋賀郡錦織《にしこり》郷に移住し、さらに浅井《あざい》郡錦織《にしこり》郷にも本拠とする一族がいる。

羽栗臣（はくりのおみ）

山背国久世《くぜ》郡羽栗《はくり》郷（京都府久世郡久御山町《くみやまちょう》）の地名にもとづく氏族である。『新撰姓氏録』左京皇別下に、彦姥津命《ひこうばつのみこと》の三世孫の建穴命《たてあなのみこと》の後裔氏族としている。この羽栗は、近江でも犬上《いぬかみ》郡尼子《あまご》郷に羽栗伊賀麻呂《はくりのいがまろ》、羽栗臣国足《はくりのおみくにたり》が居住し、天平宝字五、五年（七五一、七五二）の石山寺《いしやまでら》の造営では、羽栗大山《おおやま》らが檜皮《ひわだ》葺きにかかわっており、栗太郡にも居住していたものと推測される。

真野臣（まののおみ）

天足彦国押人命《あまたらしひこくにおしひとのみこと》の二世孫である彦国帯命《ひこくにおびのみこと》の後裔とする氏族である。この命の曽孫である大矢田部宿祢《おおやたべのすくね》が神功皇后に従って新羅に赴いた際に、その国王の女子を娶《めと》って生まれた佐久命《さくのみこと》の九世孫である和珥部臣鳥《わにべのおみとり》と忍勝《おしかつ》を祖とする。鳥らが近江国滋賀郡真野《まの》村（後の真野郷）に居住し、庚寅年籍《こういんねんじゃく》（持統四年〈六九〇〉）で臣《おみ》の姓となった。『和邇《わに》系図』には、「履中《りちゅう》天皇朝の物部《もののべ》、真野臣の祖」とある。

三尾君（みおのきみ）

水尾《みお》とも書く。のちの近江国高島郡（高島市）を本拠とする氏族である。『古事記』垂仁段に、「石衝別王《いわつくわけのおう》は羽咋君《はくいのきみ》、三尾君《みおのきみ》の祖なり」とある。『日本書紀』垂仁三四年三月条に、垂仁天皇が綺戸辺《かにはたとべ》という女性を後宮に入れて生まれた石衝別命は、三尾君の祖先だと記している。継体《けいたい》天皇の母の振媛《ふりひめ》は三尾君の一氏族と考えられ、継体も三尾君の一族を妃としている。

参考・引用文献

大橋信弥『古代の地域支配と渡来人』吉川弘文館　二〇一九年

第四章　湖東地域の古代寺院

一、雪野寺跡と造営氏族

雪野寺跡の伽藍配置

雪野寺《ゆきのでら》跡は、蒲生《がもう》郡竜王町川守《りゅうおうちょうかわもり》の集落の東、日野《ひの》川の東の竜王山の西麓に所在する白鳳《はくほう》寺院です。昭和九・一〇年（一九三四・三五）、柏倉亮吉《かしわくらりょうきち》氏によって塔跡が検出され、じつに多くの塑像片が出土しています。このときの発掘では、塔跡のみの検出にとどまっています。

その後、平成元・二年（一九八九・九〇）、京都大学考古学研究室によって塔跡を再発掘し、さらに講堂跡と北西建物跡が検出されています。これらの建物は、北東から南西に傾斜する山裾に建てられています。塔跡は、北側と東側を掘り切り、地山の岩盤を利用して基壇にしています。そして西面で二・五m、南面で三mほど基壇が張りだし、二重基壇状をな

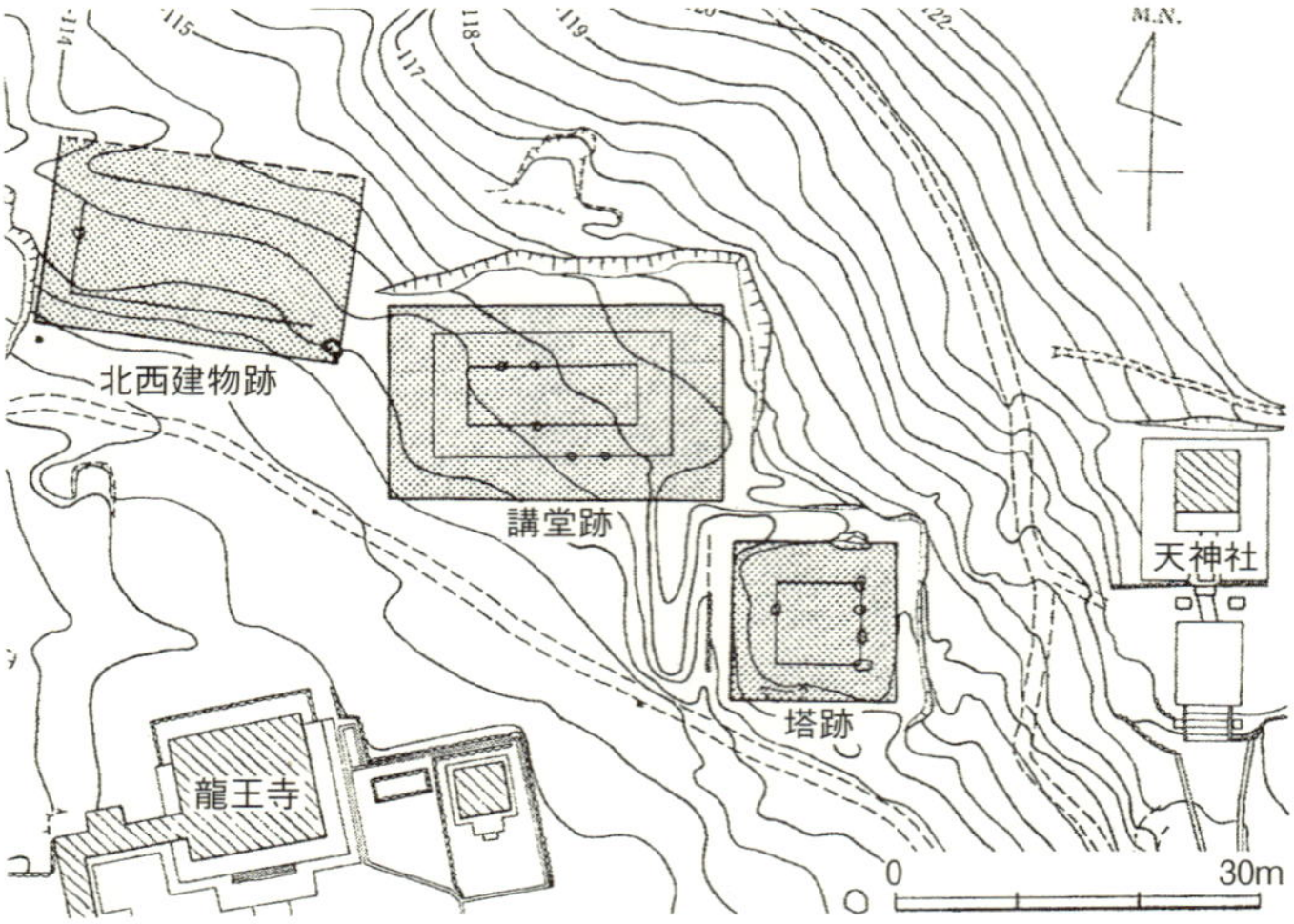

図43　雪野寺跡の伽藍配置（『塑像出土古代寺院の総合的研究』）

しています。また基壇端に石を配して基壇外装としていました。礎石は五個遺存し、桁行《けたゆき》・梁行《はりゆき》とも三間《けん》で、唐尺《とうじゃく》で七・五尺、八尺、七・五尺のものと推測されています。

また、塔跡のすぐ北西に講堂跡の基壇が見つかっています。この講堂は、塔と同様に傾斜面を削りだして基壇を造っていました。基壇は東西二七m、南北一六・八mで、桁行七間六三尺、梁行四間（三五尺）のものと推測されています。また、この講堂のすぐ西側で北西建物跡が見つかっています。そして、この北西建物跡は土器類が多く出土しているので食堂《じきどう》、もしくは僧房に推測されています（図43）。

これらの建物は、いずれも近接して建てられていました。現状では、金堂の位置が明らかでありませんが、講堂跡の西南部に建っている龍王寺《りゅうおうじ》の本堂付近に建てられていたものと推測し、法起寺《ほっきじ》式の伽藍《がらん》をなしていたものとされています。

大量の塑像片と瓦を出土

雪野寺跡の一九三四・三五年の発掘では、塔跡の西北隅から金銅製風鐸《ふうたく》が二個と断片一個が出土しています。また、八〇〇片におよぶ多量の塑像片が出土しています。これらの塑像片は、菩薩《ぼさつ》像・神王《しんのう》像・童子像・女人《にょにん》像のものがあります。これらの中には悲愴な表情をしたものがあり、涅槃《ねはん》像の周囲に配されていた塑像群に推測されています。

また、多くの軒瓦《のきがわら》が出土しており、軒丸瓦四種、軒平瓦《のきひらがわら》三種があります。軒丸瓦1は、面違鋸歯文縁《めんたがいきょしもんえん》複弁八弁のもので、中房に1＋9＋8の蓮子《れんし》を配したもので、京都府の高《こ》麗寺《までら》のものとよく類似するものです（図44－1・2）。軒丸瓦2は、重圏文縁《じゅうけんもんえん》単弁八弁のもので、周縁の重圏文は三重です（図44－3）。軒丸瓦3は、重圏文縁複弁八弁のものです。軒丸瓦4は、外区内縁に平坦な中房の中心に大きな珠点《しゅてん》を一つつけ、その周囲に小さな蓮子を環状にめぐらし、外区内縁に珠文をめぐらす湖東式軒丸瓦と呼ぶものです（図44－6）。

また、軒平瓦には、重弧文《じゅうこもん》のもの、重弧文の下に指頭圧痕《しとうあっこん》をつけるもの、偏行唐草文《からくさもん》をつけるものなどがあります。

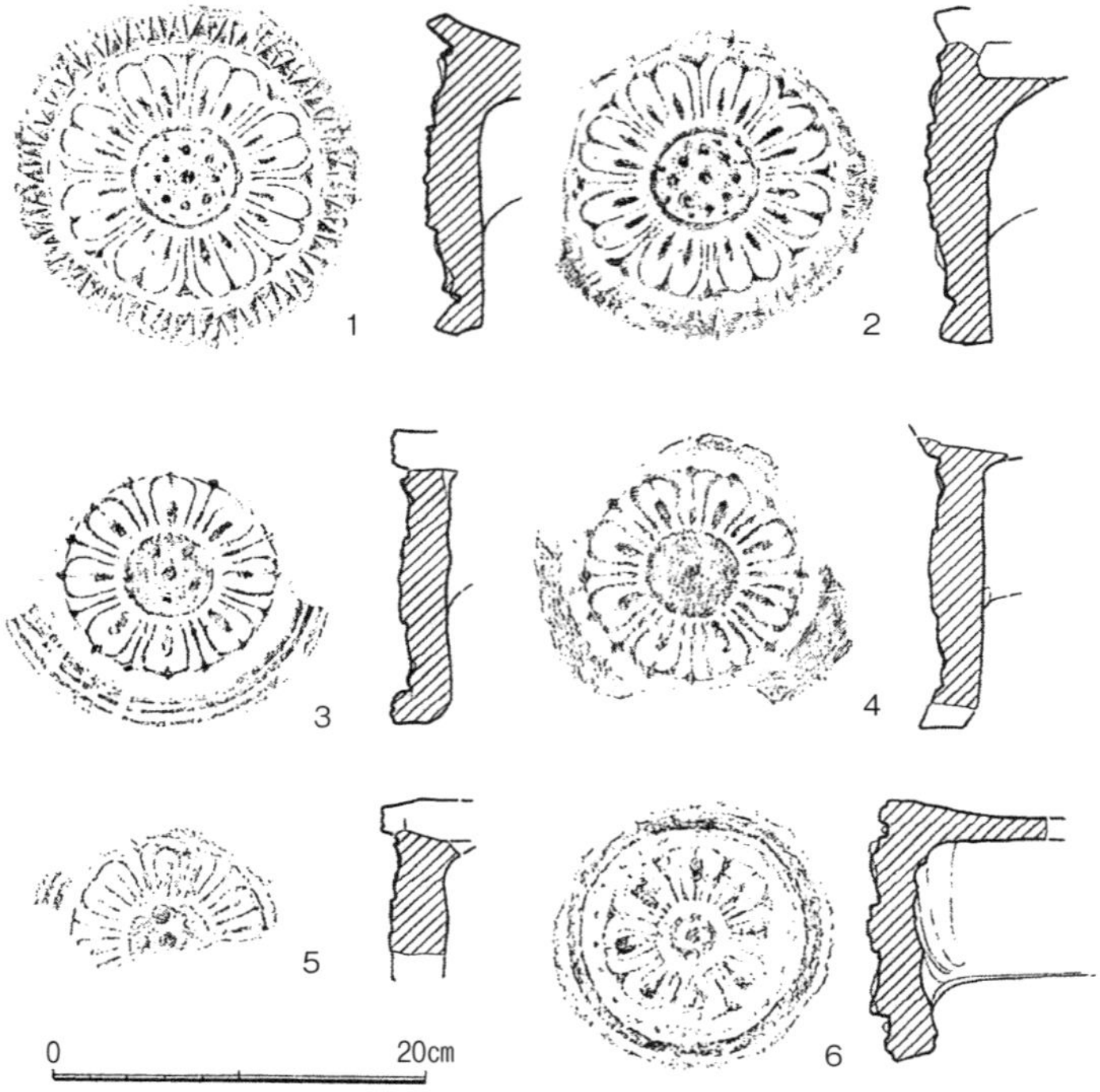

図44　雪野寺跡出土の軒丸瓦（『塑像出土古代寺院の総合的研究』）

以上のように雪野寺跡は、二度にわたる発掘が実施され、なお金堂跡の位置は不明ですが、かなりその実態が明らかになっています。

日野川の氾濫を想定か

伽藍の建物は日野川の東に建てられ、しかも平坦面ではなく、竜王山の西裾部に建てられています。しかも堂塔は近接して建てられ、狭い境内をなしています。

これは、雪野寺跡の堂塔を建てたとき、すぐ西を流れる日野川の位置は明らかでありませんが、この日野川が氾濫した場合でも、その被害を極力避けるため、丘陵裾部を平坦にして堂塔を建てたのではないかと推測されます、そのため、丘陵裾部を削りだして堂塔の基壇を造っており、広い平坦面を造りにくかったので、建物を近接して構築したもの思われます。

塑像群は釈迦の涅槃像で七世紀後半の安吉勝の氏寺か

古くから注目され、また多量に出土している塑像片は、法隆寺《ほうりゅうじ》の塔の背面に設けられた涅槃の塑像群と同様のものです。これらは優れた造形技術で造られたものです。

そして、この雪野寺跡は、古代の蒲生郡安吉郷《あき》に位置しています。この安吉郷には有力氏族に渡来系氏族の安吉勝《あきのすぐり》が知られており、その安吉勝の氏寺として七世紀の後半に建てられたものと推測されます。この雪野寺跡から出土して複弁八弁蓮華文《れんげもん》軒丸瓦に、山背《やましろ》の木《き》津《づ》川河畔に造営されている高句麗《こうくり》系の高麗寺の軒丸瓦と酷似したものがあります。雪野寺跡の伽藍を造営した氏族は、渡来系氏族として山背の高麗寺と深いつながりをもっていた可能性があります。

二、宮井廃寺と造営氏族

宮井廃寺の伽藍配置

宮井《みやい》廃寺は、東近江《ひがしおうみ》市宮井町の日野《ひの》川に架かる宮上《みやがみ》橋を西へ渡った北側に所在する古代寺院です。古く『近江蒲生郡志《がもうぐんし》』に塔跡の土壇と塔跡から移動した心礎《しんそ》が紹介されています。一九八〇年代に周辺の圃場《ほじょう》整備事業がおこなわれ、現状は少し景観が変わっていますが、かつては塔基壇の東北に天《てん》神社の小境内があり、そこに塔心礎がおかれていました。その圃場整備事業に先立って発掘され、金堂跡・塔跡・西北建物跡・西方建物跡が検出されています（図45）。この発掘は、著者が滋賀大学生とともにおこなったものです。

金堂《こんどう》跡は、そのころ天神社の境内にあった土壇で、西端、南端で瓦積《かわらづみ》基壇を検出しました。この基壇は、東西一六・七m、南北一一・六mのもので、基壇周辺から多量の焼瓦が出土しました（図46）。基壇の上面は発掘していません。この金堂基壇のすぐ南に塔心礎がお

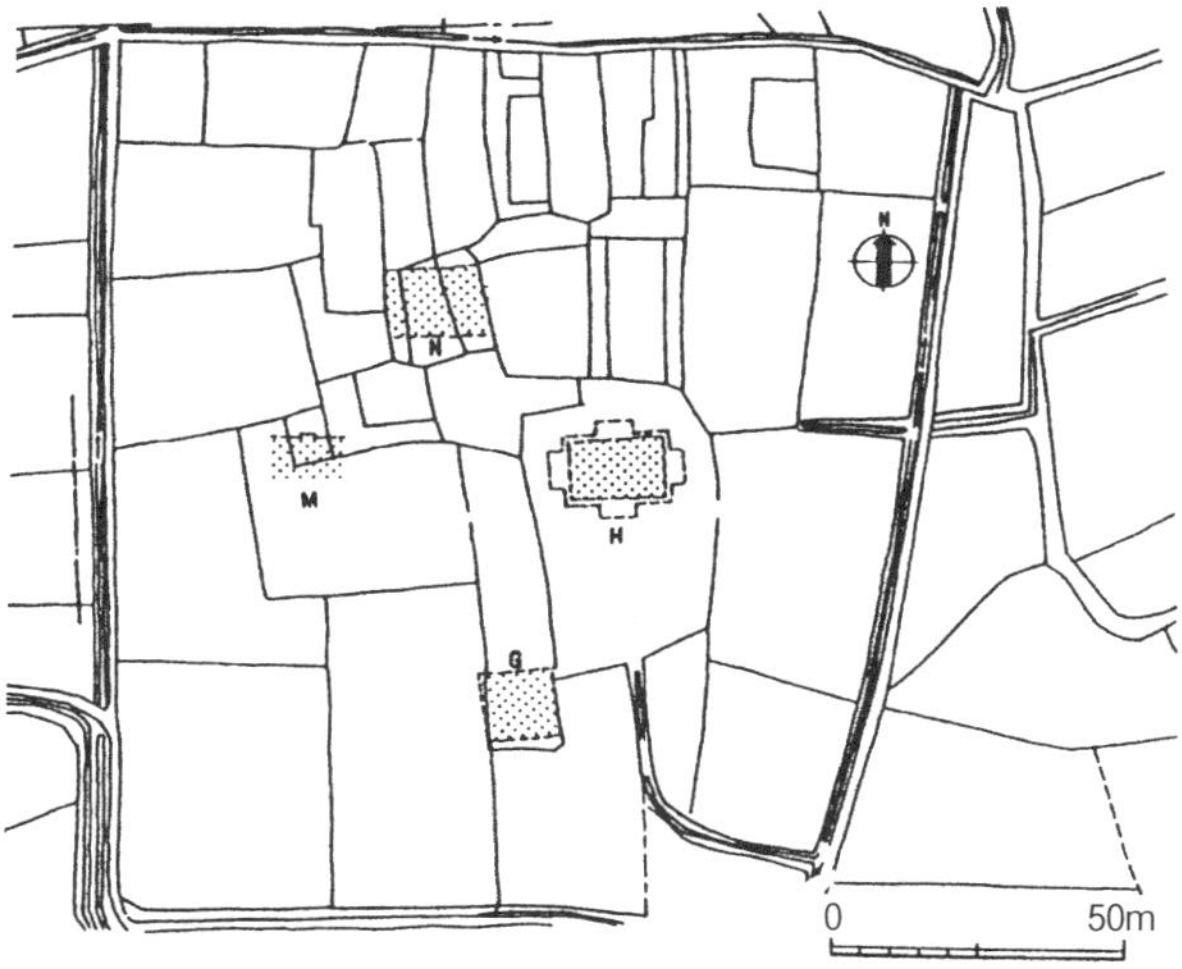

図45　宮井廃寺の伽藍配置（著者作成）

図46　金堂跡の東南隅（東から）（著者撮影）

図47　発掘された塔跡（南から）（著者撮影）

かれていたのです。

塔跡は古くから、水田中に一・五mの高さで土壇が遺存していたものです。発掘した結果、一辺が一二・七m、高さ一・二mの塔基壇であることが判明しました。礎石はじつによく残っており、三個失われているだけでした（**図47**）。しかし、基壇外装は明らかになりませんでした。また、金堂の北で検出した北方建物跡は、礎石が一部遺存したもの、また、西方建物は基壇端の一部を検出した建物です（小笠原一九八九）。

以上のように、宮井廃寺は金堂跡の西南に塔を配したもので、ほかに北方建物跡と西方建物跡が見つかっています。

さらに、宮井廃寺から出土

蒲生郡司は渡来系氏族か

図48　宮井廃寺出土の雷文縁軒丸瓦（著者作成）

した遺物で、注目すべきものに塔跡の上面の焼土から塑像片三六片と塔跡の周辺から二片が出土しました。これらは頭部、顔面部、身体の上半部、腕部があり、形状から菩薩《ぼさつ》像、天部像、童子像があります。雪野寺跡の塑像と同様に、涅槃《ねはん》を表現していたものと推測されます。

また、軒丸瓦《のきまるがわら》六種、軒平瓦《のきひらがわら》一二種のものがあります。軒丸瓦は雷文縁をつけるもので、複弁八弁のもの二種（図48－1・2）、単弁十二弁蓮華文《れんげもん》形式一種（図48－3）、単弁十六弁蓮華文形式一種があり、雷文縁《らいもんえん》軒丸瓦を継続して使用しています。また軒平瓦は、重弧文《じゅうこもん》のもの、重弧文の下に指頭圧痕《しとうあっこん》をつけるもの、偏行唐草《からくさ》文《もん》、均整唐草文のものなどがあります。

宮井廃寺の金堂の基壇は、瓦積《かわらづみ》の外装を施していました。この瓦積基壇は、七世紀に大津宮《おおつのみや》周辺の渡来系氏族の寺院に顕著に採用されていますので、この宮井廃寺も渡来系氏族が造営した氏寺の可能性が高いように推測されます。また、近江の古代寺院では、雷文縁をつける軒丸瓦を葺いた氏寺はごく一部の寺院でした。この雷文縁複弁八弁のもので雷文を細かく表現した同笵《どうはん》と推測されるものが近江八幡市の千《せん》僧供《ぞく》廃寺で出土しています。この千僧供廃寺の周辺に蒲生郡衙《がもうぐんが》が所在したとする考えがあります。そのように理解できるとすると、宮井廃寺の造営氏族も蒲生郡の郡司の一員で、郡司の職掌を担ったつながりかた、この創建期の雷文縁軒丸瓦が千僧供廃寺に提供された可能性がでてきます。

雷文縁軒丸瓦は藤原京の小山廃寺から

ところで、宮井廃寺に顕著に葺かれた雷文縁軒丸瓦は、七世紀末の藤原京の左京に建てられた小山《こやま》廃寺（紀寺《きでら》跡ともいう）に葺かれ、その後に、地方の寺院にも採用された瓦当《がとう》文様です。この小山廃寺は藤原京では、右京の本薬師寺《もとやくしじ》とほぼ対称の位置に建てられた寺院です。かつては紀寺跡と理解されていました。しかし、紀寺は『続日本紀《しょくにほんぎ》』天平宝字《てんぴょうほうじ》八年（七六四）七月一二日条に、近江朝のときに造営工事がなされていたと記していますので、紀氏の氏寺の紀寺とはみなせなくなりました。宮井廃寺の雷文縁複弁八弁軒丸瓦は、藤原京の小山廃寺の造営者と何らかの強いつながりから導入された可能性があります。この小山廃寺の当時の呼び名は不明ですが。著者は藤原京に本薬師寺と対称に、左京に造営され、藤原寺と呼ばれたものと推測されます。そして、この藤原寺は、長屋王《ながやおう》の御願《ごがん》によって書写された大般若波羅密多経《だいはんにゃはらみたきょう》の第二百六十七の奥に、願文が書かれており、ここに薬師寺僧の基弁《きべん》と藤原寺僧道慈《どうじ》の名が記されています（福山一九四八）。

また、宮井廃寺の北に隣接して野瀬《のせ》遺跡があります。圃場整備の際に発掘されており、ここが宮井廃寺の造営氏族の本拠だったと推測されます。

北接する野瀬遺跡は造営氏族の本拠か

さらに宮井廃寺に葺いた瓦類は、寺域から西南四〇〇mほど離れた辻岡山《つじおかやま》瓦窯《がよう》で焼成されたものです。この瓦窯は一〇基ほどから構成されており、これまでの瓦窯跡の発掘では、宮井廃寺の創建期に葺かれた雷文縁複弁八弁軒丸瓦は、まだ出土していません。これも解明すべき今後の課題です。

三、法堂寺廃寺と造営氏族

法堂寺廃寺の伽藍配置

法堂寺廃寺《ほうどうじ》は、ＪＲ能登川《のとがわ》駅の東七〇〇m、古くから東近江《ひがしおうみ》市佐野町《さのちょう》の水田に塔心礎《しんそ》があり、注目されていた古代寺院です。『近江神崎郡志稿《かんざきぐんしこう》』に、明治年間から塔心礎が遺存し、蓮華文軒丸瓦《れんげもんのきまるがわら》が採集されていることを述べています。この塔心礎は湖東流紋岩《ことうりゅうもんがん》製のもので、周辺には塔の基壇土はまったく残っていない状態でした（図49）。水田面から心礎上端までは一・五mの高さがあります。

図49　法堂寺廃寺の塔心礎（北から）

図50　法堂寺廃寺の復元された金堂跡（南から）（著者撮影）

心礎の上面は、平坦でほぼ四角状をなし、東西一・七m、南北二・四mあり、中央に舎利孔《しゃりこう》が穿《うが》たれています。外側の径〇・九m、深さ二五cmに三段に円孔を彫っています。

昭和四七年（一九七二）に能登川町の史跡に指定されています。その後、周辺の宅地造成に対処し、昭和四九年（一九七四）年六月に一部を発掘しましたが、伽藍《がらん》の建物は見つかりませんでした。しかし、その後、公園の設置が計画され、それに先立って平成八年（一九九六）に発掘されています。

その結果、塔の西北で、東面と北面で基壇の外装を取り外したと推測される溝がめぐり、金堂《こんどう》跡が検出されています（図50）。この金堂跡の東北で桁行《けたゆき》・梁行《はりゆき》ともに三間《けん》の礎石建物が検出されています。これは鐘楼《しょうろう》もしくは経楼《きょうろう》と推測されます。また金堂跡の北では、数棟の東西棟の掘立柱《ほったてばしら》建物も見つかっています。さらに、塔跡の西南部で中門跡と推測される遺構が検出されています。

このような結果によって、法堂寺廃寺は、金堂の東南に塔を配した伽藍をなしていたものと推測されます。同様の伽藍は、藤原京に造営された大官大寺《だいかんだいじ》跡などが知られています。塔の西方の空間には、斎会《さいえ》の際に幟《のぼり》などを掲げるので、ここに幢竿支柱《どうかんしちゅう》を設けていたことも推測されます。

この法堂寺廃寺からは、軒丸瓦《のきまるがわら》四種、軒平瓦《のきひらがわら》二種が出土しています。軒丸瓦は中央に

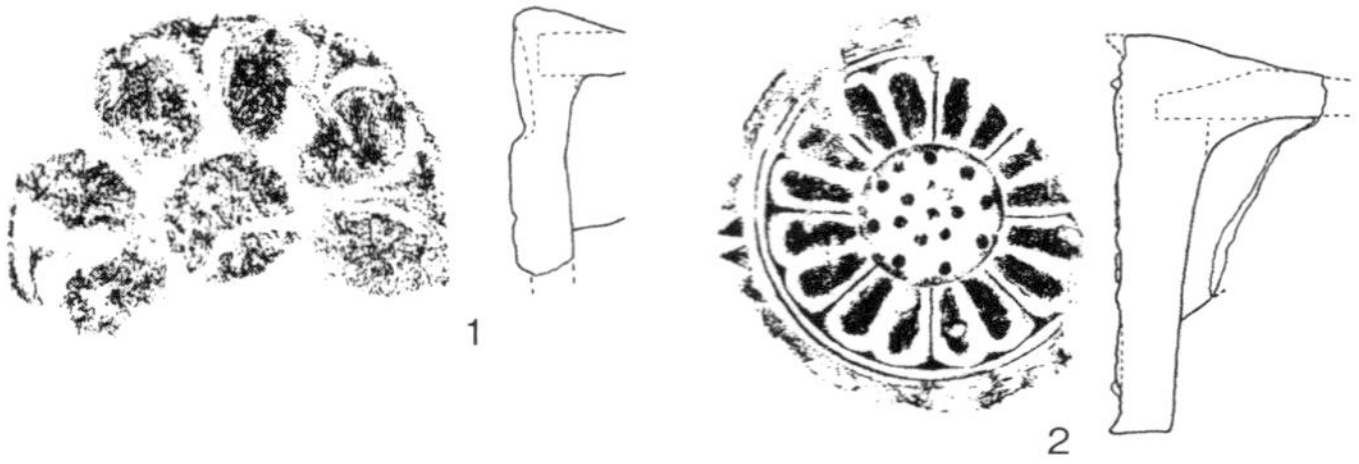

図51　法堂寺廃寺出土の軒丸瓦（『近江の古代寺院』）

1＋8の蓮子《れんし》をつける単弁八弁蓮華文のもの（図51－1）、重圏文をめぐらす単弁十二弁蓮華文のもの、また複弁蓮華文に八弁蓮華文で鋸歯文縁《きょしもんえん》をつけるもの（図51－2）、単弁十二弁蓮華文で、外縁に重圏文《じゅうけんもん》をめぐらすものなどがあります。また、軒平瓦は三重弧文《さんじゅうこもん》、四重弧文などがあります。ほかに鴟尾片《しびへん》も出土しています。

以上のような軒瓦からすると、この廃寺は七世紀後半に造営された氏寺で、奈良時代末まで存続したものと推測されます。そして、瓦当《がとう》文様からすると、飛鳥《あすか》や大和《やまと》など畿内の中心部の寺院に葺かれた軒瓦からすると、少しつながりが少ないものを採用しています。

佐々貴山君の氏寺か

さて、この法堂寺廃寺は、この地域を本拠にした有力氏族によって建てられた氏寺です。古代の能登川の地域は、神崎郡にふくまれる地域です。この地域の有力氏族は、『続日本紀《しょくにほんぎ》』天平《てんぴょう》一六年（七四四）八月五日条は、紫香楽宮《しがらきのみや》周辺で山火事がおこった際に、山の木を伐採し延焼を防いだ功績から、蒲生《がもう》郡の大領《だいりょう》の佐々貴山君親人《ささきやまのきみおやひと》と神前《かんざき》郡大領の佐々貴山足人《たるひと》に官位と絁《あしぎぬ》・麻布・真綿を与えたことを記しています。この記事によって、神前郡と蒲生郡は、佐々貴山君一族が二つの郡をそれぞれ統轄していたことがわかります。神前郡の繖山《きぬがさやま》・観音寺山《かんのんじやま》から続く猪子山《いのこやま》の東に造営された法堂寺廃の周辺には、斗西《とのにし》遺跡や中沢遺跡などの大規模な集落が営まれています。これらの集落遺跡をふくむこの地域一帯は、古くから佐々貴山君が本拠としていたので、この法堂寺廃寺も佐々貴山君の一族が氏寺として造営したものと推測されます。

そして、七世紀後半に氏寺に葺いた軒瓦からすると少し個性がみられ、大和・河内《かわち》の地域を本拠とする有力氏族とのつながりは乏しかったように思われます。とはいえ、金堂の屋根の大棟《おおむね》に鴟尾を設けており、仏堂として優れた外観をなしていたものと推測されます。

法堂寺廃寺の現状は、南門の東北に塔跡があり、心礎は復元された塔基壇の中心部に露出させています。また、その北に金堂跡の基壇、さらに鐘楼もしくは経楼に推測される礎石建物、その北に掘立柱建物一棟を表示しています。そして、出土した軒瓦などを写真で示す説明板などが設けられています。

四、軽野塔ノ塚廃寺と造営氏族

軽野塔ノ塚廃寺の伽藍配置

軽野塔ノ塚《かるのとうのづか》廃寺は、愛荘《あいしょう》町《ちょう》の宇曽《うそ》川流域の軽野にある古代寺院です。古く『近江愛智郡志《おうみえちぐんし》』に、小字の「塔ノ塚」の水田に殿塚《とのづか》という土壇があることを記し、付近から採集された唐草文軒平瓦《からくさもんのきひらがわら》を掲載しています。また、この塔ノ塚の南の水田に巨石があり、塔跡の礎石に推測しています（図52）。

この軽野塔ノ塚廃寺は、昭和五三年（一九七八）と昭和五七年（一九八二）に、圃場《ほじょう》整備事業の際に発掘しています。昭和五三年の発掘では、南門跡、寺域の西と南を限る溝

図52　軽野塔ノ塚廃寺（東から）（著者撮影）

が検出されています。そして、昭和五七年の発掘では、南門の北側一帯で瓦敷《かわらじき》が見つかっています。また塔跡に推測される塔ノ塚の東南三〇mでも瓦敷があり、軒瓦《のきがわら》も出土し、ここに金堂《こんどう》跡を推測しています。

このような発掘から、軽野塔ノ塚廃寺の伽藍《がらん》は、塔ノ塚の塔跡の東に金堂を配した法《ほう》隆寺《りゅうじ》式を推測し、寺域は一・五m町ないし二町を推測しています。

韓国公州の軒丸瓦と酷似

また塔ノ塚の東南一二〇mから瓦窯《がよう》二基が検出されています。

これらの瓦窯は窯体《ようたい》の大半は失われていましたが、地形の高い方に焚口《たきぐち》を設けたものです。残った一号窯《がま》の燃焼部は幅〇・八m、長さ一・二m、焼成部の幅一・三mです。また二号窯は一号窯の北〇・五mにあり、東西に長い窯《かま》で、東に焚口を設けた窯です。二号窯の周辺から軒丸瓦・軒平瓦が出土しています。いずれも平窯《ひらがま》です。

この廃寺からは軒丸瓦四種、軒平瓦三種が出土しています。軒丸瓦1は、単弁六弁蓮華《れんげ》文《もん》の小型のもので、平坦な中房の中央に蓮子《れんし》を一つつけ、その周りに小さな蓮子を環状にめぐらし、外区内縁に珠文《しゅもん》、外区外縁に重圏文《じゅうけんもん》をつけるものです。軒丸瓦2は、単弁八弁蓮華文で、平坦な中房の中央に蓮子を一つつけ、その外側に蓮子を環状に配し、外区内縁に珠文、外区外縁に一本の圏線をつけるものです。軒丸瓦3は、子弁《しべん》が二枚重なる単弁八弁蓮華文で、平坦な中房に大きな蓮子を一つつけ、その外側に蓮子を環状にめぐらし、外

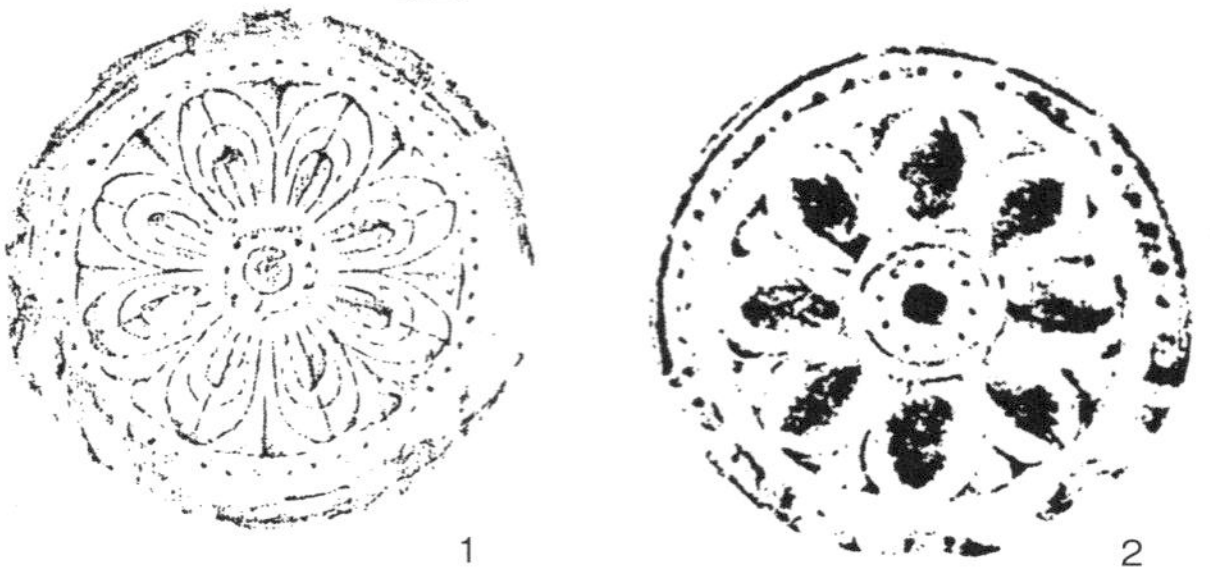

1　　　2

図53　軽野塔ノ塚廃寺（1）と大通寺址（2）（韓国公州）出土の軒丸瓦（著者作成）

図54　公州の大通寺址（著者撮影）

区内縁に珠文、外区外縁に圏線をつけるものです（図53－1）。軒丸瓦4は中房に蓮子を一つつけ、その周りに小さな蓮子をめぐらし、外区に圏線をつけるものです。以上は、いずれも湖東式軒丸瓦と呼ぶものです。軒丸瓦5は複弁八弁蓮華文のものです。また、軒平瓦1は三重弧文《さんじゅうこもん》で、指頭圧痕《しとうあっこん》をつけるもの、軒平瓦2は均整唐草文《からくさもん》のものです。

以上のように、軽野塔ノ塚廃寺は塔以外の建物は、法隆寺式を推測していますが、なお今後の調査が必要です。しかし、軒丸瓦は、湖東式軒丸瓦が顕著に葺かれています。この瓦当《がとう》文様は、愛智《えち》郡では小八木《こやぎ》廃寺・妙園寺《みょうおんじ》廃寺・野々目《ののめ》廃寺・目加田《めかた》廃寺などから出土します。しかも、近畿では知りえない瓦当《がとう》文様です。これと酷似する軒丸瓦は、韓国の公《こう》州《しゅう》（熊津《ゆうしん》）の大通寺址《だいつうじし》（図54）・南穴寺址《なんけつじ》・西穴寺址《さいけつじ》などから出土しています（軽部一九三二）。著者は、公州のこれらの寺院から導入されたものと思います。そして、その契機は、天智《てんじ》二年（六六三）の白村江《はくそんこう》の戦いにあったと考えています。

白村江戦の帰還俘虜が持ち帰った瓦がモデルか

この戦いは、日本・百済《くだら》軍と唐・新羅《しらぎ》軍が戦いましたが、日本軍は惨敗し、三万余の兵士の大半が戦死しました。この戦いには、愛智郡出身の朴市田来津《えちのたくつ》（秦造《はたのみやつこ》田来津）が将軍として派遣されており、愛智郡の多くの有力氏族も派遣されたものと推測されます。

この戦い後のことです。『日本書紀』天智一〇年（六七一）一一月一〇日条は、唐の郭務《かくむ》悰《そう》ら六〇〇人と送使の沙宅孫登《さたくそんとう》ら一四〇〇人が、船四七隻で来朝したことを記しています。そして、翌年五月に、郭務悰らは、絁《あしぎぬ》一六七三匹《びき》、布二八五二端《たん》、綿六六六斤《きん》を近江朝廷から賜り、帰国しています。この記事に対し、直木孝次郎《なおきこうじろう》氏は、郭務悰らが賜った品が端数なのは、日本の俘虜《ふりょ》一四〇〇人の返還のために訪れたとする考えを提示（直木二〇〇五）しており、妥当な考えと思われます。

そして、この帰還した俘虜には愛智郡の出身者もふくまれており、その後、田来津を弔うとともに、戦死した愛智郡の有力氏族を弔う氏寺が建てられたものと推測されます。しかも、彼らは熊津都督府《ととくふ》のもとで俘虜生活をおくった際に、公州（熊津）の寺院を参拝することがあり、その際に訪れた大通寺、西穴寺、南穴寺などの軒丸瓦の瓦当を入手し、それを記念に持ち帰り、その瓦当文様をモデルとして、弔うために造営した氏寺に葺いたものと考えられます。

第五章　湖北地域の古代寺院

柿田廃寺と造営氏族

朝鮮半島ゆかりの鬼面文軒丸瓦が出土

柿田《かきた》廃寺は、ＪＲ長浜《ながはま》駅の東北六km、長浜市東上坂町《ひがしこうざかちょう》に所在したと推測される古代寺院です。昭和六三年（一九八八）に、県道中《なか》山《やま》―東上坂線の改良工事に際し、鬼面文軒丸瓦《きめんもんのきまるがわら》が二点出土して注目された遺跡です。この鬼面文軒丸瓦は口を大きく開いた鬼面を半肉彫《はんにくぼ》り状に表現し、外縁に三重圏文《さんじゅうけんもん》をつけるものです（図56）。類例に、奈良県葛城《かつらぎ》市の地光寺《じこうじ》跡と飛鳥《あすか》の大官《だいかん》大寺《だいじ》跡から出土したものがあります。

その後の平成九年（一九九七）、東上坂地区圃場《ほじょう》整備事業にともなう排水路の設置にともなって発掘したところ、多量の瓦類が出土し、古代寺院の所在を推測させるようになり

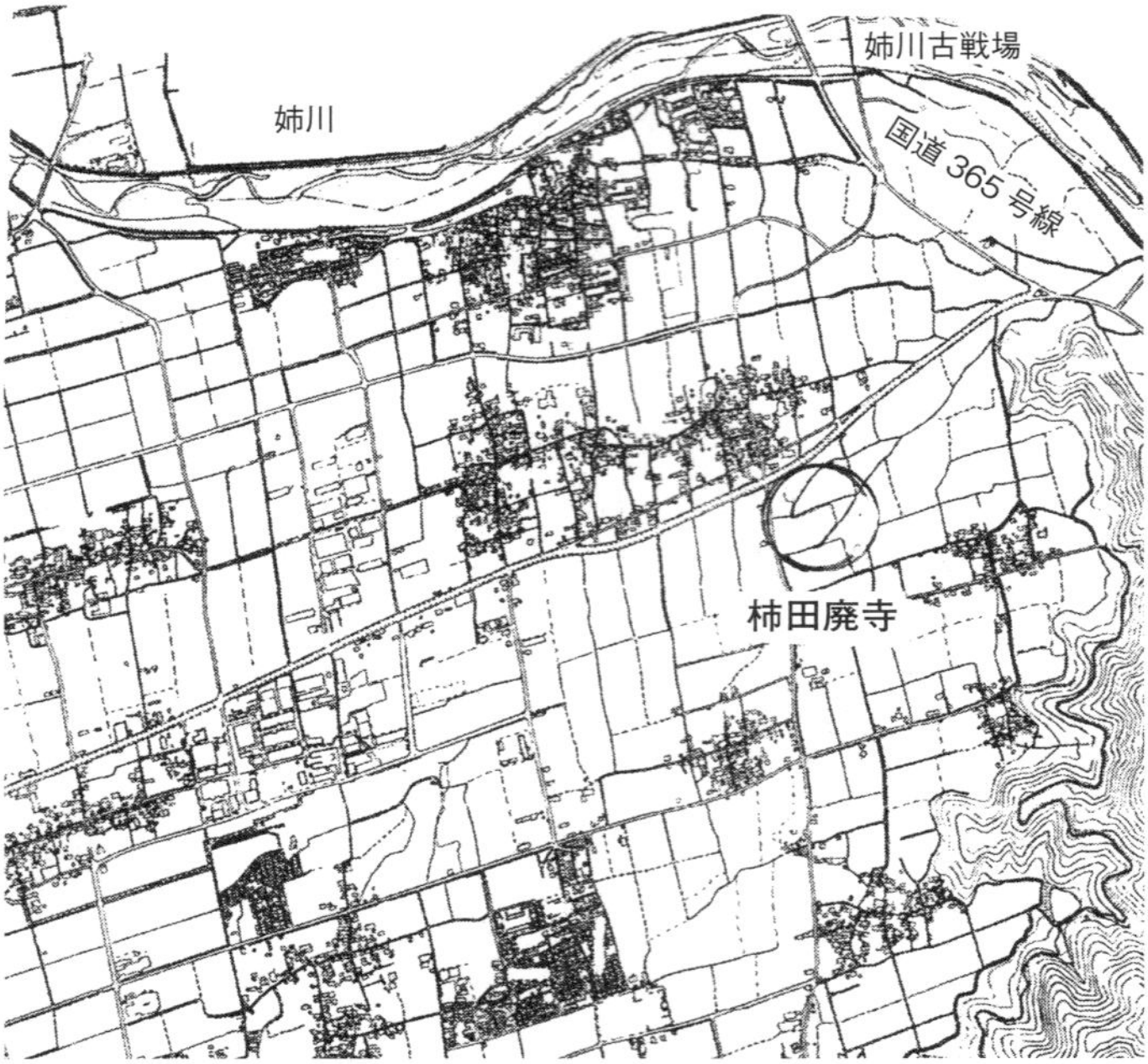

図55　柿田廃寺の位置（著者作成）

図56　柿田廃寺出土の鬼面文軒丸瓦（著者作成）

ました（図55）。

出土した軒丸瓦《のきまるがわら》は素弁蓮華文《そべんれんげもん》二種、複弁蓮華文一種があります。素弁Aは、中房に1＋6の蓮子《れんし》をつけ、少し厚みのある蓮弁《れんべん》で尖った弁端をなし、間弁《かんべん》は蓮弁より高く突きでており、素文《そもん》の外縁がつくものです（図57－1）。また素弁Bは、中房に1＋4の蓮子をつけるものです（図57－2）。また、複弁蓮華文は、大きな中房に1＋4＋8の周環をもつ蓮子をつけ、川原寺《かわらでら》式の複弁を配しながら、外縁は素文のものです（図57－3）。さらに鬼面門文のものは、鬼面を半肉彫り状に表現し、外縁に重圏文をつけています（図56）。

これらのうち、素弁蓮華文と同一瓦当《がとう》文様のものは、飛鳥《あすか》や大和《やまと》などの古代寺院では見いだしにくいものです。そして、『墓立《はかだて》遺跡・柿田《かきた》遺跡・正蓮寺《しょうれんじ》遺跡発掘調査報告』（長浜市教委　二〇〇〇年）では、百済《くだら》の扶余《ふよ》に所在する古代寺院から出土したものに類似するとしています。

柿田廃寺からは、まだ堂塔の遺構は見つかっていませんが、時期を異にする複数の軒丸瓦が出土しており、ここに伽藍《がらん》が造営されたのは疑いないものです。しかも、七世紀の後半には鬼面文軒丸瓦（図56）も出土しています。この鬼面文軒丸瓦は、朝鮮半島の新羅《しらぎ》の寺院に類例が知られているもので、大和の地光寺跡のものと類似していますが、より柔和な表現に変化しています。この鬼面文軒丸瓦は、大和から導入したものと推測されます。

飛鳥の坂田尼寺とつながる坂田氏の氏寺か

さて、柿田廃寺が造営された地域は、姉《あね》川流域の南に位置し、すぐ東に茶臼山《ちゃうすやま》古墳や横山《よこやま》丘陵に首長墳の前方後円墳が築造されている地域です。この地域一帯は坂《さか》田《た》氏の本拠です。柿田廃寺は、この坂田氏が七世紀前半に造営した氏寺と推測されます。

ところで、『日本書紀』推古《すいこ》一四年（六〇六）四月八日条によると、蘇我馬子《そがのうまこ》が造営した飛鳥寺《あすかでら》の丈六仏《じょうろくぶつ》と繍仏《しゅうぶつ》が完成したとき、丈六仏は金堂《こんどう》の戸よりも高く、搬入するのが困難でした。しかし、鞍作鳥《くらつくりのとり》（止利《とり》）が戸を壊さずに丈六仏を安置しました。その後の五月五日、飛鳥寺の仏堂の戸を壊さずにおさめたことで、推古天皇から近江国《おうみのくに》坂田郡の水田二〇町を下賜されました。そこで、鳥は、この坂田郡の田を財源とし、金剛寺《こんごうじ》（坂田尼寺《にじ》）を建てたことを記しています。

この記載からすると、坂田郡の有力氏族は、飛鳥の坂田尼寺の造営氏族である鞍作《くらつくり》氏と強いつながりをもっていたものと

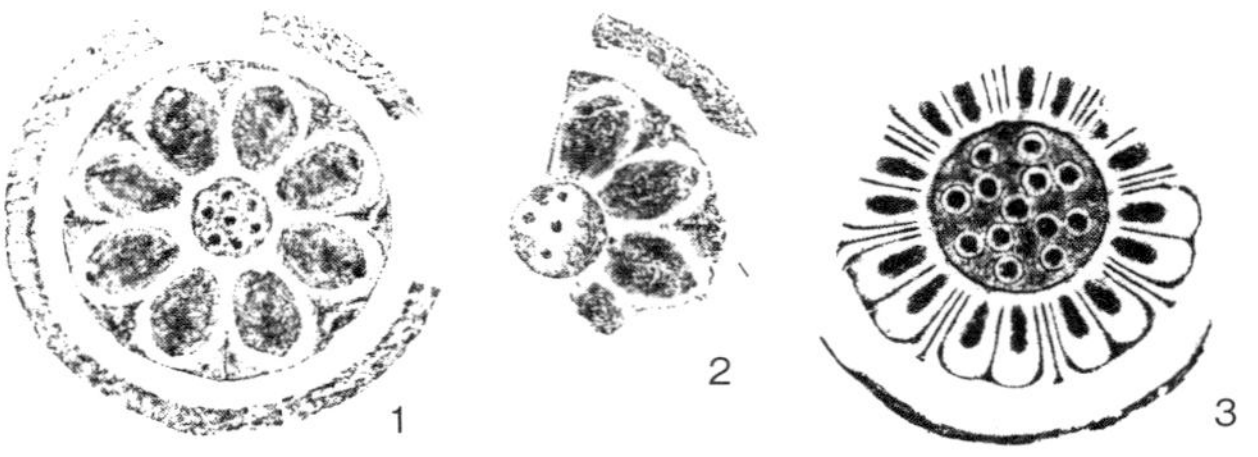

1　2　3

図57　柿田廃寺出土の軒丸瓦（『近江の古代寺院』）

推測されます。それだけに、鞍作氏とのつながりによって、七世紀の前半に、畿内の有力氏族と同様に、坂田郡でも氏寺を造営する契機があったものと推測されます。しかし、これまでのところ坂田寺跡からは、柿田廃寺と同一の素弁蓮華文軒丸瓦は出土していません。

七世紀前半の近江最古の氏寺か

柿田廃寺には、その後の白鳳《はくほう》期の川原寺式の軒丸瓦も出土していますす。出土している川原寺式軒丸瓦は、外縁を素文としたもので、飛鳥では川原寺跡、坂田寺跡などで出土しており、坂田寺経由でこの瓦当文様を導入したものと思われます。

さらに、注目されるものに、鬼面文軒丸瓦も出土しています。これは、大和でもごく出土例の少ない軒丸瓦です。これも飛鳥もしくは大和とのつながりによって導入したものと推測されます。

このように、柿田廃寺に葺かれた素弁蓮華文軒丸瓦の瓦当文様からすると、この廃寺は近江で最も古く造営された氏寺です。それだけに、これまで多くの瓦類が出土した東上坂の地の周辺を、さらに計画的に発掘することによって、この氏寺の伽藍の堂塔を明らかにする必要があります。それによって、七世紀前半の湖北の歴史がより具体的に判明することになるものと考えられます。

参考・引用文献

大橋信弥「錦部寺とその造営氏族―南滋賀廃寺―」『古代豪族と渡来人』吉川弘文館　二〇〇四年
小笠原好彦「宝光寺跡」『近江の古代寺院』真陽社　一九八九年
小笠原好彦「宮井廃寺」『近江の古代寺院』真陽社　一九八九年
軽部慈恩「公州出土の百済系古瓦に就いて」『考古学雑誌』第二二巻第九号　一九三一年
直木孝次郎「百済滅亡後の国際関係―とくに郭務悰の来日をめぐって」『日本古代の氏族と国家』吉川弘文館　二〇〇五年
西田弘「大津廃寺」『近江の古代寺院』真陽社　一九八九年
福山敏男「藤原寺と竹渓山寺」『奈良朝寺院の研究』綜芸舎　一九四八年

第二部
近江の古代寺院と歴史的展開

第一章　飛鳥時代の寺院と造営氏族

古代の近江《おうみ》は、政権の中枢部がおかれた大和《やまと》とは比較的近い北部に位置しており、しかも大きな琵琶《びわ》湖の淡水湖を抱える地域だった。東は美濃《みの》を経て東国につながり、西は山背《やましろ》を経て西国や瀬戸内へつながり、北は越前《えちぜん》を経由して北陸の各地につながっていた。

この近江では、琵琶湖に多くの河川が流れ込んだが、その流出する河川は瀬田《せた》川のみであった。その瀬田川は、宇治《うじ》川に合流し、さらに宇治川は畿内で最大の河川であり、山背の最南部を流れる木津《きづ》川と合流するので、大和へ諸物資の漕運《そううん》や交通にも利用できる河川であった。

古代寺院が造営される以前の近江の各地は、古墳時代後期には、湖西《こせい》南部の大津《おおつ》市域、野洲《やす》川流域の野洲郡、湖東の蒲生《がもう》郡、宇曽《うそ》川流域の愛智《えち》郡、湖北の坂田《さかた》郡、そして高島《たかしま》郡などに、それぞれの地域を本拠とする大中の群集墳が築造されている。

そして、七世紀には新たな社会を迎えている。この七世紀は、蘇我馬子《そがのうまこ》が六世紀末に、大和の飛鳥《あすか》に飛鳥寺《あすかでら》を造営したのを契機とし、その後、国家的な仏教の普及の奨励もあり、それまでの古墳の築造に替わるように、有力氏族による氏寺が各地であいついで造営されるようになった。

そして、『日本書紀』推古《すいこ》三二年（六二四）九月三日条には、それまで建てられた寺四六ヶ所、僧八一六人、尼五六九人、計一三八五人あったことを記している。これらの僧《そう》寺・尼《に》寺《じ》は、それまでの草堂や精舎《しょうじゃ》とは異なり、堂塔の屋根に瓦葺きした氏寺を数えたものと推測される。

さて、近江の飛鳥時代に建てられた古代寺院は、これまで湖西南部、湖南、湖北で、この時代に造営された氏寺が知られている。

一、湖西地域南部の飛鳥寺院

まず、湖西《こせい》の南部では、大津市穴太《あのう》・唐崎《からさき》の地に穴太廃寺が造営されている。この穴太廃寺は、昭和五九・六〇年（一九八四・八五）に、西大津バイパスの建設に際して見つかった飛鳥《あすか》時代に遡る古代寺院である。寺院の遺構は、創建期の伽藍《がらん》と同一場所で、方位を変えて構築した伽藍が重複して検出されている。

創建の伽藍は、金堂《こんどう》跡とその東に塔跡の基壇が検出されている。金堂跡は基壇の一部と地覆石《じふくいし》が遺存し、塔も基壇の北端部の地覆石が検出されている。この塔跡の地覆石には凝灰岩《ぎょうかいがん》が使用されていた。また、西回廊の一部も見つかっている。これらの堂塔に葺いた軒瓦《のきかわら》は、基壇の周辺からは出土していないが、後に、この伽藍を構築しなおした移建伽藍の西南部から、飛鳥時代の軒瓦が集中して出土している。

それらの軒瓦をみると、素弁《そべん》八弁蓮華文《れんげもん》の軒丸瓦の縁を削り落として製作している(28ページ図8－1・2)。この軒丸瓦は、京都市の北野《きたの》廃寺から出土したものとよく類似するものである。この時期の近江では、穴太廃寺に先行して造営された氏寺はないので、山背の秦氏の北野廃寺とのつながりによって、この瓦当《がとう》文様を導入したものと推測される。

この穴太廃寺は、近江の湖西南部の坂本《さかもと》の南の地域を本拠とした志賀漢人《しがのあやひと》の一氏族が造営した氏寺に推測されるものである。そして、この穴太の地域を本拠とした志賀漢人は、古く水野正好《みずのまさよし》氏による優れた研究によって穴太村主《あのうのすぐり》の本拠とされている(水野一九六九)。その後、この地域の志賀漢人の研究は、大橋信弥《おおはしのぶや》氏によって、さらに研究が深められている(大橋二〇〇四)。

ところで、穴太廃寺は飛鳥時代に創建されたが、その後の白鳳《はくほう》時代に、伽藍の正面を南面する伽藍に大改築している。しかも、大規模な講堂の西南に金堂、その東南に塔を配した法起寺《ほっきじ》式伽藍に変更して堂塔を構築している（26ページ図6）。しかも、金堂跡は瓦積《かわらづみ》基壇とし、しかも身舎《もや》の桁行《けたゆき》三間《けん》、梁行《はりゆき》二間、庇《ひさし》の桁行三間、梁行二間に礎石を配した仏堂に造り変えている。この金堂跡と同一の礎石を配したものは、飛鳥に山田寺《やまだでら》の金堂跡があり、また伊賀《いが》の名張《なばり》市の夏見《なつみ》廃寺の金堂跡でも、同一の礎石を配したものが知られている。しかし、少ならず特異な礎石配置をなすものであった。

また、金堂は瓦積基壇を施し、東の塔基壇は地覆石が一部残るだけであった。そして講堂は基壇端に板石を施したものであった。

これらの移建した伽藍には、軒丸瓦五種、軒平瓦二種が葺かれていた。これらの軒瓦からみると、穴太廃寺の移建した伽藍は、川原寺《かわらでら》式軒丸瓦と重弧文《じゅうこもん》式軒平瓦を主体に葺いており、川原寺が造営された六六〇年代だったものと推測される。そして、この川原寺の瓦当文様は、天智《てんじ》七年（六六八）、飛鳥から近江大津宮《おおつのみや》への遷都にともない、新たに天智が造営した崇福寺《すうふくじ》にこの瓦当文様が導入された以降のことであったと推測される。また、伽藍の向きを変更し、南面させたのも、近江大津宮への遷都にともない、新たな居住区画が設定されたのにともなうものと推測される。なお、穴太廃寺の周辺にある穴太遺跡からは、これまで複数の掘立柱《ほったてばしら》式の大壁造りの建物が検出されており、渡来系氏族の穴太村主一族の集落があったことも明らかになってきている。

また、湖西南部では、さらに飛鳥時代の末に、堅田《かたた》の地に築造された衣川《きぬがわ》廃寺がある。この氏寺は、JR湖西線おごと温泉駅の少し南付近の低丘陵地に造営されており、伽藍跡からは東方に琵琶湖が一望できる。

この衣川廃寺は、金堂跡とその東南の塔跡のみが検出されている（19ページ図2）。この衣川廃寺の北には、大規模な群集墳である春日山《かすがやま》古墳群があり、この寺院は近淡海国造《ちかつおうみのくにのみやつこ》が造営した氏寺であったと推測されている。出土した軒瓦には、飛鳥期の奥山久米寺《おくやまくめでら》式《しき》軒丸瓦一種と白鳳期の山田寺式軒丸瓦が二種、軒平瓦一種がある。そして、この衣川廃寺の軒瓦の瓦当文様と、金堂跡と塔跡のみの造営からみて、壬申《じんしん》の乱によって、この氏寺は廃絶したとする考えがだされており、その考えを否定しにくい氏寺である。そして、衣川廃寺を造営した氏族は、この北に近江で最も規模の大きな春日山古墳群が築成されていることからみて、やはり近淡海国造が造営した氏寺であったと推測して間違いないであろう。

二、湖南地域の飛鳥寺院

つぎに、湖南の地域で飛鳥《あすか》時代に造営された氏寺に推測されるものに、栗東《りっとう》市蜂屋《はちや》の蜂屋廃寺がある。この蜂屋廃寺は、平成三〇年（二〇一八）秋に寺域の一部が検出されたものである。発掘によって検出された遺構は、長さ二十数m、幅十数mにわたって、溝四条が南北に平行して検出され、これらの溝にいずれも大量の瓦類が投棄されていたものである。

出土した軒丸瓦《のきまるがわら》は、1類が忍冬文《にんどうもん》単弁六弁（二点）、2類が輻線文縁《ふくせんもんえん》単弁八弁（七点）、3類が面違鋸歯文縁《めんたがいきょしもんえん》複弁八弁（三点）、4類が線鋸歯文縁複弁八弁（五〇点）、5類が面違鋸歯文縁複弁八弁（二九点）、さらに素弁状の軒丸瓦が二点出土している。

これらの軒丸瓦のうち、1類の忍冬文単弁六弁のものは、法隆寺《ほうりゅうじ》の若草伽藍《がらん》から出土したものと同笵《どうはん》のものである（95ページ図37）。この忍冬文単弁軒丸瓦は、若草伽藍の東六〇〇mに所在する中宮寺《ちゅうぐうじ》に葺かれたもので、その後に若草伽藍に瓦当笵《がとうはん》が移動したものである。そして、蜂屋廃寺から出土したものは、笵の傷からみて、若草伽藍のものと同一のものであることが判明している。また2類の輻線文縁単弁軒丸瓦は、穴太《あのう》廃寺のものより少し小型のものである。3類は、川原寺《かわらでら》式のもの、4類は複弁蓮華文で線鋸歯文をつける法隆寺式のもの、5類は複弁蓮華文で、面違鋸歯文縁をつける平隆寺《へいりゅうじ》式のものである。また、平瓦は、法隆寺式の忍冬唐草文のものである。

以上のような軒瓦をみると、蜂屋廃寺は、1類の忍冬文単弁で創建期の金堂《こんどう》が建てられたものと推測される。この軒丸瓦は法隆寺の若草伽藍に葺かれており、法隆寺の支援によって蜂屋廃寺の最初の仏堂を建てたものと推測される。その年代は、この忍冬文単弁軒丸瓦からみて、六三〇〜六四〇年代に遡るものと推測されることになる。その後、輻線文縁の単弁八弁の軒丸瓦を葺き、塔などの堂塔の造営が進められたものと推測される。この軒丸瓦の年代は、六五〇〜六〇年代のものと推測されるであろう。そして、この輻線文縁の単弁軒丸瓦は、穴太廃寺や宝光寺《ほうこうじ》廃寺などに葺かれており、その大半は渡来系氏族の氏寺に葺かれていることが重視される（山崎一九八三）。蜂屋廃寺も、この輻線文縁の単弁軒丸瓦を氏寺の固有の軒瓦として葺いているので、この氏寺の造営氏族も、渡来系氏族であったと考える必要があるであろう。

　そして、蜂屋廃寺は、その後は六七〇年以降に、再建された法隆寺西院の軒瓦である法隆寺式と平隆寺式軒丸瓦によって伽藍の整備が進められ、そのときに一部で川原寺式軒丸瓦も葺かれたものと推測される。そして、これらの軒瓦によって、蜂屋廃寺の伽藍は完成をみたものと思われる。

　さて、蜂屋廃寺の造営氏族を考えるには、この氏寺に法隆寺の若草伽藍にも葺かれた忍冬文単弁の同笵瓦が葺かれていることを重視する必要がある。これは、若草伽藍を造成した厩戸皇子《うまやとのみこ》の一族である上宮《じょうぐう》王家から提供されており、法隆寺と深いつながりをもつ氏族であったと推測される。そして、『法隆寺伽藍縁起　并《ならびに》流記《るき》資財帳』によると、法隆寺は栗太《くるもと》郡に水田、栗太郡の物部《もののべ》郷に薗地《えんち》と庄倉《しょうそう》が所在したことを記しているので、蜂屋廃寺の造営氏族は、栗太郡の物部郷にあった薗地と栗太郡の水田から収穫した米を収納した庄倉の運営と管理にかかわる氏族であった可能性がきわめて高いものと推測される。

蜂屋廃寺を造営した栗太郡を本拠とした渡来系氏族を知りうる可能性の高い資料に、『日本書紀』天智《てんじ》三年（六六四）一二月条の記事がある。この記事には、栗太郡の磐城村主《いわきのすぐり》殷《おお》の新婦の敷居に稲が生え、また庭にも稲が生え、さらに二個の鍵が天から落ちてきたので、それを殷にわたしたところ殷は財力を有するようになったと記されている。これは、寓話的に述べているので、この記事の本質を理解するのは難しい。しかし、稲に関連する話は法隆寺の水田や薗地、二個の鍵は、法隆寺が所有する栗太郡の水田から収穫された米を収納した庄倉の管理・運営に関連するものと推測される。

そのように理解しうるとすると、渡来系氏族の磐城村主殷は、法隆寺所有の薗地の経営と栗太郡の水田から収穫した米の管理にかかわり、財力を有するようになったこと、また氏寺を造営する際に法隆寺の支援を受けたものと思われる。

この渡来系氏族の磐城村主は、『新撰姓氏録《しんせんしょうじろく》』にも記されており、主として野洲《やす》郡と栗太郡を本拠とした氏族である。そして野洲市にある福林寺《ふくりんじ》跡は、『東寺《とうじ》文書』の康和《こうわ》三年（一一〇一）、長治《ちょうじ》元年（一一〇四）の弁官宣旨《べんかんせんじ》では、天武《てんむ》天皇のとき磐城村主宿祢《すくね》が鎮護国家を祈願して建てたことを記している。また野洲郡の益須寺《やすでら》跡から法隆寺式複弁蓮華文軒丸瓦や忍冬唐草文《からくさもん》軒平瓦、栗太郡の東光寺《とうこうじ》廃寺から平隆寺式軒丸瓦、さらに同郡の大般若寺《だいはんにゃじ》跡から忍冬文単弁軒丸瓦との同笵瓦（図58）が出土しており、いずれも磐城村主一族の氏寺の可能性が少なくない。

さて、栗太郡に所在する古代寺院には、これまでJR草津《くさつ》線手原《てはら》駅の付近に造営された手原廃寺が知られている。この手原廃寺に葺かれた軒丸瓦は、蜂屋廃寺と大半が同一のもので、輻線文縁単弁蓮華文、複弁八弁蓮華文の平隆寺式のもの、軒平瓦に法隆寺式のものが出土している。そして、輻線文縁の単弁八弁蓮華文は、蜂屋廃寺のものより少し平坦な蓮弁をなす軒丸瓦も出土している。この軒丸瓦は、手原廃寺が蜂屋廃寺の輻線文縁単弁蓮華文をモデルとして、自らが笵型を製作して造った手原廃寺固有の軒丸瓦であったと推測されるものである。

図58　大般若寺跡出土の忍冬文単弁軒丸瓦
（『近江の古代寺院』）

そして、古代の栗太郡の郡司《ぐんじ》は、『正倉院《しょうそういん》文書』に「天平《てんぴょう》八年（七三六）八月二十六日付内侍司牒《ないしのつかさちょう》」として、小槻山君広虫《おつきやまのきみひろむし》が主殿寮《とのもりょう》の主薪所《しゅしんじょ》に薪を請求する文書が収録されているので、小槻山君であったことがわかる。そして、この手原廃寺は、まさに栗太郡の郡司を担っていた小槻山君の氏寺であったと推測して間違いないものと思われる。

このように理解すると、手原廃寺の造営氏族である小槻山君は、それ以前に寺院造営を開始していた蜂屋廃寺の造営氏族の磐城村主の支援によって、手原廃寺の造営を進めたものと推測される。しかも、そのような強いつながりをもったのは、在地の有力氏族であったのみでなく、蜂屋廃寺の造営氏族も栗太郡の郡司の職掌を担っていたことによるものであろう。さらに、栗太郡衙《ぐんが》に推測される岡《おか》遺跡でも、少ないながら輻線文縁軒丸瓦、法隆寺式軒丸瓦が出土しているのも、手原廃寺・蜂屋廃寺の造営氏族がいずれも栗太郡の郡司を担っていたことによるものと推測される。

三、湖北地域の飛鳥寺院

つぎに、湖北でも飛鳥《あすか》時代に建てられた氏寺があった可能性が少なくない。それは、長《なが》浜《はま》市東上坂町《ひがしこうざかちょう》に所在する柿田《かきた》廃寺である。

柿田廃寺は、ＪＲ長浜駅の東北六㎞に位置する古代寺院である。この柿田廃寺は、昭和六三年（一九八八）に、県道中山《なかやま》―東上坂線の改良工事に際し、鬼面文軒丸瓦《きめんもんのきまるがわら》が二点出土して注目された遺跡である。この鬼面文軒丸瓦は、鬼面を半肉彫《はんにくぼ》り状に表現し、外縁に三《さん》

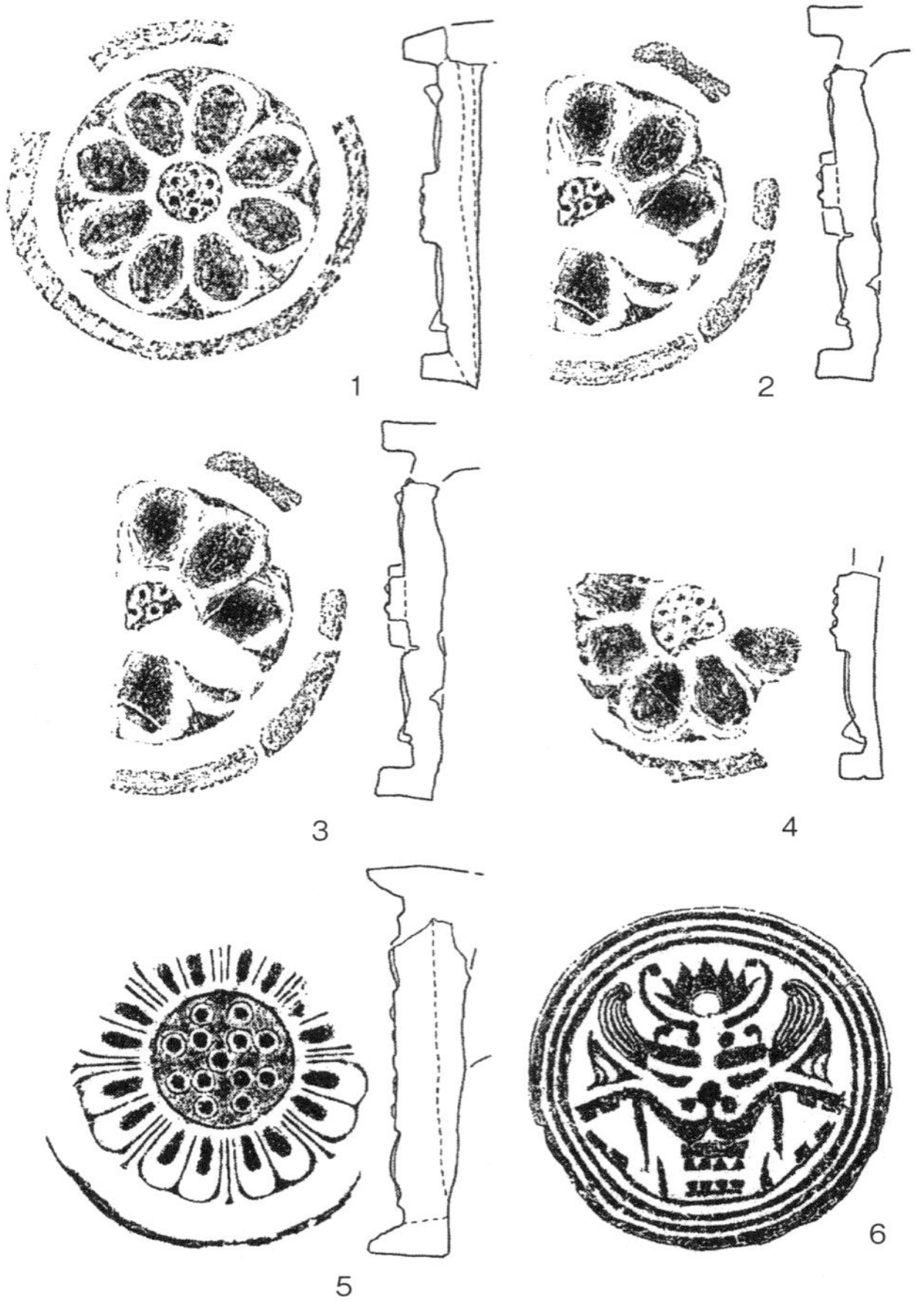

図59　柿田廃寺出土の軒丸瓦（『柿田廃寺発掘調査報告』）

重圏文《じゅうけんもん》をつけたもの（図59－6）で、類例に奈良県葛城《かつらぎ》市の地光寺《じこうじ》跡と飛鳥《あすか》の大官大寺《だいかんだいじ》跡から出土したものがある。

そして、その後の平成九年（一九九七）、東上坂地区圃場《ほじょう》整備事業中に、飛鳥時代の軒瓦をふくむ多量の瓦類が出土している。そして出土した飛鳥時代の軒丸瓦には素弁蓮華文《そべんれんげもん》二種（図59－1～4）、また続く白鳳《はくほう》時代のものに、川原寺《かわらでら》式の複弁蓮華文（図59－5）を配し、外縁は素文のものが出土している。

柿田廃寺の素弁蓮華文と同一瓦当《がとう》文様のものは、飛鳥や大和《やまと》などの古代寺院では見いだしにくく、百済《くだら》の扶余《ふよ》に所在する古代寺院から出土したものに類似するものとがあるという。現状では、この柿田廃寺では堂塔の遺構は見つかっていないが、白鳳時代の川原寺式の軒丸瓦も出土しているので、伽藍《がらん》が造営されたことは疑いないものである。しかも、前述したように、七世紀の後半には大和の地光寺廃寺など、ごく一部のみ葺かれた鬼面文軒丸瓦も出土している。

この柿田廃寺が造営された地域は、姉《あね》川流域の南に位置し、すぐ東に茶臼山《ちゃうすやま》古墳や横山《よこやま》丘陵に首長墳の前方後円墳が築造されており、この地域一帯は坂田《さかた》氏の本拠である。柿田廃寺は、この坂田氏が七世紀前半に造営した氏寺の可能性が少なくないものと推測される。

ところで、『日本書紀』推古《すいこ》一四年（六〇六）四月八日条は、蘇我馬子が造営した飛鳥寺《あすかでら》の丈六仏《じょうろくぶつ》が完成した際に、金堂《こんどう》の戸よりも高く搬入するのが困難だった。しかし、鞍《くら》作鳥《つくりのとり》（止利《とり》）が戸を壊さずに丈六仏をおさめたので、推古天皇から近江国坂田郡の水田二〇町を下賜され、金剛寺《こんごうじ》（坂田尼寺《にじ》）を建てたことを記している。

この記載からすると、坂田郡の有力氏族は、これを契機に飛鳥の鞍作《くらつくり》氏と強いつながりをもったものと推測される。そして、これを機会に、七世紀前半に氏寺を造営するようになったものと推測される。

柿田廃寺は、坂田郡で最も早く造営された氏寺であり、これまで瓦類が出土した東上坂の周辺から、伽藍の堂塔が検出される可能性が少なくない。それによって、七世紀前半の坂田郡の歴史がより具体的に明らかになることが期待される。

第二章　白鳳時代の寺院と造営氏族

一、湖西地域南部の白鳳寺院

琵琶《びわ》湖の北湖《ほっこ》と南湖《なんこ》を分ける堅田《かたた》の地は、曼荼羅山《まんだらやま》古墳群、春日山《かすがやま》古墳群が築造された地域である。これらは、いずれも遡る時期の大型の首長墳をふくむ古墳群である。この地域の真野《まの》に真野廃寺が造営されている。これまで寺域の一部が発掘され、塔跡と推測される建物跡と瓦窯《がよう》跡一基が検出されている。塔跡は基壇の大半が失われていたが、この建物の周辺に他の金堂《こんどう》などが配されていたものと推測される。この真野廃寺跡からは、軒丸《のきまる》瓦《がわら》五種、軒平瓦《のきひらがわら》一種が出土している。これらの軒瓦からみると、七世紀の第3四半期に造営を開始した氏寺であった。軒丸瓦の一部は、近くの衣川《きぬがわ》廃寺と同一のものが葺かれており、近いだけでなく、氏族相互につながりがあったものと推測される。

真野廃寺の南二kmに、衣川廃寺が造営されている。この氏寺は飛鳥《あすか》期の末に造営されている。しかし、七世紀の第3四半期の軒瓦（20ページ図3）が出土するのみで、八世紀までは存続しなかったものと推測されている。そして、その要因として、壬申《じんしん》の乱の際に、大《おお》海人皇子《あまのみこ》軍によって焼かれたものと考えられている。また、衣川廃寺の造営氏族は、この地域の最有力氏族であった近淡海国造《ちかつおうみのくにのみやつこ》に推測され、この壬申の乱を契機に、この氏族は衰退したものと思われる。そして、それ以後、堅田の地域を本拠とする氏族は、小野《おの》氏の顕著な活動をみるようになる。

つぎに、南湖の周辺では、坂本《さかもと》から南志賀《みなみしが》の地に、坂本廃寺・穴太《あのう》廃寺・崇福寺《すうふくじ》跡・南《みなみ》滋賀《しが》廃寺・園城寺《おんじょうじ》前身寺院など多くの氏寺が造営されている。

これらのうち、坂本廃寺は京阪坂本比叡山口《さかもとひえいざんぐち》駅の東北○mに所在したと推測される氏寺である。昭和五八年（一九八三）に一部が発掘され、複弁八弁蓮華文《れんげもん》で面違鋸歯文縁《めんたがいきょしもんえん》をつける川原寺《かわらでら》式の軒丸瓦、四重弧文《しじゅうこもん》軒平瓦が出土している。この氏寺は近江大津宮《おうみおおつのみや》へ遷都した時期に造営されたものと推測される。

その南の穴太《あのう》に穴太廃寺が造営されている。これらは大友《おおとも》郷に所在した氏寺である。穴太廃寺は、飛鳥時代に造営された氏寺で、前述したように、大津宮への遷都時に、それまでの伽藍《がらん》を南面するものに建て替え、しかも規模の大きな伽藍を造営している。この白鳳《はくほう》期の伽藍では金堂基壇が注目される（図60）。この基壇は瓦積《かわらづみ》の外装（図61）で、建物は身《も》舎《や》・側柱《がわばしら》とも桁行《けたゆき》三間《けん》、梁行《はりゆき》二間に礎石を配したものだった。同一の礎石配置は、飛鳥の山田寺《やまだでら》跡の金堂と伊賀《いが》の名張《なばり》市にある夏見《なつみ》廃寺でみるだけである。山田寺は蘇我倉山田石《そがのくらやまだのいし》川麻呂《かわまろ》が造営した氏寺で、『上宮聖徳法王帝説《じょうぐうしょうとくほうおうていせつ》』の裏書に、舒明《じょめい》一三年（六四一）に造営工事を開始し、皇極《こうぎょく》二年（六四三）に金堂が建てられたと記されている。この金堂の礎石は、桁行三間、梁行二間に配しているが、側柱の間にも補助的な柱を配し、外観は桁行五間、梁行四間に見える建物に推測されている。このような山田寺の金堂の建築様式は、近江大津宮への遷都によって、大津宮の北方に構築された穴太村主《あのうのすぐり》の穴太廃寺に導入されている。しかし、この構造は側柱に太い柱を使用していないので、構造的には脆弱《ぜいじゃく》さをもつものだったと思われる。さらに倉山田麻呂が謀反の疑いによって悲劇的な死をとげたこともあってか、この金堂の建築様式はほとんど広まっていない。

　穴太廃寺の南の滋賀里《しがさと》山中に崇福寺跡がある。ここは『扶桑略記《ふそうりゃくき》』に所収する「崇福寺縁起」によって、天智《てんじ》天皇が近江大津宮に遷都した翌年に造営した縁起を記している。まさに滋賀里の山中に、北・中・南の三尾根があり、堂塔の建物跡が遺存する。この発掘では、塔跡から舎利《しゃり》容器が検出された際に、少なからず歴史的なドラマをともなって進展している。現状では、北尾根と中尾根の弥勒堂《みろくどう》跡、小金堂《しょうこんどう》跡、塔跡（図62）が崇福寺跡で、

図60　穴太廃寺の移建金堂跡（北から）（滋賀県提供）

図61　穴太廃寺の移建金堂跡の瓦積基壇（北から）（著者撮影）

図62　崇福寺の塔跡（西から）（著者撮影）

南尾根の建物跡は桓武《かんむ》天皇が造営した梵《ぼん》釈《しゃく》寺《じ》跡に理解されている。崇福寺跡では、川原寺軒丸瓦Aと同笵《どうはん》瓦が葺かれている。縁起の記載には、他の雑舎も記されており、その位置を確認する必要がある。

　崇福寺跡の東南に離れた位置に、南滋賀廃寺がある。ここは、古代には錦織《にしこり》郷にふくまれる地域である。南滋賀廃寺は、昭和の初期に、近江大津宮の所在地の解明のため、肥後和男《ひごかずお》氏によって滋賀里山中の崇福寺跡とともに発掘されている。その結果、講堂跡、金堂跡とその東南で塔跡、西南でも小規模な建物跡が検出され、いずれも瓦積基壇が見つかっている。その後、昭和一三〜一五年（一九三八〜四〇）にも柴田實《しばたみのる》氏によって部分的に発掘され、白鳳寺院であることが明かにされている。

軒瓦は単弁系五種、複弁系三種、方形のもの一種、軒平瓦は重弧文《じゅうこもん》二種ある。これらのうち単弁系は外縁に素文《そもん》のものと輻線文《ふくせんもん》をつけるもの、複弁系は外縁に面違鋸歯文《めんたがいきょしもん》をつけるものと輻線文をつけるものがある。また、他に例のない方形で蓮華《れんげ》を側面から描いたものがある。

南滋賀廃寺の伽藍は、その後も史跡整備にともなって発掘され、堂塔は瓦積基壇を採用し、崇福寺と同じく金堂の東南に塔、西南に小金堂を配し、金堂の北に講堂や食堂《じきどう》などを配したものと推測されている。軒瓦に方形瓦も使用されている。また、造営氏族は、長く柴田實氏によって逸名《いつめい》寺院とされたが、その後の平成二五年（二〇一三）に、「錦寺」と刻印した土器が採集され、大橋信弥《おおはしのぶや》氏によって、大津宮に近い位置に造営された錦織村主の氏寺に理解されている（大橋二〇〇四）。

南滋賀廃寺の南では、園城寺《おんじょうじ》の境内から出土した軒瓦によって、三井寺《みいでら》前身寺院があったものと推測されている（林一九八九）。

さらに、近年に所在がより確かになったものに大津《おおつ》廃寺がある。この廃寺は、滋賀県庁の西北部に位置し、この地域の再開発にともなって一部が発掘されている。この大津廃寺は、堂塔の遺構は検出されていないが、飛鳥の川原寺の造営当初に葺いた軒丸瓦Aの瓦当《がとう》笵と同笵のものが葺かれている。この川原寺の瓦当笵Aは、天智天皇が建てた崇福寺に葺かれているので、これと同じく天智が造営したとすると、崇福寺の尼寺《にじ》として造営された可能性が高いものと推測される。しかも、草津《くさつ》市北大萱町《きたおおがやちょう》の宝光寺《ほうこうじ》廃寺の出土と同笵の複弁八弁軒丸瓦も葺かれており、新たな解明すべき課題が提示されている。

また瀬田《せた》川西岸では、大津市石山《いしやま》地域に国昌寺《こくしょうじ》跡がある。発掘は実施されていないが、藤原宮《ふじわらきゅう》の所用瓦などが採集されている。この国昌寺跡は、『日本紀略《にほんきりゃく》』弘仁《こうにん》一一年（八二〇）一一月条に、近江国分寺《こくぶんじ》が延暦《えんりゃく》四年（七八五）に焼失した際に、国分寺を再建せずに、定額《じょうがく》寺《じ》だった国昌寺を近江国分寺にしている。この国昌寺跡からは、藤原宮の所用瓦六二七八G、平城宮《へいじょうきゅう》と同笵の軒丸瓦、飛雲文《ひうんもん》をつける軒丸瓦、軒平瓦として藤原宮の六六四六A、奈良時代後半の平城宮の同笵の六一三三A～C型式・六七六三型式など、近江国衙《こくが》と関連する飛雲文軒平瓦などが出土している。

また、近年の平成二三年（二〇一一）七月、石山国分《こくぶ》台地の南端付近の南裾から藤原宮所用瓦を焼成した瓦窯二基が検出されている。この国昌寺跡の創建時の軒瓦からすると、藤原宮所用瓦の生産に際し、粘土や燃料などの供給に協力した在地の有力氏族が造営した氏寺の可能性が高い。しかも、この造営氏族は、その後に葺かれた軒瓦からすると、近江国衙ともかかわりをもっており、滋賀郡の郡司《ぐんじ》に任じられた有力氏族の可能性がある。奈良

図63　石居廃寺の金堂礎石（南から）（著者撮影）

時代の滋賀郡の郡司は、『正倉院《しょうそういん》文書』「天《てん》平《ぴょう》八年（七三六）七月二十九日付内侍司《ないしのつかさ》牒《ちょう》」によると、槻本連若子《つきもとのむらじわかこ》が采女《うねめ》として出仕しているので、槻本連がその候補の一人になるであろう。

また、瀬田川の東岸には、東から合流する大戸《だいど》川の北岸に石居《いしずえ》廃寺がある。この石居廃寺では金堂基壇が遺存し、柱座《はしらざ》をもつ礎石が残存する（図63）。七世紀末から八世紀の軒瓦などが出土しており、その時期に造営された氏寺である。また平成一五～一八年（二〇〇三～〇六）に、近くの大戸川の南にあたる関津《せきのつ》遺跡が広く発掘され、多くの掘立柱《ほったてばしら》建物が検出されている。そして、その北半からは多くの大型建物が集中して検出され、ここに木材を交易する木屋《きや》

(所《しょ》)があったことが推測される(313ページ図90)。『万葉集』巻一の「藤原宮の役民の作る歌」には、藤原宮の造営時に、田上山《たなかみやま》の檜《ひのき》材が桴《いかだ》に組まれて漕運《そううん》されているので、これに続く平城宮・京の造営でも、この地域から多くの木材が漕運されたものと推測される。そして、石居廃寺の造営氏族もこの時期に、木材の漕運《そううん》によって財力をなしたものと推測させる。

以上のような湖西南部に造営された古代寺院をみると、この地域は、堅田の地域と坂本から三井寺町の地域に古代寺院が造営されている。このうち南半部は志賀漢人《しがのあやひと》らが集住した地域で、比叡山麓の東裾にじつに多くの群集墳が築造されている。この地域の古代寺院も、ほぼその前史をよく反映したものとなっている。とりわけ、この地域の坂本から三井寺町の地域は、湖畔に沿って狭い平地しかない地域だった。それにもかかわらず、穴太廃寺・南滋賀廃寺が造営され、さらに近江大津宮への遷都時には天智による崇福寺が滋賀里山中に造営されている。

これらのうち、崇福寺が造営された滋賀里山中は、近江から山背へ通ずる古道に沿った地であった。伽藍は北尾根と中尾根に堂塔を配している。しかも、百済《くだら》の扶余《ふよ》で施工されていた基壇端に瓦積みする瓦積基壇の外装が日本でも導入され、百済の扶余の寺院にみる平積型と合掌型の両者の瓦積基壇が施工されている。

　また、その南の南滋賀廃寺は、大津宮のすぐ北に造営された氏寺である。この寺院も、湖岸から山背へ抜ける山中越《やまなかごえ》の出入口に造営されており、ここを本拠とした錦織村主《にしこりのすぐり》の氏寺であった。

　また、その南の園城寺前身寺院は、軒瓦が採集されているだけだが、大友村主《おおとものすぐり》が造営した氏寺に推測されている。これらの氏寺を造営した渡来系氏族の志賀漢人一族は、可耕地の狭い比叡山の東山麓の一帯を本拠としながら、優れた氏寺を造営しえたのは、琵琶湖岸の各地と、さらに北陸や東国の地域との交易活動によって経済力をなした氏族と推測される。このような志賀漢人らが活動した地域に、天智は天智六年（六六七）三月、近江大津宮を遷し、白村江《はくそんこう》の戦い後、国家の再建を意図したものと推測される。しかし、この地域は、平坦地が限られているだけに、より発展させるには、さらに広い平坦面をもつ空間が必要であったと思われる。

二、湖西地域北部の白鳳寺院

　ＪＲ湖西《こせい》線近江今津《おうみいまづ》駅の西方七〇〇ｍ付近に、大供《おおとも》廃寺がある。饗庭野《あいばの》台地の周辺部に建てられた氏寺である。この地域は琵琶《びわ》湖の北湖《ほっこ》に面する地域で、西は若狭《わかさ》へ通ずる道、北は伊香《いか》郡の塩津《しおつ》から北陸へ通じる道があるが、この地域から越前《えちぜん》へ通ずる道もあった。

ここは、かつて大供の東にあたる小字「大門《だいもん》」の水田から瓦が採集され、寺の存在が推測されていたところであった。その後、この地域の住宅開発に関連して発掘され、瓦類が大量に出土している。伽藍《がらん》を構成する堂塔の遺構は検出されていないが、多くの軒瓦《のきがわら》が出土しており、優れた伽藍があったのは疑いない。近くの西側の丘陵地に瓦窯《がよう》の存在も推測されている。

これまで出土している軒丸瓦には、素弁《そべん》系二種、単弁系二種がある。素弁系の一つは中房に1＋8の蓮子《れんし》を配し、蓮弁の先端が上反し、弁の中央に稜線をつけている。また単弁系の一つは、中房に1＋8の蓮子をつけ、十弁蓮華文《れんげもん》である。また、他のものは、中房に1＋6の蓮子をつけ、六弁の蓮弁《れんべん》を配し、間弁《かんべん》を大きくつけ、外縁に斜線文《しゃせんもん》をつけている（73ページ図27）。軒平瓦《のきひらがわら》は二重弧文《にじゅうこもん》・三重弧文をつけるものが出土している。これらの軒瓦からみて、大供廃寺は、七世紀の後半に造営された氏寺である。

この大供廃寺が造営された高島《たかしま》郡の北部は、若狭とのつながりの深い地域である。それだけに早くから、ここを有力氏族が本拠としており、近江今津駅の西二・五㎞には、六世紀の甲塚《かぶとづか》古墳群が築造されている。そして、これらの古墳群を築造した有力氏族の後裔《こうえい》の一族が大供廃寺を造営したものと推測される。

この大供廃寺は、古代の角野《つの》郷に造営された氏寺である。そして、この地域は、角《つの》(山《やま》)君《のきみ》が本拠としていたものと推測されている。『続日本紀《しょくにほんぎ》』天平宝字《てんぴょうほうじ》八年(七六四)九月一八日条は、藤原仲麻呂《ふじわらのなかまろ》政権に対し、孝謙《こうけん》上皇側によるクーデターが起こったとき、近江に走った仲麻呂らは勢多橋《せたばし》を先に焼かれたので、越前をめざして湖西を北へ進んでいる。そして、高島郡の前の少領《しょうりょう》の角家足《つののいえたり》の宅に宿泊したことを記している。家足は前の少領だが、ここは歴代にわたって角君の一族が高島郡の郡領《ぐんりょう》を担っていたものと推測される。

七世紀の後半に造営された大供廃寺は、伽藍は明らかでないが、素弁軒丸瓦が葺かれ、その後の七世紀の末に近い時期に、単弁十弁蓮華文、単弁六弁蓮華文の軒丸瓦が葺かれている。そして、単弁十弁蓮華文軒丸瓦は、大宝寺《たいほうじ》廃寺から多くの軒丸瓦が出土している。この大供廃寺の造営氏族である角君一族は、高島郡の郡領を担っていたので、以下に述べるように、安曇《あど》川流域に進出し、そこに造営されていた大宝寺廃寺ともかかわった可能性が少なくないように推測される。

大宝寺廃寺は、昭和二八年(一九五三)に、饗庭野の大宝山の南麓の緩傾斜面にあった山林一帯が開拓された際に、多くの土器や瓦類や鴟尾《しび》などが出土したものである。饗庭野の中央部を東西に走る道があり、その北側に一辺十余m、高さ一mほどの土壇が残っている。これが大宝寺廃寺の堂塔の基壇である。現状は小規模な基壇だが、ここから多数の鴟尾片（79ページ図30）が掘り出されており、この土壇は金堂《こんどう》もしくは講堂であったと推測される。ここからは、東に琵琶湖が遠く眺望することができ、そのような地に大宝寺廃寺は造営されている。

大宝寺廃寺からは、軒丸瓦三種（77ページ図29）、軒平瓦一種、さらに鴟尾と塼仏《せんぶつ》片が出土している。軒丸瓦の一つは、蓮弁が凹面《おうめん》をなす素弁八弁蓮華文である。また、多数出土している単弁十弁蓮華文軒丸瓦は、外縁部に格子目《こうしめ》叩きをつけたものである。また、軒平瓦は三重弧文をつけたもの、さらに鴟尾の胴部の破片が多く採集されている。

昭和五四年（一九七九）に西田《にしだ》弘《ひろむ》氏は、『湖国と文化』に、大宝寺廃寺の素弁軒丸瓦は、京都市広隆寺《こうりゅうじ》のものとよく類似することと、三尾君《みおのきみ》の本拠に造営された氏寺であることを説明している。そして、壬申《じんしん》の乱で三尾君が没落したとする考えを紹介しながらも、その考えを否定している。

しかし、大宝寺廃寺は、七世紀中ごろに造営された氏寺ながら、多量に出土する単弁十弁蓮華文で、外縁に格子目叩きを加えた軒丸瓦は、七世紀末ないし八世紀初頭のもので、この寺院には造営の中断する期間があったものと推測される。そして、この中断は、やはり壬申の乱で三尾君が没落したことと関連するものと推測される。

ところで、七世紀末に飛鳥から藤原宮《ふじわらきゅう》・京《きょう》へ、また平城宮《へいじょうきゅう》・京《きょう》へ遷都がおこなわれている。この都城の遷都では、厖大《ぼうだい》な量の木材が必要な状況となっている。これには、近江でも、田上山《たなかみやま》はもとより、安曇川の上流域からも大量の木材を桴《いかだ》に組んで大和《やまと》に漕運《そううん》したものと推測される。

これには三尾君が没落していたので、大宝寺廃寺に葺かれた軒瓦からすると、高島郡の郡領を担っていた角(山)君の一族が、安曇川流域に進出し、これらの木材の漕運にかかわったものと推測される。そして、それまで廃寺の状態であった大宝寺廃寺を再興し、金堂・講堂の大棟に鴟尾を載せる優れた伽藍を造営したものと考えられる。大宝寺廃寺に葺かれた主体の単弁十弁蓮華文は、大供廃寺の単弁十弁蓮華文を導入し、より発展させた瓦当文様として葺いたものと推測される。

他に、JR近江今津駅の西北五㎞の日置前《ひおきまえ》に、日置前廃寺が知られている。これまで数回、発掘されており、軒瓦が出土している。これまで知られる軒丸瓦は、複弁蓮華文

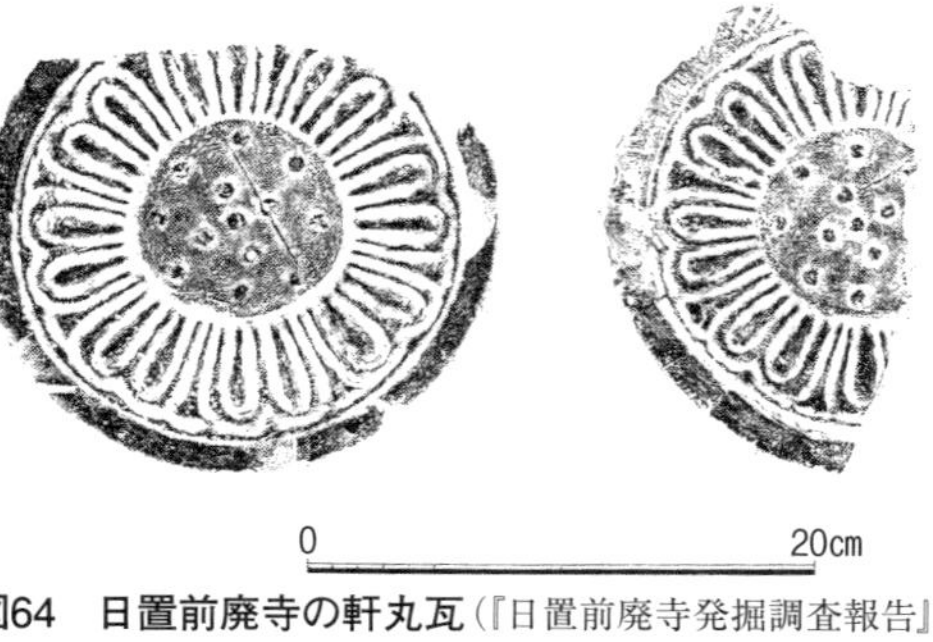

図64　日置前廃寺の軒丸瓦(『日置前廃寺発掘調査報告』)

郵 便 は が き

お手数ながら切手をお貼り下さい

522-0004

滋賀県彦根市鳥居本町655-1

サンライズ出版 行

〒

■ご住所

■お名前《ふりがな》　■年齢　　歳　男・女

■お電話　■ご職業

■自費出版資料を　希望する ・ 希望しない

■図書目録の送付を　希望する ・ 希望しない

サンライズ出版では、お客様のご了解を得た上で、ご記入いただいた個人情報を、今後の出版企画の参考にさせていただくとともに、愛読者名簿に登録させていただいております。名簿は、当社の刊行物、企画、催しなどのご案内のために利用し、その他の目的では一切利用いたしません（上記業務の一部を外部に委託する場合があります）。

【個人情報の取り扱いおよび開示等に関するお問い合わせ先】
サンライズ出版 編集部　TEL.0749-22-0627

■愛読者名簿に登録してよろしいですか。　□はい　□いいえ

ご記入がないものは「いいえ」として扱わせていただきます。

愛読者カード

ご購読ありがとうございました。今後の出版企画の参考にさせていただきますので、ぜひご意見をお聞かせください。なお、お答えいただきましたデータは出版企画の資料以外には使用いたしません。

●書名

●お買い求めの書店名（所在地）

●本書をお求めになった動機に○印をお付けください。

1．書店でみて　2．広告をみて（新聞・雑誌名　　　　　）
3．書評をみて（新聞・雑誌名　　　　　）
4．新刊案内をみて　5．当社ホームページをみて
6．その他（　　　　　）

●本書についてのご意見・ご感想

購入申込書

小社へ直接ご注文の際ご利用ください。
お買上 2,000 円以上は送料無料です。

書名　（　　冊）

書名　（　　冊）

書名　（　　冊）

で中房に、1＋4＋8の蓮子をつけ、外縁は素文のものが出土している(図64)。現状では、軒丸瓦の系譜は明らかでないが、七世紀末には造営された氏寺と推測される。

三、湖南地域の白鳳寺院

湖南の地域では、琵琶《びわ》湖の南湖《なんこ》の東岸一帯に、笠寺《かさでら》廃寺・東光寺《とうこうじ》廃寺・宝光寺《ほうこうじ》廃寺・観音堂《かんのんどう》廃寺・大般若寺《だいはんにゃじ》跡・花摘寺《はなつみでら》廃寺と、多くの氏寺が造営されている。これらのうち、笠寺廃寺は一部が発掘されている。この造営氏族は、その地名から笠《かさ》氏に推測しうる可能性がある。また東光寺廃寺は、ＪＲ瀬田《せた》駅の東方に所在した氏寺で、大きな中房に二重に蓮子《れんし》をつけ、三枚の複弁蓮華文《れんげもん》を十字に配し、その間に蓮華文を配した後述する宝光寺廃寺と同一のもの、大きな中房に複弁八弁を配し、面違鋸歯文縁《めんたがいきょしもんえん》をつける平隆寺《へいりゅうじ》式の軒丸瓦《のきまるがわら》、四重弧文軒平瓦《しじゅうこもんのきひらがわら》などが出土している。この平隆寺式軒丸瓦からすると、蜂屋《はちや》廃寺と同一の磐城村主《いわきのすぐり》の一族が造営した可能性がある。

また湖岸に近い草津《くさつ》市北大萱町《きたおおがやちょう》に所在する宝光寺廃寺は、現在の本堂(図65)の周辺に建てられていた氏寺である。この宝光寺廃寺は、古く『近江栗太郡誌《おうみくりたぐんし》』に、単弁軒丸瓦と四個の蓮華文を配した東光寺廃寺と同一の軒丸瓦が掲載されている。昭和五五・五六年

図65　宝光寺の本堂（南から）（著者撮影）

図66　宝光寺廃寺の講堂跡と瓦積基壇（北から）（著者撮影）

（一九八〇・八一）に発掘され、瓦積《かわらづみ》基壇の外装を施した講堂跡が検出されている（図66）。出土した軒丸瓦八種、軒平瓦三種がある。素弁《そべん》で外縁に輻線文《ふくせんもん》をつける軒丸瓦が創建瓦で、その後に葺かれた複弁八弁蓮華文で、面違鋸歯文をつけるものは、大津《おおつ》廃寺から供給されたものと同笵《どうはん》である。この大津廃寺は崇福寺《すうふくじ》の尼寺《にじ》に推測されるので、近江大津宮《おおつのみや》遷都の時期には、輻線文縁《ふくせんもんえん》軒丸瓦と瓦積基壇の採用からみて、朝廷と深いかかわりを有した渡来系氏族が造営した氏寺であったと推測される。ここでは南滋賀《みなみしが》廃寺と同じく方形瓦も出土している。

この宝光寺廃寺の北に観音堂廃寺がある。ここでも輻線文縁軒丸瓦が出土している。さらに西北に位置する大般若寺跡からは、かつて梅原末治《うめはらすえじ》氏が紹介した忍冬文《にんどうもん》単弁軒丸瓦が出土している。これは、栗東《りっとう》市の蜂屋《はちや》廃寺から出土したものと同一の法隆寺《ほうりゅうじ》の若草伽藍《がらん》出土と同笵のものである。これは蜂屋廃寺から供給されたものであろう。

さらに注目される氏寺に草津市下物《おろしも》町《ちょう》に所在する花摘寺廃寺がある。天満宮の境内を中心とする氏寺で、藤原宮《ふじわらきゅう》所用の軒丸瓦六二七八Dと軒平瓦六六四六Bを葺く氏寺である。堂塔の配置は明らかでないが、藤原宮の造営時に、国家的なつながりを有した在地の有力氏族の氏寺である。この地域と国家的なつながりを求めると、『日本書紀』安閑《あんかん》二年（五三六）五月九日条に、筑紫《つくし》の穂波屯倉《ほなみのみやけ》などとともに近江の葦浦屯倉《あしうらのみやけ》を置いたと記している。花摘寺廃寺は、その芦浦《あしうら》の地に近いので、葦浦屯倉の運営や管理にかかわる氏族の氏寺であった可能性が高いであろう。

さらに野洲《やす》川の下流域の西岸の平野部に、いくつかの氏寺が知られている。その一つは飛鳥《あすか》期に法隆寺の若草伽藍と同笵の忍冬文単弁軒丸瓦を葺いた蜂屋廃寺である。蜂屋廃寺は、前述したように、その後はこの寺院の固有の輻線文縁単弁瓦を葺いており、続いて法隆寺式の複弁八弁蓮華文、平隆寺式の複弁八弁蓮華文などで堂塔を造営し、伽藍を整備している。この氏寺は磐城村主が法隆寺とつながりをもって造営したものと推測される。しかも、磐城村主が造営した氏寺である蜂屋廃寺は、その南七〇〇mに造営された手原廃寺と大半が共通する軒瓦を葺いている。

手原《てはら》廃寺はJR手原駅の南に造営された氏寺である。この手原廃寺は、蜂屋廃寺と同様の輻線文縁単弁軒丸瓦ながら、同笵ではない瓦当《がとう》文様の軒丸瓦で寺院造営を開始している。そして、その後も、蜂屋廃寺に葺かれた法隆寺式、平隆寺式などの軒丸瓦、法隆寺式軒平瓦を葺いている。手原廃寺の西側には、整然と多くの倉庫群を配した郡衙《ぐんが》の正倉《しょうそう》の一部と推測される遺構も検出されており、栗太《くるもと》郡の郡司《ぐんじ》を担った小槻山君《おつきやまのきみ》が造営した氏寺に推測される。そして、手原廃寺に先んじて造営された蜂屋廃寺は、固有の軒瓦として、輻線文縁単弁軒丸瓦を葺くので渡来系氏族に推測され、そして、飛鳥時代の氏寺で前述したよう

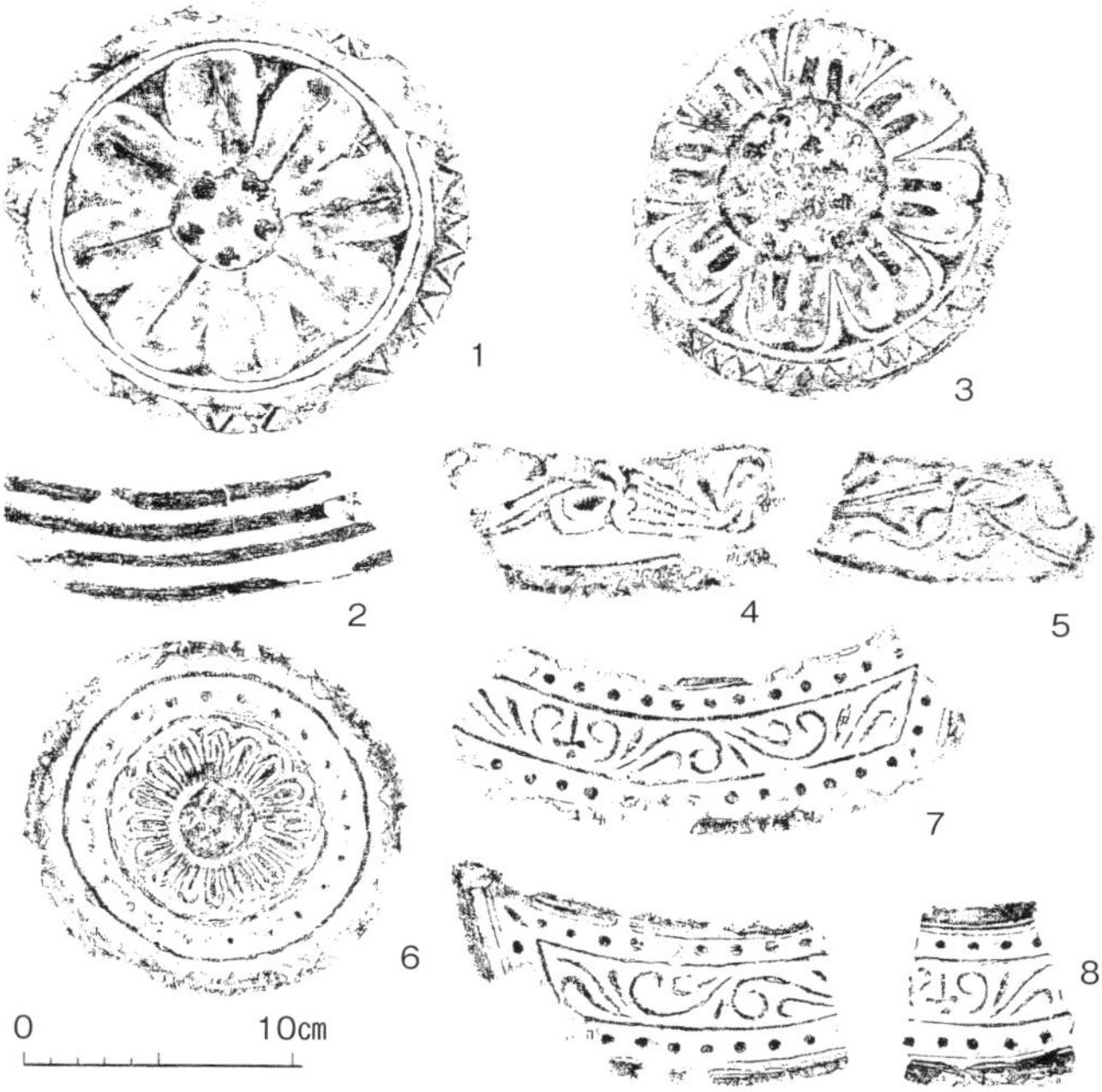

図67　益須寺跡の軒瓦（『近江の古代寺院』）

に、野洲郡と栗太郡を本拠とする磐城村主が、この氏寺を造営したものと推測される。しかも手原廃寺と強いつながりをもつことからすると、小槻山君と同様に、栗太郡の郡司を担った有力氏族であったと推測される。

　このように、野洲川の流域には、蜂屋廃寺に法隆寺の軒瓦が葺かれたのを契機に、手原廃寺、さらに益須《やす》寺《でら》跡（図67）、福林寺《ふくりんじ》跡、さらに少し西へ離れる東光寺廃寺に平隆寺式軒丸瓦、大般若寺跡から忍冬文単弁軒丸瓦が出土しており、これらは蜂屋廃寺の造営氏族が磐城村主に推測しうる可能性が高いことからすると、この地域を本拠とする磐城村主一族が造営した氏寺に葺かれたものと推測される。

以上は、野洲川流域を中心とする湖南地域に築造された主要な氏寺である。この湖南地域は野洲川が形成した広い平野がひろがり、農耕にめぐまれた地域であった。しかも古代には東山道《とうさんどう》と東海道が通り、交通上でも重要な位置を占める地域でもあった。さらに、飛鳥から近江大津宮への遷都を契機に、瀬田丘陵一帯で源内峠《げんないとうげ》遺跡・木瓜原《ぼけわら》遺跡・野路小《のじお》野山《のやま》遺跡など、大規模に鉄生産がおこなわれた地域でもあった。

そして、この地域の古代寺院は、草津市の北西部の琵琶湖東岸に多くの氏寺が造営されている。この地域は、近江大津宮へ遷都した時期には、南湖を挟む対岸の地として、じつに重要な役割をはたしたものと推測される。

さらに、湖南の古代寺院では、近年の栗東市の蜂屋廃寺の発掘によって、この地域に所在する法隆寺式軒瓦を葺く氏寺の解明が進展することになった。そして、古くこの地域の栗太郡の物部《もののべ》郷を物部氏の一族が本拠としたのは、東山道と東海道が交差し、軍事的にも重視されたことによるものであろう。そして、この物部郷に蜂屋廃寺が法隆寺とつながりをもって造営され、さらに蜂屋廃寺の造営氏族と法隆寺との深いつながりによって、この地域のいくつかの氏寺に法隆寺式軒瓦が葺かれることになったものと推測される。

四、湖東地域の白鳳寺院

湖東地域では、日野《ひの》川流域、観音寺山《かんのんじやま》の東側、宇曽《うそ》川流域などに多くの氏寺が造営されている。まず、日野川流域の北部の近江八幡《おうみはちまん》市安養寺町《あんようじちょう》に安養寺廃寺がある。日野川のつくる湖東平野にのぞむ鏡山《かがみやま》山地の北裾に造られた氏寺である。軒瓦《のきがわら》は単弁系、複弁系など軒丸瓦六種、軒平瓦《のきひらがわら》一種が知られている。これらのうち、単弁八弁蓮華文《れんげもん》で輻線文縁《ふくせんもんえん》をつけるものがあり、この氏寺は渡来系氏族が造営したことをうかがわせている。

また日野川の中流域には、宮井《みやい》廃寺・綺田《かばた》廃寺・雪野寺《ゆきのでら》跡がある。これらのうち宮井廃寺は日野川西岸を本拠とする氏族の氏寺で、塔跡の基壇と塔心礎《しんそ》（図68）が遺存し、その東北に金堂《こんどう》跡、その北でも建物跡が検出されている。これらのうち、金堂跡では瓦積《かわらづみ》基壇が検出されている。軒丸瓦は複弁八弁蓮華文で外区に雷文《らいもん》をつけるものなど複数の雷文縁をつけるものがあり、軒平瓦は指頭圧痕重弧文《しとうあっこんじゅうこもん》のものを葺いている。この宮井廃寺の雷文縁軒丸瓦は、後述する千僧供《せんぞく》廃寺でも出土しており、宮井廃寺から供給された可能性が高い。そして、千僧供廃寺から出土する素弁《そべん》一〇弁蓮華文は、京都府城陽《じょうよう》市の平川《ひらかわ》廃寺と

図68　宮井廃寺の塔心礎（著者撮影）

同笵《どうはん》のものが出土している。この平川廃寺では瓦積基壇の堂塔が検出され、『新撰姓《しんせんしょう》氏録《じろく》』「山城国諸蕃別《やましろのくにしょばんべつ》」に記す黄文《きぶみ》氏の氏寺に推測される氏寺である。宮井廃寺でも、瓦積基壇の金堂が検出されているので、渡来系氏族の氏寺と推測される。

また綺田廃寺は、日野川に注ぐ佐久良《さくら》川の北岸に造営された氏寺で、単弁蓮華文の湖東式軒丸瓦などが出土している（**図69**）。さらに雪野寺跡は日野川の東、雪野山丘陵の南端部付近に造営された氏寺である。ここは古く塔跡が発掘された際に多量の塑像群が出土している。これらは釈迦《しゃか》の涅槃《ねはん》にかかわるものと推測される。他に講堂跡などが確認されている。この雪野寺跡は渡来系氏族の安吉《あき》氏の氏寺に推測されている。

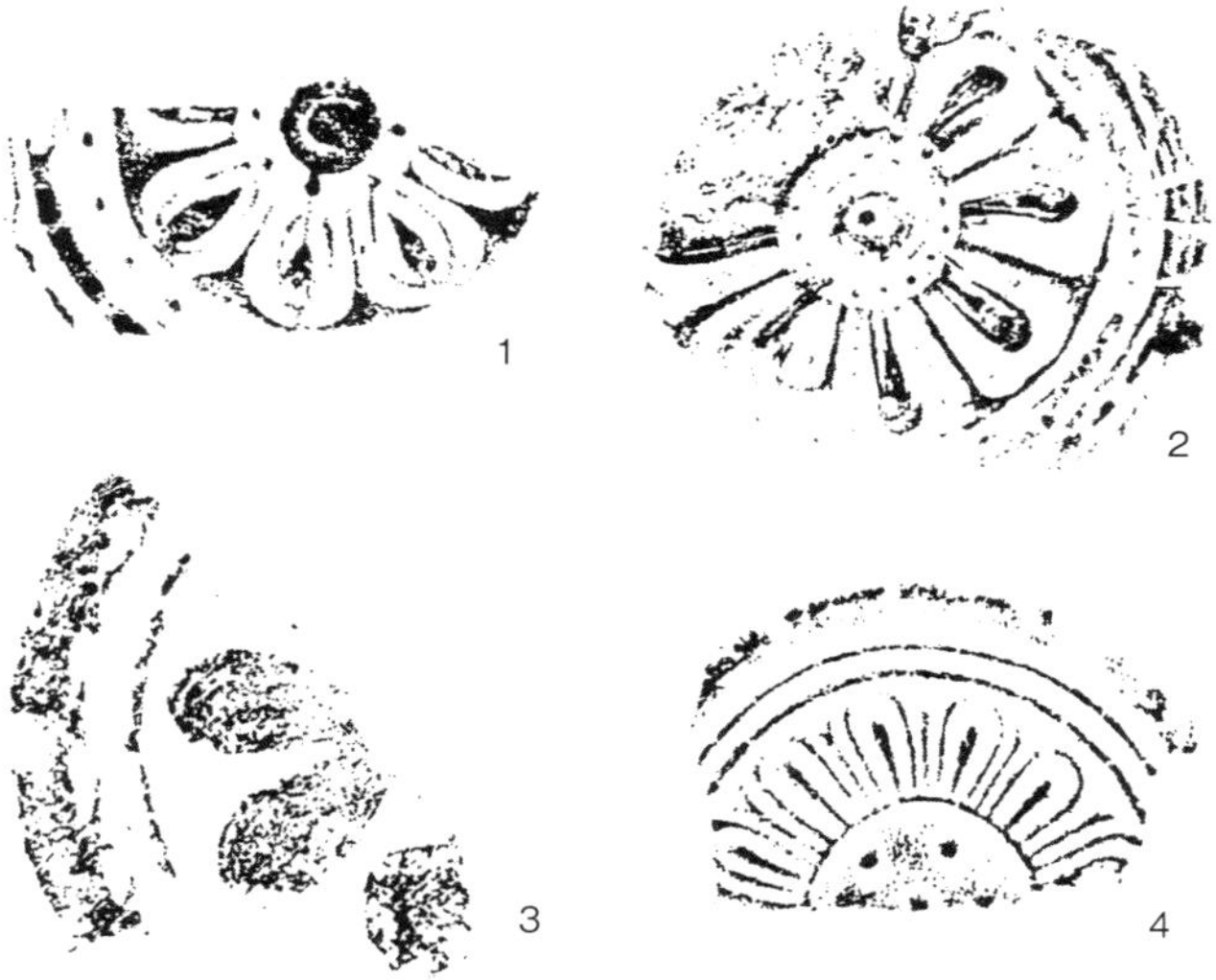

図69　綺田廃寺出土の軒丸瓦（『近江の古代寺院』）

さて、日野川下流の東部では、千僧供廃寺・倉橋部《くらはしべ》廃寺が知られている。千僧供廃寺からは、前述したように、素弁一〇弁蓮華文軒丸瓦の他に、宮井廃寺と同一と推測される雷文縁の部分の破片が出土している。この千僧供廃寺は古代の東山道《とうさんどう》沿いに位置しており、この周辺に蒲生郡衙《がもうぐんが》を推測する考えがある。また京都府平川《ひらかわ》廃寺と同笵の軒丸瓦が出土しており、渡来系氏族の黄文氏の氏寺の可能性がある。他に周辺に倉橋部廃寺が知られているが、詳細は知りえない。

また、観音寺山《かんのんじやま》丘陵の東側に、法堂《ほうどう》寺《じ》廃寺と猪子《いのこ》廃寺がある。法堂寺廃寺は水田中に大型の塔心礎が遺存したも

図70　法堂寺廃寺の復元された塔跡（東から）（著者撮影）

ので、その後の発掘によって金堂跡の西南に塔跡を配した氏寺であったことが明らかにされ、史跡整備されている（図70）。葺かれた十二弁蓮華文軒丸瓦は、他に例がなく、個性を示している。また能登川《のとがわ》高校の付近に猪子廃寺の氏寺が造営されている。

さらに湖東では、愛智《えち》郡に多くの古代寺院が知られている。野々目《ののめ》廃寺は愛知《えち》川の東岸の扇状地に造営されたもので、単弁八弁蓮華文の平坦な中房の中央に円状に蓮子《れんし》を描き、その外側に圏線をつけ、さらに十字に線を入れ、その外に一五個の蓮子を環状につけ、外区内縁に密に珠文《しゅもん》をつける湖東式軒丸瓦と単弁系、複弁系の軒丸瓦、さらに重弧文軒平瓦が出土している。

また、宇曽川の扇状地に小八木《こやぎ》廃寺と妙《みょう》

園寺《おんじ》廃寺がある。小八木廃寺は大きな蓮子と周囲に小さな蓮子を環状にめぐらせた単弁蓮華文で、外縁に珠文をつけた湖東式軒丸瓦と指頭圧痕重弧文の軒平瓦、さらに長方形で舌をだす鬼板《おにいた》が出土している。この舌を出す鬼板は、ギリシャ神話のメドゥーサとつながりをもつものという（山本一九七九）。また妙園寺廃寺は、小八木廃寺の北二〇〇mに所在する氏寺で、古く『近江《おうみ》愛智郡志』に軒丸瓦三点、軒平瓦一点が紹介されている。軒丸瓦は大きな蓮子と環状に配した蓮子をつけた単弁蓮華文で、外縁に珠文をつける湖東式軒丸瓦のもの、軒平瓦は指頭圧痕重弧文のものが出土している。

また、軽野塔ノ塚《かるのとうのづか》廃寺は、宇曽川の東岸に造営された氏寺で、塔の礎石が遺存する。圃《ほ》場《じょう》整備の際に発掘され、他の堂塔は検出されていないが、二基の瓦窯《がよう》跡が見つかっている。出土した軒丸瓦は、単弁蓮華文と重弁蓮華文のものがあり、いずれも平坦な中房に蓮子を一つつけ、その周囲に環状に蓮子をつけ、外縁に外区内縁に珠文、外区外縁を素文とする湖東式軒丸瓦である。組み合う軒平瓦は指頭圧痕重弧文のものである。

以上のような愛知川の右岸から宇曽川流域に造営された氏寺には、湖東式軒瓦が集中して葺かれている。この軒丸瓦は、通常は突出して表現する中房を、いずれも平坦面とし、その中央に大きな蓮子を一つつけ、その周囲に小さな蓮子を環状に配している。蓮弁は単弁・重弁をなすものがあり、外区内縁に珠文をめぐらし、外区外縁に圏線をめぐらすものと素文《すもん》のものがある。また野々目廃寺の軒丸瓦のように、まれに中房に蓮子ではなく円環をつけるものもある。そして、指頭圧痕重弧文軒平瓦をともなって葺かれている。

このような湖東式軒丸瓦は、大和《やまと》や河内《かわち》など畿内の寺院に葺かれた瓦当《がとう》文様に類例を見いだせない。そして、その類例を朝鮮半島に求めると、公州《こうしゅう》（熊津《ゆうしん》）に所在する大通寺《だいつうじ》址《し》、南穴寺《なんけつじ》址、西穴寺《さいけつじ》址のものと酷似する。そして大通寺址の単弁軒丸瓦は小八木廃寺のもの、南穴寺址の中房の蓮子に十字を入れるのは野々目廃寺と湖北の井口《いのくち》廃寺の中房と類似する。また中房に圏線をめぐらす野々目廃寺のものは、西穴寺址のものと類似するように、多くの共通点を見ることができる。このような類似点からすると、何らかの経緯で公州の寺院の瓦当文様を導入する契機があったものと推測される。

これには、百済《くだら》人がこの地域に移住することによって、あるいはこの地域と公州との何らかの強いつながりによって導入された場合が推測される。前者は、斉明《さいめい》六年（六六〇）に百済が唐・新羅《しらぎ》によって滅亡し、日本に移住した百済人が導入した場合が考えられる。これは、『日本書紀』天智《てんじ》四年（六六五）是月《このつき》条・天智八年是歳《このとし》条に、近江の神前《かんざき》郡、蒲生郡に百済人の移住が記されている。しかし、愛智郡への移住は知りえない。

一方、天智二年（六六三）、朝鮮半島の白村江《はくそんこう》の戦いで、朴市田来津《えちのたくつ》（朴市《えち》秦《はたの》田来津）が将軍として戦っている。これには田来津とともに近江の愛智郡の多くの氏族が派遣され、参戦したものと推測される。この戦いでは三万数千人の兵士が派遣されたが、惨敗し、兵士の一部は俘虜《ふりょ》になったと推測される（直木二〇〇五）。そして、熊津都督府《ととくふ》で俘虜となった愛智郡出出身の者が帰朝後に、朴市田来津を弔うとともに、氏族を弔う氏寺を造営し、その際に、公州の大通寺・南穴寺址・西穴寺址の瓦当文様を導入した可能性が高いと推測される。この湖東式軒丸瓦は、蒲生郡の綺田廃寺・雪野寺跡、坂田郡の井口廃寺でも出土しており、愛智郡以外の氏族も同様に、兵士として参戦した可能性が少なくないであろう（小笠原二〇〇一）。

さて、湖東では、宇曽川下流の河口付近でも、荒神山《こうじんやま》の西南に屋中寺跡《やちゅうじ》・普光寺跡《ふこうじ》・下岡部《しもおかべ》廃寺が造営されている。このうち普光寺跡は、塔心礎が神社の境内地に遺存し、古く石田茂作《いしだもさく》氏によって法隆寺《ほうりゅうじ》式伽藍《がらん》が所在したものと推測されている（石田一九三七）。ここでは単弁系と複弁系の法隆寺式・平隆寺《へいりゅうじ》式のものなど軒丸瓦四種、軒平瓦一種が出土している。

また、屋中寺跡とその西六〇〇mに下岡部廃寺が所在する。屋中寺跡は、古く畑地を水田化する際に多くの古瓦が出土したもので、素弁系・単弁系・複弁系などの軒丸瓦三種、軒平瓦二種がある。また下岡部廃寺からは、単弁系・複弁系など五種の軒丸瓦が出土している（図71）。これらのうち単弁系、複弁蓮華文で外縁に輻線文をつけるものは共通してお

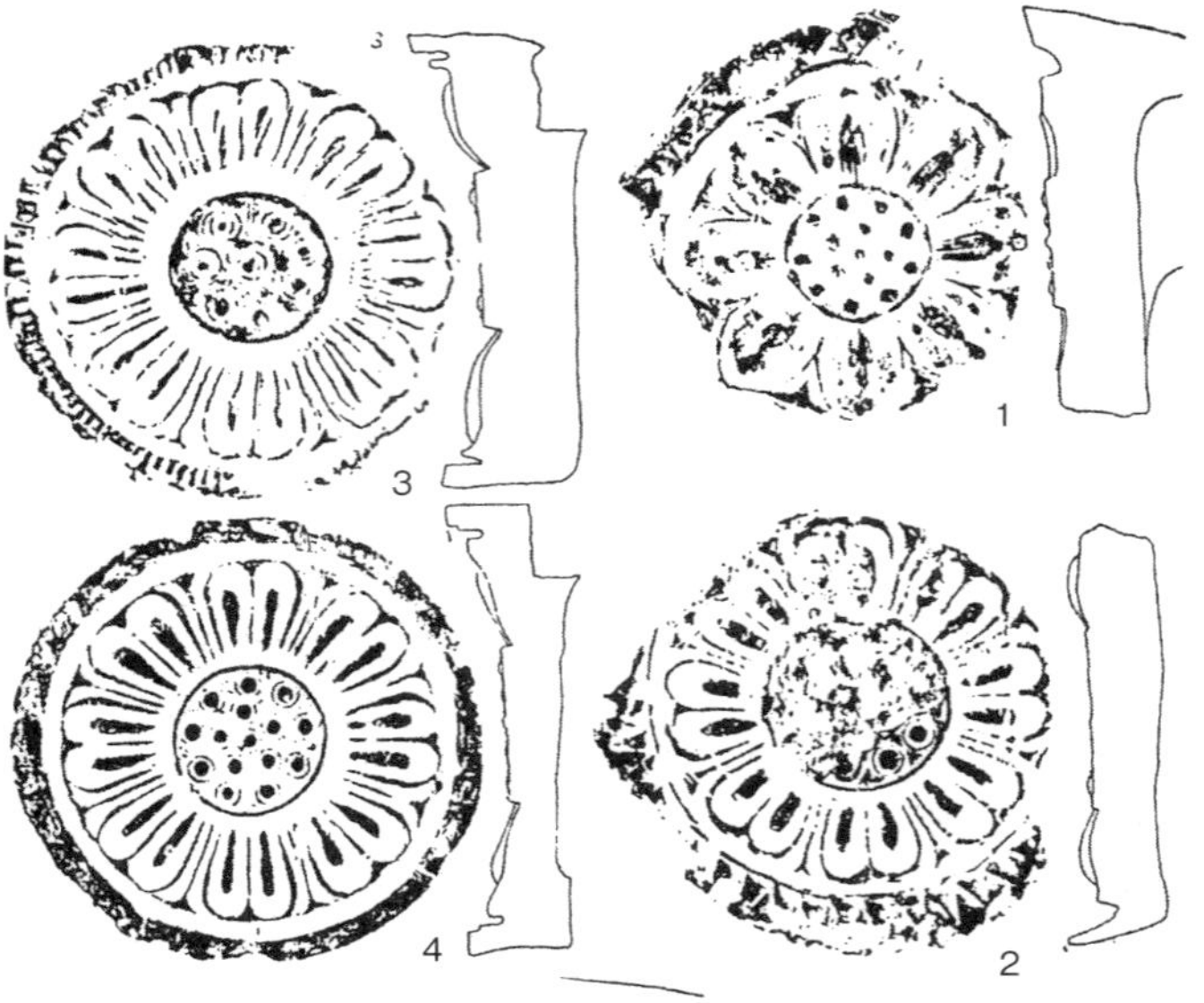

図71　下岡部廃寺出土の軒丸瓦（『近江の古代寺院』）

り、石田氏によって二つの寺院は、僧寺《そうじ》と尼寺《にじ》に推測されている。これらの氏寺は、古く『近江愛智郡志』では、大国《おおくに》郷の擬《ぎ》人主帳《じんしゅちょう》に野《の》中史《なかのふひと》の記載があり、その氏寺に推測する。また、山《やま》崎《ざき》信二《しんじ》氏は、輻線文縁軒丸瓦が出土するので、『続日本紀《しょくにほんぎ》』天《てん》平《ぴょう》宝字《ほうじ》二年（七五八）六月条に、近江の神崎郡の人、正八位下《しょうはちいのげ》の桑原史人勝《くわばらのふひとひとかつ》ら男女一一五五人が、同族の大和葛上《かつじょう》郡の桑原年足《としたり》らとともに、桑原直《くわばらのあたい》に改姓していることから渡来系氏族の氏寺と理解し、桑原史が滋賀郡の大友村主《おおとものすぐり》ともつながりがあったものと推測している（山崎一九八九）。

さらにその東には、彦根《ひこね》市のＪＲ南彦根駅の周辺に、竹ヶ鼻《たけがはな》廃寺が知られている。ここは犬上《いぬかみ》川の東岸に位置する氏寺である。昭和五八年（一九八三）に市道改修で単弁八弁蓮華文、複弁八弁蓮華文の軒丸瓦、三重弧文《さんじゅうこもん》、均整唐草文《からくさもん》軒平瓦が出土している。その後の平成六年（一九九四）、この竹ヶ鼻廃寺の周辺が大規模に発掘され、多くの掘立柱《ほったてばしら》建物群が検出され、犬上郡衙が所在したことが明らかになっている。郡衙の建物には瓦葺きしないので、竹ヶ鼻廃寺は、郡司《ぐんじ》に任じられた有力氏族が郡衙の付近に氏寺を造営したものと推測される。

以上、湖東地域に造営された氏寺をみると、この地域では日野川流域を本拠として雪野寺跡・宮井廃寺・綺田廃寺など渡来系氏族の氏寺が造営されている。とりわけ雪野山丘陵の西山麓に造営された雪野寺跡は、塔跡から多量の涅槃にかかわる塑像群が出土し、高く評価されている。この雪野寺跡では、山背《やましろ》の木津《きづ》川河畔に造営された高麗寺《こまでら》跡出土の軒丸瓦と酷似するものがあり、高麗寺の造営氏族と深いつながりがあったものと推測される。また、宮井廃寺も瓦積基壇の金堂跡が検出されている。とりわけ、ここでは雷文縁軒丸瓦を主体に葺かれている。この軒丸瓦は、藤原京《ふじわらきょう》の小山《こやま》廃寺（紀寺《きでら》跡）で初めて葺かれた瓦当文様で、近江では千僧供廃寺以外は葺かれていない。この紀寺式の瓦当文様が宮井廃寺に顕著に葺かれた要因は明らかでない。

さらに、湖東で最も注目されるのは、宇曽川流域に造営された湖東式軒丸瓦を葺いた氏寺である。軽野塔ノ塚廃寺・妙園寺廃寺・小八木廃寺、野々目廃寺などに葺かれた単弁・重弁式の軒丸瓦は、すでに詳述したように、朝鮮半島の百済の地の公州に所在する大通寺址・西穴寺址・南穴寺址の軒丸瓦を酷似する。この公州の百済人が湖東の愛智郡に集団で移住したとは想定し難いことである。そこで、『日本書紀』天智二年（六六三）八月一七日条に、白村江の戦いでの将軍の朴市秦田来津の戦いでの奮戦が記されており、これには近江愛智郡の多くの氏族も参戦したものと推測する。さらに、この戦いで惨敗した後、熊津都督府で俘虜となった者があり、その帰還後に愛智郡に氏寺を造営したものと推測される。これは、『日本書紀』天智一〇年（六七一）一一月一〇日条と天武《てんむ》元年（六七二）五月一二日条に対する直木孝次郎《なおきこうじろう》氏の論文に依拠した考えである（直木二〇〇五）。この湖東式軒丸瓦は、他に蒲生郡と坂田《さかた》郡の氏寺にも葺かれたのも知られており、著者は同様の要因によるものと考えている。

五、湖北地域の白鳳寺院

湖北の地域では、坂田郡に造営された寺院が注目される。米原《まいばら》市の東、美濃《みの》へ抜けるルートの枝折《しおり》に造営された寺院に、三大寺跡《さんだいじ》がある。発掘で仏堂の基壇が検出されている。見つかった基壇は東西二四m、南北二一mの規模のもので、塔跡とすると大きすぎるので金堂《こんどう》基壇の一部であろう。ここから出土した軒瓦《のきがわら》をみると、単弁八弁蓮華文《れんげもん》で外縁に重圏《じゅうけん》文《もん》をつけるものが三種あり、いずれも山田寺《やまだでら》式のものが葺かれている。軒平瓦《のきひらがわら》は四重弧《しじゅうこ》文《もん》のものが伴っている。

また米原市高溝《たかみぞ》に法勝寺《ほっしょうじ》廃寺が造営されている。ここの湯坪《ゆつぼ》神社の境内に礎石が遺存する。ここでも単弁八弁蓮華文の軒丸瓦を主体に葺かれている(図72)。これまで出土している単弁八弁蓮華文では、外区の文様を明瞭に残すものがないが、三大寺跡のものと同様に重圏文をつける山田寺式のものと推測される。他に複弁八弁蓮華文のものもある。軒平瓦は重弧文のものが出土している。この法勝寺廃寺の近くには、前方後円墳の人塚山《ひとづかやま》古墳や狐塚《きつねづか》古墳が築造されており、ここは息長《おきなが》氏の本拠に推測されている地域だけに、葺かれた軒瓦が注目される地域である。

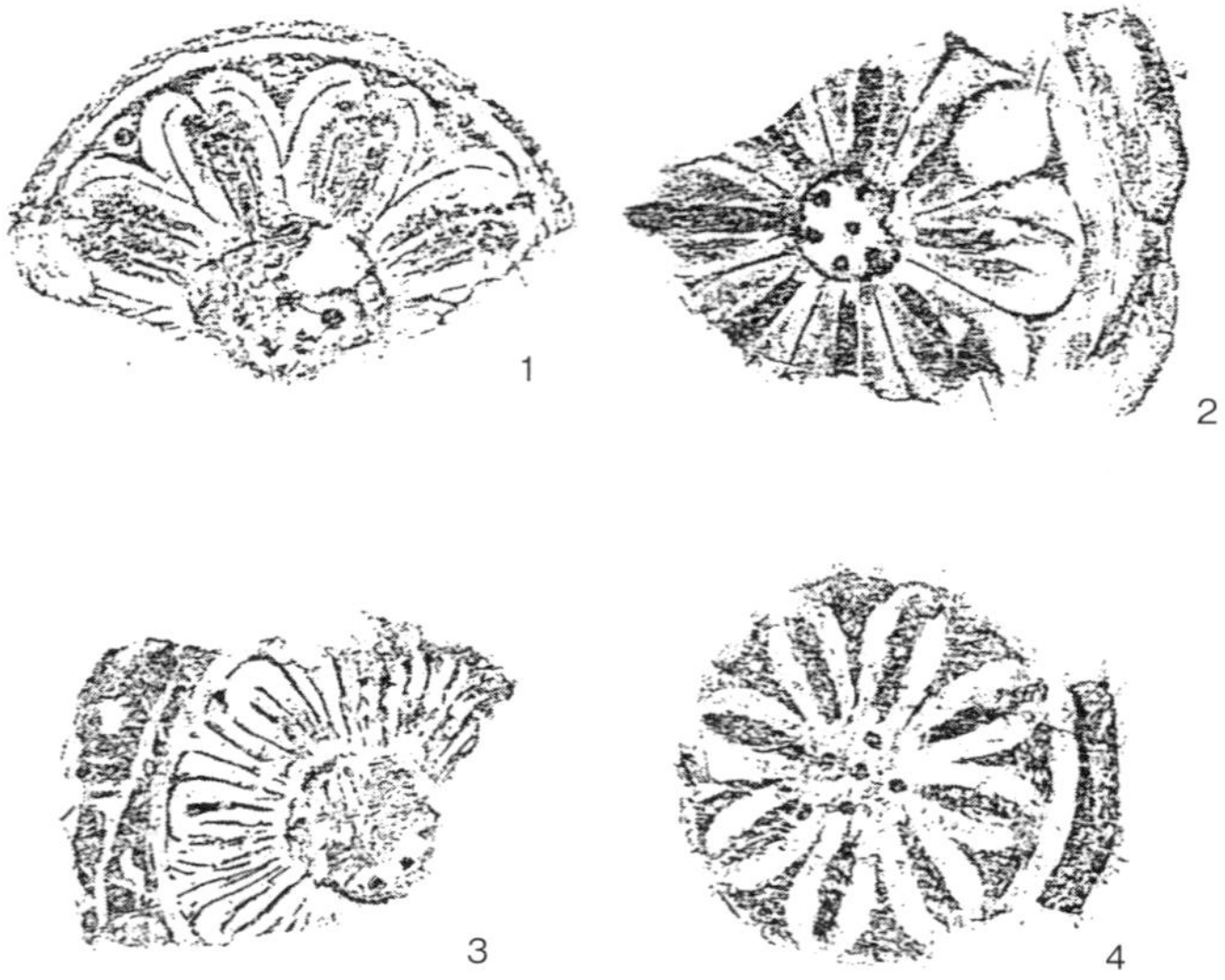

図72　法勝寺廃寺出土の軒丸瓦（『近江の古代寺院』）

その北の長浜《ながはま》市大東町《おおひがしちょう》には、大東廃寺が造営されている。寺院の遺構は検出されていないが、単弁八弁蓮華文で重圏文をつけるもの二種、四重弧文軒平瓦が出土している。これらの単弁八弁軒丸瓦は、いずれも山田寺式のもので、外縁につける重圏文に、幅の狭いものと広いものとがある。

また長浜市八島町《やしまちょう》にある八島廃寺は、古く単弁八弁蓮華文をつける鬼《おに》板《いた》が出土して知られる氏寺で、ここでも他に単弁八弁蓮華文で重圏文をつける山田寺式の軒丸瓦二種も出土している。この八島廃寺に対し、西《にし》田《だ》弘《ひろむ》氏は、『日本書紀』天武《てんむ》元年

（六七二）条に、壬申《じんしん》の乱のとき近江《おうみ》朝の右大臣の中臣連金《なかとみのむらじかね》が浅井《あざい》郡の田根《たね》で処刑されたと記すので、この寺院との関連を推測している（西田一九八九）。しかし、地方寺院では、その地を本拠としない特定の個人を弔って建てた寺院を推測するのは難しく、やはり在地を本拠にした有力氏族が造営した氏寺と思われる。ここでも、坂田郡に顕著にみる山田寺式の軒瓦を葺いている点が重視される。

　さらに長浜市高月町井口《たかつきちょういのくち》に井口廃寺が造営されている。この廃寺は道路建設などにともなって発掘され、伽藍《がらん》に関連する遺構は見つかっていないが、多くの軒瓦が出土している。これには軒丸瓦として複弁八弁四種、複弁六弁一種、単弁八弁二種と多くの軒瓦が出土している。これらのうち、いずれの軒丸瓦が創建の際に葺かれたものか明らかにし難い。これらのうち単弁八弁蓮華文のものは、平坦な中房の中心につける蓮子に十字の界線をつけ、その周囲に小さな蓮子を環状につける湖東式軒丸瓦である。この湖東式軒丸瓦は、湖東の節で詳述したように、天智《てんじ》二年（六六三）に朝鮮半島でおこった白村江《はくそんこう》の戦いに、百済《くだら》再興のために参戦した兵士らとのかかわりをもつ可能性がきわめて高いものである。そのように考えると、百済の再興の際には、愛智《えち》郡、蒲生《がもう》郡のみでなく、湖北の地からも、この白村江の戦いに派遣された兵士が参戦した可能性が高いものと推測される。

　これらのほかに、湖北の氏寺には、長浜市に榎木百坊《えのきひゃくぼう》廃寺、新庄馬場《しんじょうばんば》廃寺が知られており、塔心礎《しんそ》が遺存している。そして、新庄馬場廃寺では山田寺式の単弁蓮華文の軒丸瓦も出土している。

以上が湖北の地域に、白鳳《はくほう》期に造営された主要な氏寺である。これらの氏寺では、これまでのところ伽藍を構成する堂塔の一部が検出されているが、伽藍配置まで知りうる例がない。しかし、この地域に葺かれた軒瓦は、坂田郡の三大寺跡・法勝寺廃寺・大東廃寺・新庄馬場廃寺では、いずれも単弁蓮華文で外区に重圏文をめぐらす山田寺式軒丸瓦が葺かれていることは注目される。

この山田寺式軒丸瓦は、これまで飛鳥《あすか》の山田寺で創出され、堂塔に葺かれ、その後に畿内のみでなく、各地の氏寺に広く採用された軒丸瓦と理解されてきたものである。しかし、単弁蓮華文の瓦当文様の創出は、皇極《こうぎょく》朝と考えられていたが、それに先立つ舒明《じょめい》天皇が造営した百済大寺《くだらおおでら》に初めて葺かれたことが吉備池《きびいけ》廃寺の発掘で明らかになっている。そして、それに続き、山田寺にも葺かれたことによってこの瓦当《がとう》文様の様式が確立し、さらに広く東西の地方寺院に採用されたことが明かになっている。このように、単弁蓮華文軒丸瓦を最初に葺いた飛鳥の百済大寺（吉備池廃寺）は、舒明によって造営され、しかも天皇が造営した初めての国家的な寺院であった。

このように、初めて国家的な寺院造営に着手した舒明は、敏達《びたつ》天皇の皇子の押坂彦《おしさかのひこ》人大兄皇子《ひとのおおえのみこ》の子である。彼の和風諡号《しごう》は息長《おきなが》足《たらし》日《ひ》広額《ひろぬか》天皇と呼ばれており、「息長氏が養育したてまつった額の広い聡明な天皇」の意味とされている。そのように理解しうるとすると、舒明の葬儀の「日嗣《ひつぎ》」（王権継承の次第）で誄《しのび》をした息長山田公《おきながのやまだのきみ》は、舒明の養育にかかわった領地である湯沐令《ゆのうながし》にかかわる氏族であった可能性が高いものである。そして、舒明が父から譲り受けた領有民である押坂部《おさかべ》も、息長氏によって管理・経営されていたことも推測されている。

　このように、近江の坂田郡の南部を本拠とする息長氏は、舒明と深いかかわりをもった氏族であった。また、押坂彦人大兄皇子は、敏達の第一皇子で、母は息長真手王《おきながのまておう》の女《むすめ》の広姫《ひろひめ》であった。さらに舒明の皇后も、押坂彦人大兄皇子の子の茅渟王《ちぬおう》の女であり、舒明が没した後に皇位を継いだ皇極天皇であった。

　このように、舒明、皇極ともに、近江の坂田郡の息長氏と深いつながりをもっていたことからすると、百済大寺に葺かれた単弁蓮華文の系譜をひく山田寺式軒丸瓦は、息長氏にとって意義深いつながりをもつ瓦当文様というべきものであった。そのような歴史的な性格を引く瓦当文様として、この山田寺式の瓦当文様は、坂田郡の氏寺に葺かれ、さらに隣接する浅井郡の八島廃寺でも導入されたものであろう。

　他に注目されるものに、伊香《いか》郡の井口廃寺から出土した単弁八弁蓮華文に湖東式軒丸瓦が含まれている。この軒丸瓦は、湖東の節で詳述したように、愛智郡の氏寺に顕著に葺かれたものである。この瓦当文様は、百済の公州《こうしゅう》の寺院の瓦当文様の構成原理を共通にしており、時期的にみて、百済が滅亡した直後に、百済再興のために、朝鮮半島で唐・新羅《しらぎ》軍と戦った白村江の戦いに派遣された氏族とかかわる可能性のきわめて高いものである。その湖東式軒丸瓦が伊香郡の氏寺でも葺かれたのは、伊香郡でもこの戦いに参戦した氏族がおり、著者は、それを契機に造営された氏寺に、この瓦当文様が葺かれたものと考えている。

第三章　奈良時代の寺院の造営

甲賀寺跡と瀬田廃寺

奈良時代に近江《おうみ》で造営された古代寺院に、甲賀《こうか》市の甲賀寺《こうかでら》跡がある。甲賀寺跡は、『続《しょく》日本紀《にほんぎ》』天平《てんぴょう》一四年（七四二）八月条に、恭仁京《くにきょう》へ遷都して間もなく、近江の甲賀郡へ紫《し》香楽宮《がらきのみや》を造営したことに始まる。『続日本紀』天平一五年（七四三）一〇月一五日条は、聖《しょう》武《む》天皇が行幸先の紫香楽宮で、盧遮那仏《るしゃなぶつ》の造立をおこなう詔《みことのり》をだしている。この盧舎那仏は、金銅製のものを造るということを述べている。そして、その四日後、『続日本紀』天平一五年一〇月一九日条は、それまで政府に批判されていた行基《ぎょうき》がその集団を率いて盧舎那仏の造立に参集したことを述べている。その後、『続日本紀』天平一六年（七四四）一一月一三日条は、甲賀寺の地で、はじめて造立する盧舎那仏の体骨柱《たいこっちゅう》が完成し、聖武によって、その除幕する式が挙行されている。

そして、『続日本紀』天平一七年(七四五)正月朔日《さくじつ》条は、都がそれまであった難波宮《なにわのみや》・京《きょう》から甲賀宮《こうかのみや》に大楯《おおたて》と槍《ほこ》を立て、遷都したことを述べる。さらに、その正月二一日条によると、行基を大僧正に任命している。しかし、四月二七日には、美濃《みの》を震源地とする大地震がおき、五月一一日、聖武は平城宮《へいじょうきゅう》・京《きょう》へ還都している。

このように、聖武による甲賀寺での盧舎那仏の造立は、完成することなく終わっている。その後、聖武は、再び平城京の外京《げきょう》の東、現在の東大寺《とうだいじ》の地で八月二三日、盧遮那仏の造立を再開している。そして、天平勝宝《てんぴょうしょうほう》四年(七五二)四月九日、開眼会を挙行している。

ところで、近江の甲賀郡の信楽《しがらき》の地で、金銅の盧遮那仏の造立を開始したが、その造立した地は未だ明らかになっていない。しかも、『続日本紀』天平一六年(七四四)一一月一三日条は、その造立した地を甲賀寺と呼んでいる。

この甲賀寺跡は、大正一二年(一九二三)、甲賀市信楽町黄瀬《きのせ》にある内裏野《だいりの》の丘陵地に、じつに多くの建物群の礎石が検出され、その現地を訪れ、黒板勝美《くろいたかつみ》氏が視察した後、「史蹟紫香楽宮址」として国史跡に指定されている。しかし、そのころ大津京の研究にかかわっていた肥後和男《ひごかずお》氏は、指定された紫香楽宮跡に対し、昭和五年(一九三〇)、短期間ながら発掘調査を実施し、指定された紫香楽宮跡の東の隣接地から塔跡の遺構を検出した。

その結果、先に指定された紫香楽宮跡の遺構は、南に中門、その北に金堂《こんどう》跡、講堂跡、その北に僧房などを配し、また新たに見つかった塔院を配した伽藍《がらん》であることが判明した。しかし、この寺院跡の遺構は、肥後氏によって紫香楽宮を寺院に改修したものと理解され、史跡指定は解除することなく、「史蹟紫香楽宮址」として存続することになった。

この寺院跡の性格が明らかになった建物群は、南北一㎞ほどの長い内裏野台地の南端部に建てられている。ここに配された建物遺構は、丘陵の南端部に桁行《けたゆき》三間《けん》・梁行《はりゆき》二間の中門、その北に桁行七間・梁行四間の金堂跡、その北に桁行七間・梁行四間の講堂跡を配している。また、これらの金堂跡と講堂跡の中間の地に、東に鐘楼《しょうろう》跡、西に経楼《きょうろう》跡を配し、中門からめぐる回廊を設けている。さらに、講堂跡の北にはコ字型をなす僧房跡、その北東に食堂《じきどう》の性格が推測されている建物が検出されている。

一方、新たに肥後氏によって検出された塔跡は、じつに大きな礎石を桁行三間、梁行三間に配し、その中央に大型の心礎《しんそ》を据えたものである。そして、その南門から塔跡を囲む塀をめぐらしており、塔院をなしていた。

このような金堂・講堂と僧房を配置し、東に塔院を設ける伽藍の配置は、東大寺の大仏殿院とその後方に講堂を配し、大仏殿の東南と西南に七重塔による塔院を配したものと、少なからず類似するものであった。以下、この伽藍の性格を少し検討するため、この寺院跡を逸名《いつめい》寺院と呼ぶことにする。

以上述べた内裏野台地に遺存する逸名寺院の伽藍は、すくなくとも、つぎの三つの点を検討する必要があるであろう。

その一つは、この逸名寺院が造営された時期の問題である。この寺院は、聖武が紫香楽宮、さらに甲賀宮を造営した段階では、盧遮那仏を造立する過程にあり、このような寺院の造営を進展させる余裕はなかったものと推測される。そこで『続日本紀』には盧遮那仏の造立との関連で「甲賀寺」が記されているが、その本尊の盧遮那仏の造立は、天平一七年(七四五)四月二七日に起こった地震をもって中断したことからすると、この逸名寺院は甲賀寺とはかかわらないものであったと推測される。

二つに、内裏野台地に建てられた逸名寺院は、西側に金堂院と講堂跡、その北に三面僧房を配している。また東には大型の礎石からなる塔院が設けられている。このような伽藍は、東大寺の伽藍との類似性がすでに留意されているように、ほぼ共通する伽藍様式によるものである。しかも、葺かれた軒丸瓦《のきまるがわら》は、恭仁宮《くにのみや》跡に造営された山背国分寺《やましろこくぶんじ》跡と強いつながりをもち、しかも逸名寺院のものが先行し、山背国分寺に提供されたことも明らかにされている。この点からすると、聖武が甲賀宮から平城宮・京へ還都した後、そのころ各地で造営を進めていた国分寺として、新たに造営された可能性が最も高いものと推測される。

ところで、『続日本紀』天平一三年（七四一）三月二四日条に、聖武は諸国に七重塔をともなう国分寺と国分尼寺《こくぶんにじ》の造立を命じている。この国分寺の造営は、近江《おうみ》では、これまで近江国衙《こくが》を設けた瀬田《せた》の地域一帯では確認しうる寺院跡を欠いており、これまで研究の進展をみないものとなっている。しかし、『日本紀略《にほんきりゃく》』弘仁《こうにん》一一年（八二〇）一一月条に、延《えん》暦《りゃく》四年（七八五）に、近江国分寺は焼失したので、定額寺《じょうがくじ》の国昌寺《こくしょうじ》を近江国分寺にしたと記しているので、その所在地は不明ながら近江国も国分寺を造営しており、しかも焼失したことがわかる。そこで、この焼失した近江国分寺の所在地が問題になる。これについては、かつて肥後氏は、『正倉院文書《しょうそういんもんじょ》』の天平勝宝三年（七五一）付の「奴婢見来帳《ぬひげんらいちょう》」に「甲賀宮国分寺」と記すので、恭仁宮の大極殿を廃都した後に山背国分寺に施入したのと同様に、紫香楽宮跡に国分寺が営まれたものと考えている（肥後一九三一）。しかし、この肥後氏の考えは、聖武が盧舎那仏の造立のために離宮として造営した紫香楽宮と天平一七年（七四五）正月朔日《ついたち》に遷都した甲賀宮を同一視して考えている。

ところが、近年に甲賀市信楽町宮町《みやまち》に所在する宮町遺跡で発掘されている宮殿の建物群は、検出されている朝堂跡、大安殿跡などからみて、紫香楽宮ではなく甲賀宮であることは疑いないものである。しかも、離宮として造営した紫香楽宮と国家的な政務を担った甲賀宮を同一視するのは難しいものと考える。そして、「奴卑見来帳」に記す甲賀宮跡を国分寺に改修したとするのは、宮町遺跡の発掘からすると、そのようにはみなせないことになる。ただし、現状では、離宮として造営した紫香楽宮は見つかっていないので、離宮として造営された紫香楽宮の地に、近江国分寺を新たに造営したことは、なお検討の余地は残されていることになる。

さて、内裏野台地に造営された逸名寺院は、紫香楽宮、あるいは甲賀宮と関連することなく、近江国分寺として造営されたた可能性が少なくないものと推測される。これは、一つは逸名寺院に構築された堂塔による伽藍がじつに優れており、この地域を本拠とする有力氏族の氏寺とは理解し難いこと、二つに塔院に建てられた塔に大型の礎石と心礎を配しており、七重塔を構築していた可能性がきわめて高いものと推測される。さらに、この逸名寺院に葺かれた軒丸瓦が山背国分寺でも出土しており、二つの寺院が国分寺のつながりをもっていた可能性が少なくないように推測される。

以上述べたように、甲賀市信楽町黄瀬に所在する逸名寺院は、『続日本紀』に記された盧舎那仏の造立にかかわる甲賀寺とはみなせないものである。そして、『正倉院文書』の「奴卑見来帳」に記された「甲賀宮国分寺」の理解は難しいが、甲賀宮の付近に近江国分寺が所在したことは疑いないであろう。さらに、この逸名寺院に葺かれた軒瓦は、『日本紀略』に記す焼失したとする延喜《えんぎ》四年（七八五）以降の平安時代の軒瓦が出土していないこととよく一致していることも重視する必要がある。加えて、消極的なことながら、これまで近江国庁が設けられた瀬田の地域一帯では、この逸名寺院の如き優れた近江国分寺がまったく見つかっていないことからみても、この逸名寺院は、近江国分寺として建てられた寺院であったと理解しうる可能性が高いと考えられる。ただし、逸名寺院が近江国分寺とした場合、近江国庁に関連する流雲文《りゅううんもん》の軒瓦が出土していない点に、なお検討の余地を残しているように思われる。

つぎに、大津《おおつ》市瀬田に造営された奈良時代の寺院に瀬田廃寺がある。この瀬田廃寺は瀬田の西南部、野郷原《のごうはら》集落の入口付近に所在する古代寺院である。昭和三四年（一九五九）、名神高速道路の敷設にともなって発掘されている。この発掘によると、瀬田廃寺は南に小規模な塔跡、その北で金堂跡、また金堂の西側から南北の僧房跡の遺構が検出されている。

これらの検出された遺構のうち、塔跡は一辺一九・六m、高さ一・六mほどの基壇がよく遺存していた。この塔の基壇は、地山《じやま》を整地した後、赤褐色《せきかっしょく》の粘土と灰色粘土を交互に重ねて積んで版築《はんちく》しており、中央と四隅にのみ計五個の花崗岩《かこうがん》の礎石を基壇の築成中に据えていた。これらの礎石のうち心礎に径六cm、隅の礎石に一六cmの孔《あな》を穿《うが》っている。そして、この小規模な基壇の端に、半截《はんせつ》した平瓦《ひらがわら》を平積みした瓦積《かわらづみ》基壇の外装を施していた。

また、金堂跡は削平が著しい状態であったが、瓦積みした基壇の下部が残っていた。この基壇は、東西三〇・一六m、南一八・七mで、基壇端に縦に半截した平瓦の側面を前に二枚重ね、その上に半分の丸瓦を重ねたものを八〇㎝間隔に積み、その間に四半截《しはんせつ》した平瓦を縦に並べる積み方で一ないし二段積み、その上に半截した平瓦一一枚以上を平積みしたもので、一m以上の高さの基壇をなしていたと推測されている。

そして、この金堂のすぐ西に設けられた僧房跡は、東西二三m、南北四三m以上の建物で、東端部で瓦積基壇の一部が検出されている。さらに、この僧房跡の東面を揃えて幅五mの西面回廊、その西一〇mを隔てて築地《ついじ》が設けられ、それが東側に対称に配されていたものと推測されている。

出土した瓦類には軒丸瓦五型式、軒平瓦四型式がある。軒丸瓦は複弁八弁蓮華文《れんげもん》が二種、複弁八弁蓮華文で外区内縁に流雲文を配するもの、複弁六弁で外区内縁に流雲文を配するもの、単弁十二弁蓮華文で外区内縁に珠文《しゅもん》、外区外縁に線鋸歯文《せんきょしもん》をめぐらすものがある。また、軒平瓦には均整唐草文《からくさもん》のもの三種と流雲文をつけるものとがある。これらの軒丸瓦、軒平瓦は近江国庁跡から出土するものと共通している。他に緑釉《りょくゆう》陶器、土師器《はじき》、須恵器《すえき》などが出土している。

このような発掘結果からみると、瀬田廃寺は、この寺院に葺かれた軒丸瓦・軒平瓦は近江国庁跡のものと共通し、いずれも奈良時代の中ごろに造営された寺院である。そして、奈良時代の中ごろに、近江国庁の南一㎞に造営された寺院とすると、天平一三年（七四一）に、聖武天皇が各地に造営を命じた国分寺・国分尼寺の造営がある。これらの国分寺・国分尼寺の造営に対しては、近江国の国分寺は、前述したように、聖武が天平一四年（七四二）に甲賀郡に紫香楽宮を造営し、さらに天平一七年（七四五）正月に、甲賀宮に遷都して政務を担ったこともあり、信楽の内裏野台地に造営されている逸名寺院が国分寺として建立された可能性が高いものと推測される。そして、その地とは異なるとはいえ、近江国庁に近い地に造営された瀬田廃寺は、近江国分尼寺として建てられた寺院であったと推測される。

それは、ごく小規模な伽藍をなし、特異な小塔跡を配していること、また奈良時代の中ごろの造営時期、さらに葺かれた流雲文の軒丸瓦・軒平瓦が近江国衙と共通していることがあげられる。加えて、この寺院の堂塔の造営では、近江国庁跡でも検出されている瓦積基壇の外装を採用しており、近江国衙を造営する工人らによって、この寺院は建てられたものと推測して間違いないものと思われる。

近江国分尼寺は、『小右記《しょうゆうき》』寛仁《かんにん》元年（一〇一七）に、近江国分尼寺が野火によって焼け、しかも国分寺も類焼したと記されている。その頃の国分寺は、甲賀寺の記載で前述したように、瀬田川の西岸の石山国分《いしやまこくぶ》に所在する国昌寺《こくしょうじ》が担っていたので、それ以前に、この瀬田廃寺も焼失するなどによって、瀬田川西岸の国昌寺の近くに移転していたものと推測されるのである。

以上、奈良時代の寺院として、甲賀寺跡と瀬田廃寺を述べたが、これらの寺院は近江国分寺、国分尼寺として造営された可能性はきわめて高いものである。そして、甲賀市信楽町黄瀬の逸名寺院が近江国分寺であったとすると、近江国は、じつに優れた伽藍を配した国分寺を造営したことになる。併せて瀬田廃寺の近江国分尼寺もまた、優れた伽藍を配したものであったということになるであろう。

参考・引用文献

石田茂作「白鳳時代寺址三題」『考古学雑誌』第二七巻第一〇号　一九三七年
大橋信弥「錦部寺とその造営氏族—南滋賀廃寺—」『古代豪族と渡来人』吉川弘文館　二〇〇四年
小笠原好彦「近江の湖東式軒丸瓦の成立と系譜」『近江の考古と歴史』（西田弘先生米寿記念論集）二〇〇一年
軽部慈恩「公州出土の百済系古瓦に就いて」『考古学雑誌』第二三巻第九号　一九三三年
直木孝次郎「百済滅亡後の国際関係—とくに郭務悰の来日をめぐって」『日本古代の氏族と国家』吉川弘文館　二〇〇五年
西田弘「八島廃寺」『近江の古代寺院』一九八九年
林博通「園城寺」『近江の古代寺院』一九八九年
福山敏男「藤原寺と竹渓山寺」『奈良朝寺院の研究』綜芸舎　一九四八年
水野正好「滋賀郡所在の漢人系帰化氏族とその墓制」『滋賀県文化財調査報告』第四冊　一九六九年
山崎信二「後期古墳と飛鳥白鳳寺院」『文化財論叢』一九八三年
山本忠尚「下出し獣面考」『研究論集』Ｖ　奈良国立文化財研究所　一九七九年

第三部
近江の古代寺院の探究

第一章　穴太廃寺の性格と造営氏族

はじめに

琵琶《びわ》湖の西岸にある大津《おおつ》市の南志賀《みなみしが》から坂本《さかもと》に至る一帯は、近江大津宮《おうみおおつのみや》をはじめ南滋賀《みなみしが》廃寺、崇福寺《すうふくじ》などの白鳳《はくほう》期の古代寺院が造営されたところとして早くから注目されてきた地域である。この地域の山麓に築造された古墳群は、一九六〇年代末に水野正好《みずのまさよし》氏によって、後期古墳の横穴式石室に矩形《くけい》の平面と穹窿《きゅうりゅう》状の断面をなす玄室《げんしつ》を有し、ミニチュアの土製炊飯具が副葬されていることから、漢人《あやひと》系の渡来系氏族によって築造された群集墳であることが明らかにされている。(註1)

このように六、七世紀の遺跡が集中する大津市北郊にあたる大津市穴太《あのう》で、昭和五六年（一九八一）から西大津バイパスの建設にともなって発掘調査が行われ、縄文時代後期の集落、六、七世紀の古代集落、さらに飛鳥《あすか》、白鳳時代に造営された廃寺の伽藍《がらん》が検出された。

　これらのうち、穴太廃寺で見つかった伽藍は、新旧のものが重なり合い、そうした例がほとんど知られないだけに多くの研究者の注目するところとなった。検出された二つの伽藍のうち、創建期のものは、近江では数少ない飛鳥期に遡る伽藍として、また伽藍の主軸が東に大きく偏していた点でも例の少ないものとして高い関心を呼ぶことになった。

　この穴太廃寺の調査では、新旧二つの伽藍を構成する堂塔の配置の究明はもとより、創建期の伽藍と再建された伽藍との関連、あるいは再建されるにいたった要因、二つの伽藍に葺かれた軒瓦《のきがわら》の性格、さらに不明な点が多い大津宮の北方に位置し、再建伽藍が大津宮と同時期に造営されたとみなされることから、両者がどのような関連をもったかが問題となった。加えて、近年、古代寺院の造営氏族が営んだ集落との関連も解明すべき課題になっており、この点で穴太廃寺の東方で見つかった穴太遺跡で検出された遺構との関連でも、造営氏族を知るうえで検討すべき素材を多く提供することになったのである。

一、調査成果と問題の所在

穴太《あのう》廃寺は、昭和四八年（一九七三）に穴太の小字「下大門《しもだいもん》」で保育園の建設に関連して発掘調査が実施され、多量の軒丸瓦《のきまるがわら》、軒平瓦《のきひらがわら》、方形瓦・丸瓦・平瓦などが出土したことから、ここに古代寺院が所在することが知られるようになった遺跡である。

この調査では、伽藍に関連する堂塔の遺構は見つかっていないが、瓦類が集中して出土し、しかも柱穴《ちゅうけつ》状のものが数箇所で検出されたことから、その規模は明らかになっていないが、瓦葺きした門が存在した可能性が少なくないものと想定されている(註2)。

その後、その北側一帯に西大津バイパスの建設が計画され、昭和五六年（一九八一）から道路予定地が大規模に調査されることになった。この調査は、穴太遺跡の東側にあたるＪＲ湖西《こせい》線付近からしだいに西に進められ、京阪電車の線路付近まで調査されることになった。このうち東半部では、縄文時代後期の集落、その西側で六世紀から七世紀の集落に関連する建物群が多く検出された。さらに昭和五九年（一九八四）には、昭和四八年（一九七三）に調査された調査地の北側の道路予定地から、古代寺院の伽藍《がらん》が検出された。しかも見つかった伽藍は、金堂《こんどう》、塔、回廊などからなる創建伽藍と、金堂、塔、講堂、東礎石建物、北礎石建物などからなる再建伽藍が重複して検出されている（図73）。

新旧二つの伽藍のうち、先行する創建伽藍の金堂、塔の中軸線は、真北より三五度一〇分東へ大きく偏して構築されていた。また、金堂は東西一二・三ｍ、南北一四・三ｍの規模をなし、南北棟建物をなす金堂と塔が東西に対して配されていた。そして、創建伽藍で

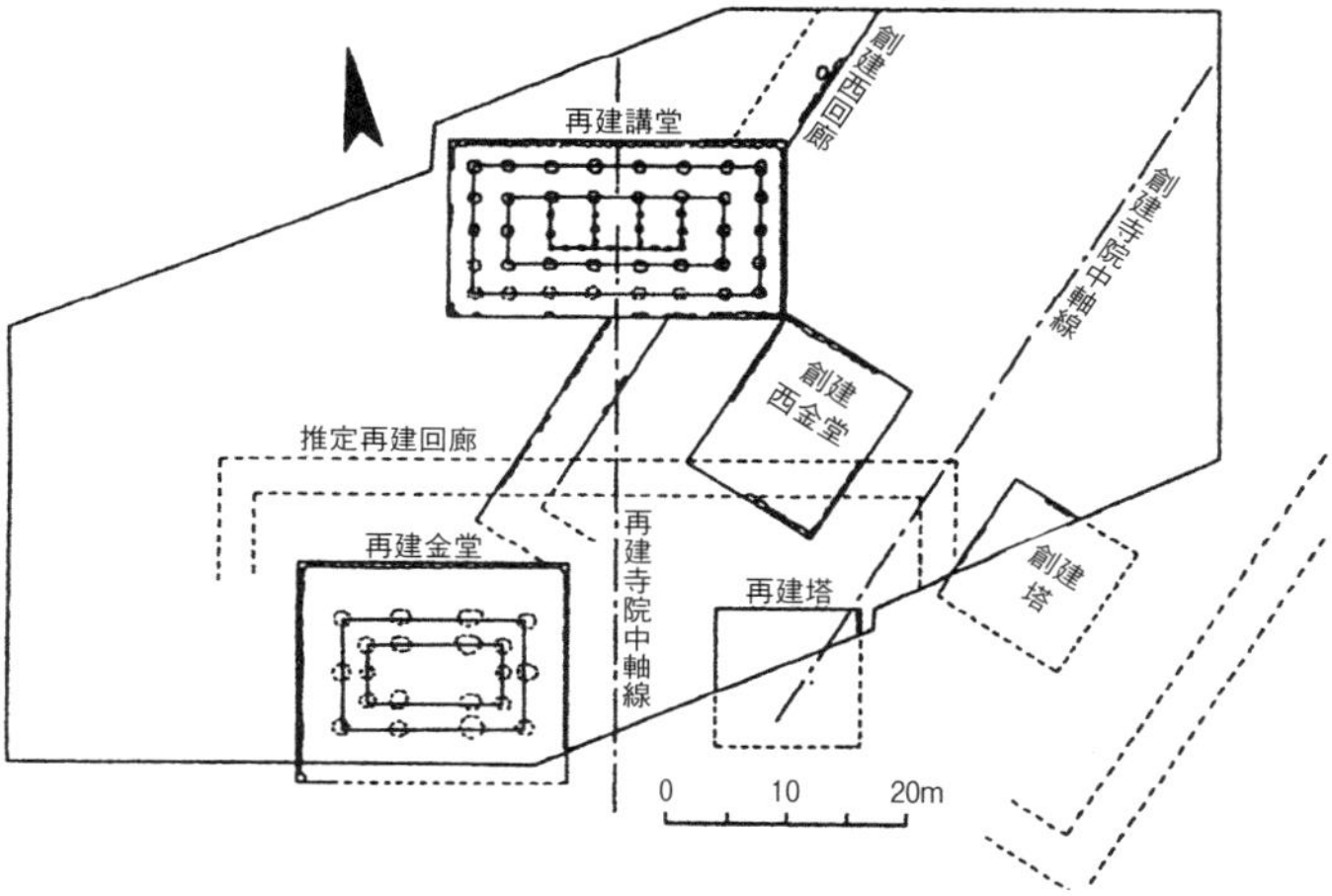

図73　穴太廃寺の二つの伽藍（『穴太遺跡発掘調査報告』Ⅳ）

は、金堂の西側で回廊が検出され、この回廊の位置、規模から、創建伽藍を南面するものとみなすほかに、東面して堂塔が配された伽藍と理解する見解もだされ、創建伽藍の復原が大きな課題となった。

さらに、創建伽藍の金堂、塔は、いずれも焼失した痕跡がみられないにもかかわらず、東に大きく偏したものから、真南北方向に主軸をもつ伽藍に移して再建されていた。そして、この東偏する伽藍は、ほぼ同様の地割が穴太地域から滋賀《しが》郡北部にかけてみられることから、寺院の造営時に既存の地割に即して伽藍が造営され、一方の再建伽藍は近江大津宮《おうみおおつのみや》関連の建物の主軸と差異がないことから、大津宮にともなう地割が及んだことに要因を求める見解がだされ

ている。(註3)

また、伽藍の堂塔に葺かれた軒瓦類は、素弁《そべん》系、単弁系、複弁系軒丸瓦の三系統のものが出土しており、これらの軒瓦類が二つの伽藍の堂塔にどのように葺かれたかを明らかにすることが課題となった。特に、高句麗《こうくり》系の素弁蓮華文《れんげもん》軒瓦は伽藍の堂塔付近では出土せずに、再建された金堂跡の北側の土石流内から出土したことから、どのように理解するかが、重要な課題になった。

これに関しては、『調査報告書』では、土石流内から出土したことを重視し、この高句麗系軒丸瓦は創建、再建伽藍のいずれともかかわらないものとし、別の前期穴太廃寺の伽藍が付近に存在したことを想定する見解を述べており、(註4)穴太廃寺の性格と変遷を考えるに際し、根幹にかかわる重要な課題が内在している。

以上記した伽藍に関連することのほかに、穴太廃寺の東側にあたるＧＢ－ＦＢ地区では、六世紀後半から七世紀前半の掘立柱《ほったてばしら》建物、土壁造り建物、礎石建物などが検出されており、穴太廃寺の造営氏族の性格を考えるうえで重視すべき点が少なくない。このうち集落の建物小群を構成する掘立柱建物は、桁行《けたゆき》三～四間《けん》、梁行《はりゆき》二間ほどのものから構成され、いずれも竪穴《たてあな》住居をふくまない。これらは周辺の山麓に築造された群集墳が渡来系氏族によって造営されたものとされていることからみて、その集落として、また七世紀前半に氏寺の造営を行った渡来系氏族の集落としても重視されるものである。

また、方形に溝をめぐらした土壁造り建物は、近年に韓国公州《こうしゅう》の艇止山《ていしさん》遺跡で同様のものが検出されている。

艇止山遺跡は、公州の錦江《きんこう》を望む東西一一〇m、南北六〇mほどの山頂平坦部にある遺跡で、瓦葺き建物一棟、土壁造り建物七棟、竪穴住居三五棟が検出されている。これらのうち、瓦葺き建物はほぼ中央部で検出されており、南北八m、東西六・四mのもので、内部に東西南北とも一間の空間が構成されている。また、その東側で見つかった土壁造り建物は、南北八・二m、東西七m大のもので、他の六棟はそれより少し小規模なものである。これらの建物には、めぐらした溝内に小柱穴のみが検出されているものと、溝の外側や内側に大きな柱穴が検出されているものとがある。前者は大壁造り、後者は真壁《しんかべ》造りの構造のものが想定されるので、この遺跡では土壁造り建物に二者のものが検出されていることになる。

さらに、穴太遺跡の集落では、七世紀前半の建物に二棟ながら礎石建物が検出された。これらの建物は、六世紀後半から七世紀前半の集落で検出された例が乏しいので、後述するように検討すべき課題ということになる。

以下、ここでは穴太廃寺の前身建物を考えるうえで、礎石建物の性格に関連する問題、二つに堂塔に葺かれた軒瓦と穴太廃寺の造営氏族の性格を少し検討してみることにしたい。

二、穴太遺跡の礎石建物

穴太《あのう》遺跡の調査区のうち、四ツ谷《よつや》川に近い東北端部にあたる地区(GB-FB区)の第一遺構面では、土壁造り建物四棟、掘立柱《ほったてばしら》建物一六棟、竪穴《たてあな》住居六棟が検出された。その下の第二遺構面では、土壁造り建物四棟、礎石建ち建物二棟、掘立柱建物一一棟が検出されている。これらのうち第一遺構面は七世紀前半から七世紀後半の近江大津宮《おうみおおつのみや》の造営前後まで、第二遺構面は六世紀末から七世紀前半に想定されることが、出土した土師器《はじき》、須恵《すえ》器《き》から推測されている。(註5)

これらのうち、第二遺構面で見つかった礎石建ち建物は、調査例がないだけでなく、穴太廃寺との関連で注目すべき点が少なくない。二棟の礎石建ち建物のうち、建物1は、GB区の中央付近で見つかったもので、〇・五mほどの低い方形土壇上に東側四個、西側五個、北側三個、南側四個の花崗岩《かこうがん》の偏平な礎石が据えられていた。その上面には、焼失による柱痕跡をとどめたものがあり、西北隅の礎石上には半截《はんせつ》した丸太材が東西方向に載った状態で見つかった。

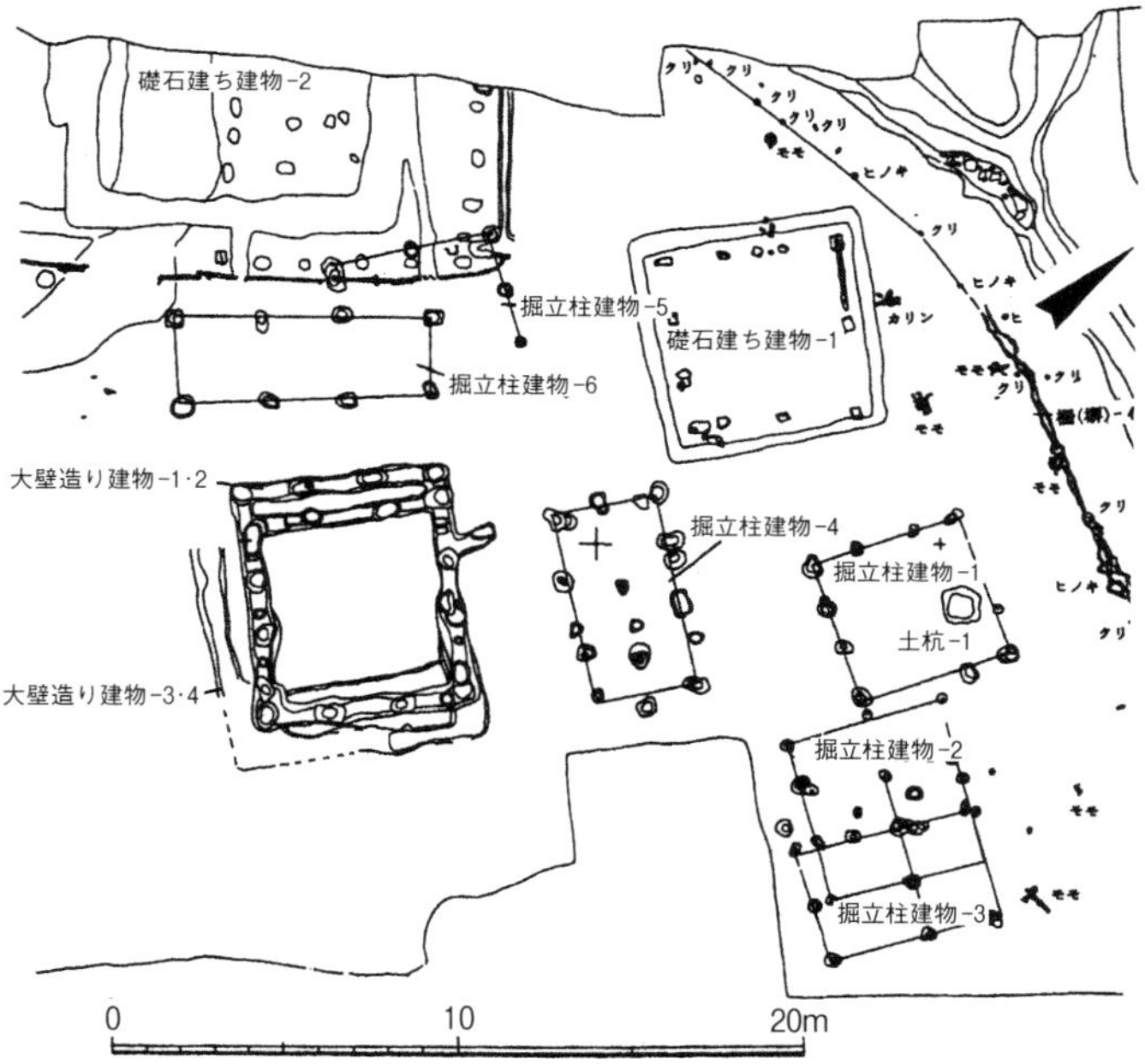

図74　穴太廃寺の礎石建ち建物（『穴太遺跡発掘調査報告』Ⅳ）

　また、礎石建ち建物2は、建物1の西南四mの位置で検出され、ほぼ東側半分の検出にとどまった。この建物も約〇・二五mの低い土壇上に築かれており、一ヶ所で花崗岩の〇・三m大の礎石が遺存し、ほかは礎石の据えつけ痕跡が検出されている。土壇は礎石を据え床《ゆか》面に暗灰色《あんかいしょく》粘質土を貼《は》り床していた。この貼り床から桁行《けたゆき》一五m、梁行《はりゆき》六・七m以上の規模をもつものと推測されている。また土壇の東端では横材を据え、杭で止められていた(図74)。

このような礎石建ち建物1で見つかった礎石と土居桁《どいげた》から、この建物は方形の低い土壇をもち、北側二間《けん》、南側三間、東側二間、西側三間の平面が方形の土壁造りの建物とされている。建物2も同様に低い土壇をもち、礎石を狭い間隔で配していたことから、建物1と同様の土壁造り建物とみなされている。そして、二棟は六世紀後半に併存していたものと推測されている。

以上のうち、二つの礎石建ち建物が同時期に構築されていたとみなす見解は、なお検討すべき点が残るように思われる。その理由の一つは、礎石建ち建物1と2は、わずか四m隔てるだけで近接しすぎること、そして近接しながら建物の主軸方位が大きく異なる。主軸が大きく異なるのは、同一面で検出したとしても、いずれかが先行し、それが失われた後に他方を構築したと理解するほうが自然である。また二つの建物のうち、建物2は後に建てた土壁造り建物と重複し、また礎石の多くが失われたのは、後に構築された建物1に再利用された可能性が高いであろう。

さて、見つかった二棟の礎石建ち建物は、六世紀後半あるいは七世紀初頭の集落では、他に例がないだけに重視されるものである。規模が判明した建物1は方形の低い土壇を有し、礎石上に土居材も遺存したことから土壁造りとみなされる。調査報告では、想定されるものの一つとして祖廟《そびょう》を紹介する。この時期の祖廟の調査例を欠くので否定できないが、低い基壇をもつのは堂的な性格が強く、しかも七世紀前半に穴太廃寺の伽藍が造営されたことからすると、むしろ前身的な仏堂の可能性が高いのではないか。

いま、穴太遺跡に穴太廃寺の伽藍に先行する仏堂が存在したとすると、これに関連する文献史料として、『元興寺《がんごうじ》伽藍縁起　并《ならびに》流記《るき》資財帳』に「櫻井《さくらい》道場」、また大安寺《だいあんじ》に関連する『大安寺伽藍縁起并流記資財帳』に前身の百済大寺《くだらおおでら》に関連して「熊凝《くまごり》道場」、『扶桑《ふそう》略記《りゃくき》』舒明《じょめい》十一年（六三九）己亥《きがい》正月条に、「移二熊凝精舎一、建二百済大寺一」、さらに『諸寺縁起集（護国寺本）』の「大安寺縁起」に「願建二一精舎於熊凝村一」と記す。また、飛鳥《あすか》の坂田寺《さかたでら》に関連して、『扶桑略記』欽明《きんめい》十三年（五五二）条に、日吉山薬恒《ひよしざんやくこう》法師の『法華験記《ほっけげんき》』が引用する「延暦寺《えんりゃくじ》僧禅岑記《そうぜんしんき》」を引き、「継体《けいたい》天皇即位十六年 壬寅《みずのえのとら》、大唐漢人鞍《あやひとくら》部《つくりの》 村主《すぐり》司馬達止《しばたっと》、此年春二月入唐《にっとう》、即結二草堂於大和国高市《やまとのくにたかいち》郡坂田原《さかたはら》一、安置二本尊一」と記し、草堂を結んで本尊を安置したことを記す。さらに、興福寺に関連するものとして、『家伝上（鎌足傳《かまたりでん》）』に、前身寺院として厩坂寺《うまやさかでら》を記し、その前身として「粤以《ここにもって》庚午《かのえうま》閏《うるう》九月六日、火葬於二山階《やましな》精舎一」と記す。また、『扶桑略記』斉明《さいめい》三年（六五七）丁巳《ていし》条にも、「内臣《うちつおみ》鎌子《かまこ》於二山階陶原家《すえはらのいえ》一。在二山城国《やましろのくに》宇治《うじ》郡一。始立二精舎一」と記している。

このように、初期寺院として櫻井道場、坂田寺の草堂、大安寺の前身にあたる百済大寺に先だつ熊凝道場、熊凝精舎を記載している。このうち、坂田寺の草堂は飛鳥寺《あすかでら》の造営に際し、百済から造瓦工《ぞうがこう》が招来される以前のものである。この草堂は屋根の素材にちなむものと推測され、しかし、堂としたのは、低いながら基壇上に構築されたものを想定させる。また、道場、精舎《しょうじゃ》の表現も、瓦葺きした本格的な堂塔とは異なるものであろう。そして、穴太遺跡で見つかった礎石建ち建物1が、方形の宝形造りの外観を呈したのも、居住用の建物と区別したものであろう。

三、軒瓦の系譜と造営氏族

穴太《あのう》廃寺から出土した軒瓦《のきがわら》には、軒丸瓦が七形式一〇種、南滋賀《みなみしが》廃寺と同笵《どうはん》のもの二種、軒平瓦《のきひらがわら》一種がある。これらはⅠ期、Ⅱ期、Ⅲ期に区分される。

Ⅰ期の軒丸瓦ＡＮＭ11Ａ・11Ｂは素弁《そべん》八弁蓮華文《れんげもん》で、蓮弁《れんべん》の弁端が尖形《せんけい》をなし、蓮弁の中央に一条の凸線《とっせん》をつける。小さな中房の中央に一個の蓮子《れんし》を置き、弁間《べんかん》に菱形《ひしがた》の間弁《かんべん》を配す。これには周縁をもたず、瓦当《がとう》の側面をヘラケズリして面どりし、回転ヘラケズリして整形したＡ、断面が台形状の五㎜幅の狭い周縁をもつＢがある。Ａ、Ｂとも同じ瓦当笵《がとうはん》によって製作されている(図75)。

丸瓦と瓦当との接合には、二種類がある。一つは瓦当裏面の上端に丸瓦をあて、凹凸《おうとつ》両

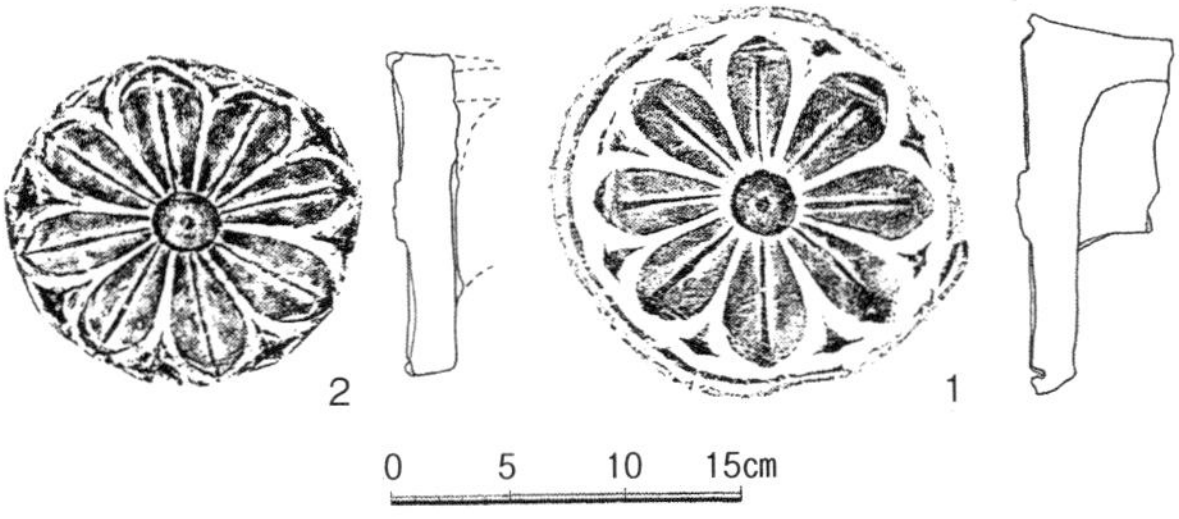

図75　穴太廃寺の素弁軒丸瓦（『穴太遺跡発掘調査報告』Ⅳ）

面に補強粘土をあてがい、指押しし、指でなでつけるもの、二つには瓦当裏面の上端に楔状《くさびじょう》の溝を彫り、丸瓦の凸面側を斜めにカットして差し込み、凹凸両面に補強粘土を加えるものである。瓦当笵の傷は四段階のものがみられる。

Ⅱ期の軒丸瓦ＡＮＭ21は、単弁八弁蓮華文で、蓮弁の中央に一本の凸線をつけ、間弁は楔形《くさびがた》のものを配す。中房に１＋８の蓮子をつけ、周縁に輻線文《ふくせんもん》をつける。これには当初の瓦当笵のＡ、後に蓮弁を彫り直したＢとがある。瓦当の裏面に格子目《こうしめ》叩きを施している。

また、ＡＮＭ22は凸線をもつ単弁八葉蓮華文で、１＋８の蓮子をつけ、周縁に21より多い輻線文をつける。ＡＮＭ23も、凸線をもつ単弁八葉蓮華文で、中房に１＋６の蓮子、楔形の間弁を配したもので、周縁は素文《そもん》のものである。ＡＮＭ24は単弁六弁の蓮華文軒丸瓦で、蓮弁の中央に細い凸線をつけ、中房に１＋４の蓮子を配している。

Ⅲ期の軒丸瓦ＡＮＭ31は、複弁八葉蓮華文の川原寺《かわらでら》式のもので、大きな中房に1＋4＋8の蓮子を間弁の延長上に配し、外縁に面違鋸歯文《めんたがいきょしもん》をつけるものである。ANM32A・Bも複弁八葉蓮華文のものであるが、中房の端、外縁内側に圏線がめぐり、二枚の子葉《しよう》を区切る界線がないものである。A、Bは同一の瓦当笵によるもので、32Aは1＋8、32Bは1＋4＋8の蓮子をつける。このほかに、軒平瓦として重弧文《じゅうこもん》をつけたもの一種が出土している。

以上のような出土した軒瓦のうち、I期の軒丸瓦を少し検討すると、この軒丸瓦は、「下層遺構の建物周辺からは出土せず、山側から流出してきた土石流の中にふくまれていた。また、下層遺構の建物周辺からは、断面が方形の平瓦や単弁八葉蓮華文軒丸瓦が出土した」とし、創建伽藍《がらん》、移建（再建）した伽藍のほかに、さらに別の伽藍に葺かれたものという。そしてI期の素弁蓮華文を葺いた伽藍を前期穴太廃寺、調査区域で検出された二伽藍のうち、下層伽藍を後期創建寺院、上層を後期再建寺院としている。（註6）

穴太廃寺で見つかった二つの伽藍の堂塔と軒瓦との関連は、調査中から注目すべき検討課題であった。特に下層伽藍の堂塔に葺かれた軒瓦の解明は、伽藍の造営時期のみならず歴史的意義を考えるうえでも重要である。

まず、穴太廃寺から出土したI期の素弁軒丸瓦11.A・11.Bは、高句麗《こうくり》系のもので、宇治《うじ》市隼上《はやあが》り窯《よう》D類の系譜を引くものである。隼上り窯は飛鳥《あすか》の豊浦寺《とゆらでら》所用の高句麗系軒丸瓦

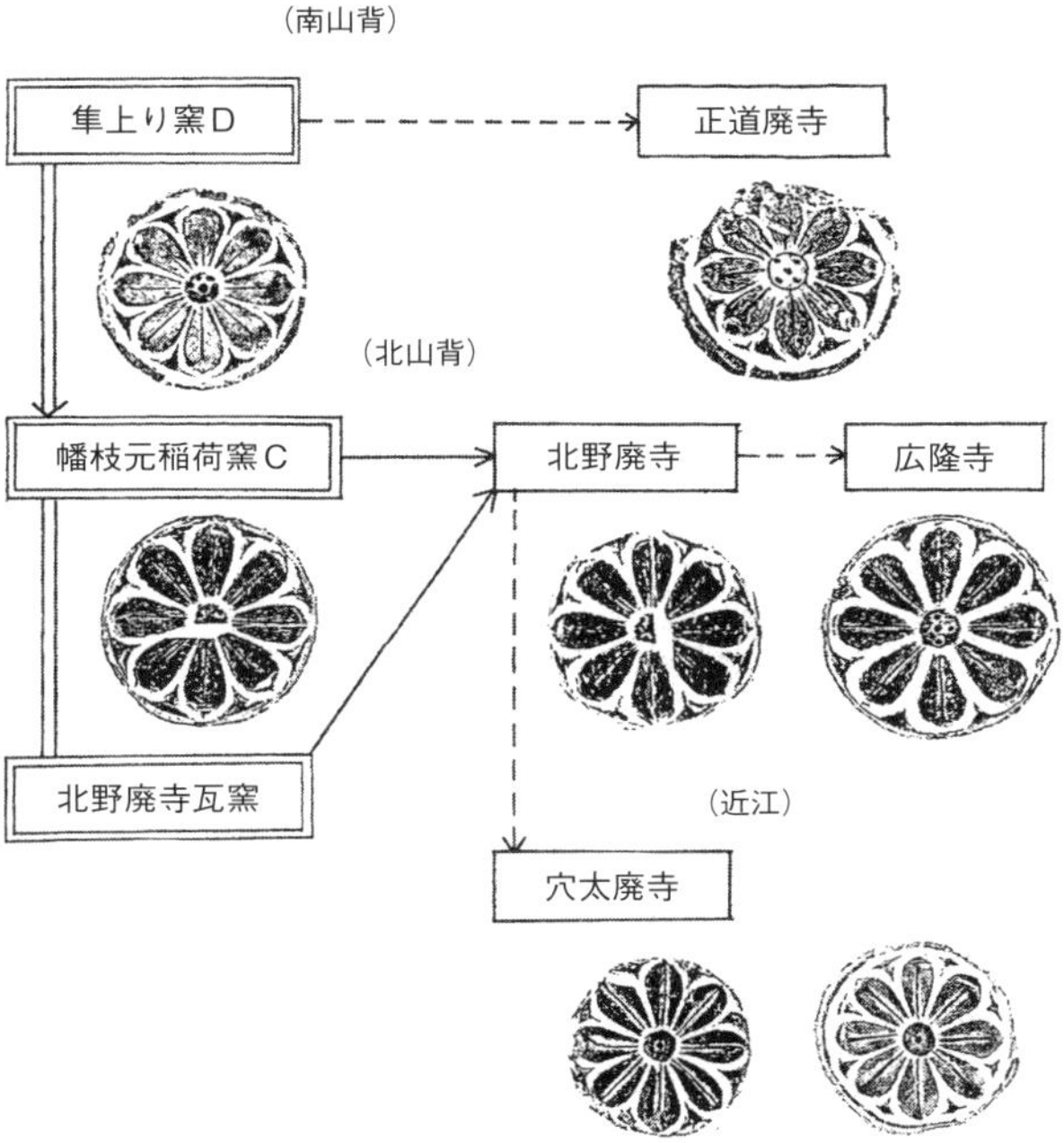

図76　近江・山背の高句麗系軒丸瓦（清水昭博『蓮華百相』から一部改変）

を生産した窯《かま》である。しかし、豊浦寺ではD類の軒丸瓦が出土していないことから、この軒丸瓦の供給先はまだ明らかでない。

穴太廃寺周辺の氏寺で、D類の系譜の軒丸瓦が出土しているものに、京都市左京区岩倉幡枝町《いわくらはたえだちょう》の元稲荷窯《もといなりよう》C類、京都市右京区北野《きたの》廃寺、広隆寺《こうりゅうじ》、城陽《じょうよう》市正道《しょうどう》廃寺がある（図76）。

元稲荷窯C類は、中房に1+6の蓮子をつけた隼上り窯D類と同笵のものであるが、周縁を作らずに製作されている。二つの同笵軒瓦のうち、いずれが先行したかは、隼上り窯を調査した杉本《すぎもと》宏《ひろし》氏は、瓦当と丸瓦の接合技法をもとに元稲荷窯から隼上り窯へ瓦当笵のみが移動して製作されたものとした。その後、北山背《きたやましろ》の岩倉の瓦生産の検討を試みた岸本直文《きしもとなおふみ》氏は、製作技術のほかに元稲荷窯で焼いた軒丸瓦を供給した北野廃寺瓦窯でも、これと同笵軒丸瓦で周縁を作らないものが出土していることを加えて検討し、隼上り窯から瓦当笵のみが元稲荷窯へ移動し、さらに北野廃寺瓦窯へ移動したとするのが自然な理解であるとした。(註7)

また、京都市広隆寺出土のものは、小さな中房に1+4の蓮子をつけ、元稲荷窯の瓦当文様とよく似た蓮弁をもち、これも周縁は作られていない。(註8)岸本氏は広隆寺のもの、さらに近江《おうみ》の穴太廃寺のものも元稲荷窯C類を祖型として製作されたものと想定した。そして広隆寺、穴太廃寺など一連の軒丸瓦を「北野廃寺式軒丸瓦」と呼称した。(註9)

さらに、城陽市正道廃寺の出土のものは、先端が隼上り窯D類よりも少し尖《とが》り、弁の中央につけた突線《とっせん》を境に両側に傾斜する蓮弁をなし、中房に1+4の蓮子をつける。これは周縁をもっており、北野廃寺式とは異なる。

以上のように、北山背、南山背にみる高句麗系軒丸瓦からすると、穴太廃寺のⅠ期とする高句麗系軒丸瓦は、周縁を作らないものと狭い周縁を作るものとがあり、北野廃寺式の系譜を引くものである。そして、これは岸本氏が共通した製作技法が採用されていることから広隆寺のものと同様に、元稲荷窯—北野廃寺瓦窯の瓦工集団によって生産されたものと推測したことは、造営氏族の想定をふくめて妥当な見解と思われる。

ところで、穴太廃寺のⅠ期の軒丸瓦は飛鳥時代の様式のもので、近江で最古期のものである。しかし、出土した軒瓦は土石流にふくまれていたことから、検出された創建、再建のいずれの伽藍にも葺かれたものとはみなし難いとし、別に前期穴太廃寺の伽藍が西に存在するものと報告されている。

この見解には異論が少なくない。『調査報告』によると、Ⅰ期の高句麗系軒丸瓦は、再建の金堂《こんどう》の北で二二点、西北で六点と集中しているが、金堂の東で九点、塔の北でも二点出土しており、すべてが土石流に起因するとみなしうるのか、なお検討を要するであろう。また、Ⅱ期の単弁軒丸瓦は後期の創建寺院に葺かれたと推測されているが、この軒瓦は下層伽藍の金堂付近と上層の再建伽藍の金堂、塔の周辺から出土し、この状況はⅢ期の複弁軒丸瓦の出土状況とほとんど違いを見いだし難い。

このような軒瓦の出土状況は、Ⅰ期の軒瓦を下層の創建伽藍、Ⅱ・Ⅲ期の軒瓦を上層の再建伽藍に葺かれたものと理解して支障がないように思われる。また、土石流から出土したことは、岸本氏も註で記したように、西に一括して廃棄されたとみなすのが自然であろう。ただし、Ⅱ期の軒瓦がすべて再建伽藍に葺かれたものかは、なお検討の余地があるであろう。

穴太廃寺の造営氏族は、六世紀代に周辺に築造された群集墳、隣接する穴太遺跡で見つかった土壁造り建物、オンドルなどからみて渡来系氏族とみて疑いない。そして、造営氏族に関連する文字資料は見つかっていないが、穴太の地名からみて穴太村主《あのうのすぐり》による氏寺以外に想定し難い。この穴太村主は、『新撰姓氏録《しんせんしょうじろく》』では、未定雑姓《ざっしょう》、右京条に後漢《ごかん》の孝献《こうけん》帝の子美波夜《びばや》王の後裔とする。穴太遺跡で、前述したような伽藍前身の仏堂が見つかったのも、渡来系氏族の集落と深くかかわるものとみてよい。

一方、穴太廃寺の造営氏族と関わりをもった北野廃寺は、蜂岡寺《はちおかでら》とする説があり、その造営氏族は太秦《うずまさ》の広隆寺をふくめ北山背の葛野《かどの》郡を本拠とした渡来系氏族の秦《はた》氏である。北山背と穴太の地は、穴太から、壷笠山《つぼかさやま》を経て、比叡山《ひえいざん》の南から一乗寺《いちじょうじ》に至る白鳥越《しらとりごえ》、あるいは滋賀里《しがさと》から北白川《きたしらかわ》への山中越《やまなかごえ》によって、密接な関連をもったことが想定される地域である。

このように、近江の最古期に造営された穴太廃寺の造営では、北山背に本拠をもつ秦氏の瓦工集団が関与したものと推測される。これは、北山背の秦氏と湖西《こせい》南部で交通の要衝に本拠をもつ穴太村主氏が、渡来系氏族として深いつながりを相互にもっていたことによるものとみてよい。そして、少し遅れて湖西南部の堅田《かたた》に造営された衣川《きぬかわ》廃寺が、南山背の正道廃寺の造営氏族と深い関連をもち、創建瓦に奥山久米寺《おくやまくめでら》系の軒丸瓦を葺いて造営したことと顕著な違いをみることができる。(註10)

さらに、穴太廃寺、崇福寺《すうふくじ》、南滋賀廃寺の堂塔基壇に採用された瓦積基壇の外装が、北山背、南山背の氏寺に顕著に導入されたのも、両地域を本拠地とする有力氏族の深いつながりを具体的に示すものにほかならないのである。

註

（1）水野正好「滋賀郡所在の漢人系帰化氏族とその墓制」『滋賀県文化財調査報告書』第四冊　一九六九年
（2）佐藤宗諄ほか「穴太下大門遺跡」『大津市文化財調査報告書』三　大津市教育委員会　一九七五年
（3）滋賀県教育委員会・財団法人滋賀県文化財協会「穴太遺跡発掘調査報告」Ⅳ『一般国道一六一号（西大津バイパス）建設に伴う発掘調査報告書』二〇〇一年
（4）前掲註2と同じ
（5）滋賀県教育委員会・財団法人滋賀県文化財協会「穴太遺跡発掘調査報告」Ⅱ『一般国道一六一号（西大津バイパス）建設に伴う発掘調査報告書』一九九七年
（6）前掲註2と同じ
（7）岸本直文「七世紀北山背岩倉の瓦生産」『岩倉古窯跡群』京都大学考古学研究会　真陽社　一九九二年
（8）鈴木久男「北野廃寺瓦窯について」『歴史考古学を考える一―古代瓦の生産と流通』帝塚山考古学

研究所　一九八七年
（9）岸本前掲註7と同じ
（10）小笠原好彦「衣川廃寺の性格と造営氏族」『新世紀の考古学』二〇〇三年

第二章　蜂屋廃寺の性格と造営氏族

はじめに

蜂屋《はちや》廃寺は、栗東《りっとう》市の北西部、蜂屋に所在する古代寺院で、野洲《やす》川の西岸に形成した扇状地に立地している。この蜂屋廃寺は、平成三〇年（二〇一八）秋に、中ノ井《なかのい》川の改修工事にともなう発掘中に、古代寺院に設けた外郭施設に関連すると推測される遺構が検出されたものである（図77）。

検出されたのは、南北方向に平行してのびる四条の溝で、これらの各溝に大量の瓦類が投棄されていた。各溝は幅一～三・五m、深さ〇・二～〇・四mをなしている。検出したそれぞれの溝は、長さ二〇mほどである。これらの各溝は、古代寺院の外郭に設けられた築《つい》地《じ》に葺いた瓦類を、長い溝を掘って投棄した際に、その他の堂塔に葺いた瓦類も併せて溝

図77　蜂屋廃寺と手原廃寺の位置（著者作成）

を掘って投棄したものと推測されるものであった。

　検出された四条の溝から出土した瓦類には、複数の軒丸瓦《のきまるがわら》、軒平瓦《のきひらがわら》、さらに鴟尾《しび》片も出土しており、明らかに古代寺院に葺かれたものである。（註1）これらの大量の溝から出土した瓦類によって、ここに古代の氏寺が建てられていただけでなく、出土した軒丸瓦に法隆寺《ほうりゅうじ》の若草伽藍《がらん》から出土する忍冬文《にんどうもん》単弁軒丸瓦と同笵《どうはん》の軒丸瓦が出土し、さらに法隆寺式軒瓦が多く出土しており、この氏寺を造営した造営氏族の性格が反映しているものと推測される。

一、蜂屋廃寺出土の軒瓦

蜂屋《はちや》廃寺からは、軒丸瓦《のきまるがわら》六種、軒平瓦《のきひらがわら》一種が出土している。軒丸瓦1は、中房に蓮子《れんし》を1＋6配し、忍冬文《にんどうもん》を六葉《ろくよう》つけた単弁軒丸瓦である（四点出土）（図78）。軒丸瓦2は、単弁八弁蓮華文《れんげもん》で外縁に幅狭く輻線文《ふくせんもん》をつけた輻線文縁単弁軒丸瓦である（七点出土）。軒丸瓦3は、大きな中房に蓮子を多数つける複弁八弁蓮華文で、外縁に面違鋸歯文《めんたがいきょしもん》をつける川原《かわら》寺《でら》式のもの（三点出土）、軒丸瓦4は、大きな中房に多数の蓮子をつけ、複弁八弁蓮華文と外縁に線鋸歯文をつける法隆《ほうりゅう》寺《じ》式のものである（五〇点出土）。軒丸瓦5も大きな中房に多数の蓮子をつけ、複弁八弁蓮華文で外縁に面違鋸歯文をつける平隆寺《へいりゅうじ》式のもの（二九点出土）、これらのほかに素弁《そべん》状の軒丸瓦片がある（二点出土）。

これらの軒丸瓦のうち、1の忍冬文単弁軒丸瓦は、法隆寺

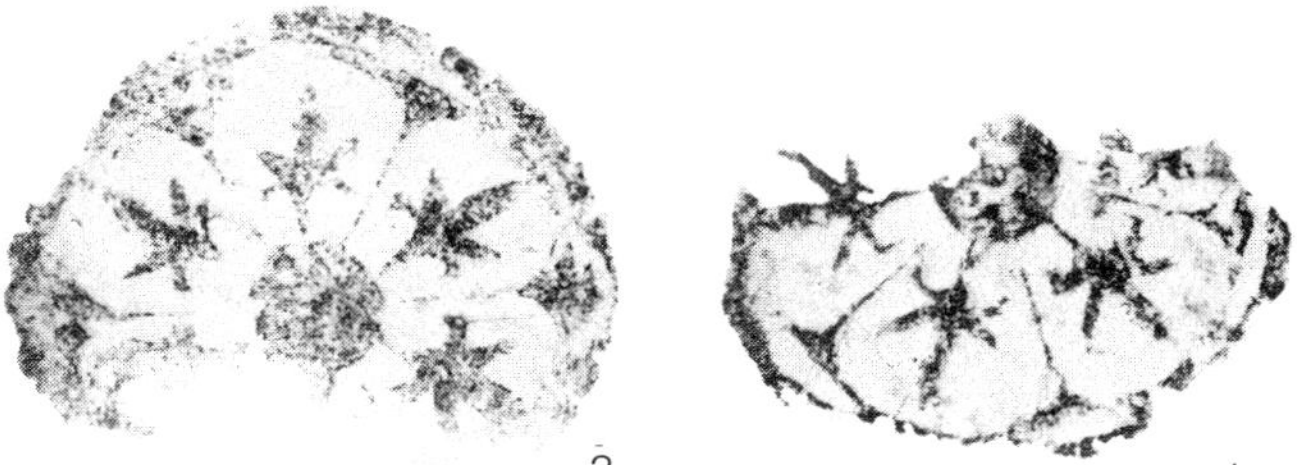

図78　法隆寺出土の忍冬文単弁軒丸瓦（著者作成）

の若草伽藍《がらん》から出土したものと同笵《どうはん》のものである。この軒丸瓦は、法隆寺の東六〇〇mの地に造営された中宮寺《ちゅうぐうじ》の堂塔に葺かれたもので、その後に瓦当笵《がとうはん》が若草伽藍に移動したものである。そして、蜂屋廃寺から出土したものは、瓦当笵の傷からみて、若草伽藍のものと同一のものであることが明らかになっている。

また軒丸瓦2は、外縁に輻線文をつける単弁軒丸瓦である。この輻線文をつける軒丸瓦は、大津《おおつ》市穴太《あのう》・唐崎《からさき》に造営された穴太廃寺に近江で最古期のものが出土し、他に草津《くさつ》市の宝光寺《ほうこうじ》廃寺・観音堂《かんのんどう》廃寺、近江八幡《おうみはちまん》市の安養寺《あんようじ》廃寺などから出土したものがある。軒丸瓦3は川原寺式軒丸瓦で、近江へは近江大津宮《おおつのみや》への遷都にともない、滋賀里《しがさと》山中に造営された崇福寺《すうふくじ》に葺かれている。この崇福寺の川原寺式軒丸瓦は、崇福寺に川原寺の瓦当笵が導入され、同笵軒丸瓦が葺かれたものである。そして、その後、近江でも広まった瓦当文様である。軒丸瓦4の複弁蓮華文は、『日本書紀』天智《てんじ》九年(六七〇)四月三〇日条に、法隆寺(若草伽藍)が全焼したことを記しており、その再建された法隆寺西院の伽藍に葺かれたものである。これに忍冬唐草文軒平瓦が共伴している。蜂屋廃寺の軒瓦では、この法隆寺式のものが最も多く出土している。また軒丸瓦5は、大和《やまと》の平群《へぐり》郡を本拠とする平群氏の氏寺である平隆寺跡に葺かれ、その後に各地に広まったものである。そして、軒平瓦は、法隆寺式軒丸瓦にともなう忍冬唐草文《からくさもん》を施文《せもん》したもののみ出土している。

以上のような蜂屋廃寺から出土した軒瓦をみると、蜂屋廃寺は、軒丸瓦1の忍冬文単弁軒丸瓦で最初に仏堂が建てられたものと推測される。この仏堂は、現状では堂塔の遺構がまったく検出されていないので、この廃寺の伽藍に言及することはできないが、法隆寺（若草伽藍）から同笵軒丸瓦の提供を受け、仏堂を構築した際に葺かれたものである。この創建の仏堂は、通常にみるような規模のものの場合と、それより小規模な仏堂が構築された可能性も少なくないであろう。そして、軒丸瓦2の輻線文縁単弁軒丸瓦は、蜂屋廃寺の造営氏族が范型《はんかた》を製作し、瓦窯《がよう》で焼成した軒丸瓦である。したがって、蜂屋廃寺固有の軒丸瓦の性格をもつものである。また、この輻線文縁単弁軒丸瓦によって、蜂屋廃寺の伽藍の造営は本格的に開始したものと推測される。これらの軒丸瓦1と2からすると、蜂屋廃寺は七世紀前半に遡る飛鳥《あすか》時代に構築した仏堂の規模は明らかでないが、氏寺の造営を開始したことがわかる。そして、軒丸瓦2の輻線文縁軒丸瓦も葺かれた正確な年代は明らかでないが、六五〇～六〇年代のものと推測される。近江では、輻線文縁軒丸瓦は、穴太廃寺、宝光寺廃寺など渡来系氏族が造営した氏寺に顕著に葺かれており、この瓦当文様を葺く氏寺は、渡来系氏族が造営した氏寺に推測されている。（註2）この点を重視すると、蜂屋廃寺も渡来系氏族が造営した氏寺ではないかと推測される。

さらに、天智九年（六七〇）に法隆寺の若草伽藍が焼失し、それ以降に、再建された法隆寺式軒丸瓦と平隆寺式軒丸瓦によって伽藍の整備がさらに進められている。そのときに、川原寺式軒丸瓦も一部葺かれたものと推測される。このように、蜂屋廃寺は、飛鳥時代の七世紀前半に、氏寺の造営を開始しており、近江では数少ない飛鳥期に造営が開始されており、じつに注目される氏寺である。しかも、その後に伽藍の整備に葺かれた軒瓦も、法隆寺式や平隆寺式の軒瓦が葺かれており、この氏寺の造営氏族は、法隆寺とじつに深いつながりをもっていたものと推測される。

二、軒瓦からみた蜂屋廃寺の造営氏族

蜂屋《はちや》廃寺を造営した氏族を考えるには、まず法隆寺《ほうりゅうじ》の若草伽藍《がらん》から出土する忍冬文《にんどうもん》単弁軒丸瓦《のきまるがわら》の同笵瓦《どうはんがわら》が葺かれている点を重視する必要がある。若草伽藍は、厩戸皇子《うまやどのみこ》が斑鳩《いかるが》に造営した伽藍である。『日本書紀』推古《すいこ》二九年（六二一）二月五日条は、この日に厩戸皇子が没したことを述べる。その後、若草伽藍は厩戸皇子の子息の山背大兄王《やましろのおおえのおう》によって存続したものと推測される。そして、蜂屋廃寺に葺かれた飛鳥《あすか》時代の忍冬文単弁軒丸瓦は、上宮《じょうぐう》王家の山背大兄王によって提供を受けた軒丸瓦であったと推測される。

そこで、蜂屋廃寺の造営氏族と法隆寺とのつながり、あるいは関連を求めると、天平《てんぴょう》

一九年（七四七）に撰上《せんじょう》された『法隆寺伽藍縁起 并《ならびに》流記《るき》資財帳』には、法隆寺に設けられた伽藍などとともに、法隆寺が所有した各地の水田、薗地《えんち》、庄倉《しょうそう》などを記載している。そして、近江国《おうみのくに》に所在する水田として「栗太《くるもと》郡弐拾壱町漆段《しちたん》壱百肆拾歩《しじゅうぶ》」、また薗地として「近江国栗太郡物部《もののべ》郷肆段」と記され、さらに庄倉も「近江国壱処　在栗太郡物部郷」と記されており、栗太郡に法隆寺の水田があり、また薗地、庄倉が栗太郡物部郷に所在したことがわかる。

そして、これらの栗太郡に設けた水田や栗太郡物部郷に所在する薗地と庄倉は、以下に述べるような経緯によって、法隆寺が所有し、また経営・管理することになったものと推測される。

『日本書紀』崇峻《すしゅん》即位前紀・用明《ようめい》二年（五八七）七月条は、蘇我馬子大臣《そがのうまこのおおおみ》と物部守屋大連《もののべのもりやのおおむらじ》が、仏教を国家的に受容する是非をめぐり、また政界の主導権をめぐって、戦いが展開したことを記している。この戦いでは、蘇我馬子側に泊瀬部《はつせべの》皇子・竹田《たけだの》皇子・厩戸皇子や大和《やまと》を本拠とする臣《おみ》系の多くの氏族が加担し、物部一族との間に展開した。その結果、物部守屋が倒され、蘇我馬子側が勝利した。

その結果、『先代旧事本紀《せんだいくじほんぎ》』によると、物部氏一族が各地に本拠とする多くの領地が、蘇我馬子や上宮王家の領地となったものが少なくない。そして、近江栗太郡に所在する栗太郡の水田、物部郷の薗地、栗太郡の水田で収穫された米を収納する庄倉も、同様の性格のもとに、法隆寺の所有や経営・管理することになったものと推測される。

そして、栗太郡の物部郷に造営された蜂屋廃寺の堂塔の造営に際し、忍冬文単弁軒丸瓦と同笵の軒丸瓦が法隆寺から提供され、その後に葺かれた軒丸瓦でも、法隆寺式軒丸瓦と平隆寺式軒丸瓦が多く出土しているのも、この蜂屋廃寺が造営された位置からみて、この造営氏族は、まさに法隆寺の物部郷に所在する薗地と庄倉の経営と管理を担った有力氏族であったと推測して間違いないであろう。

ところで、蜂屋廃寺から出土した軒瓦をみると、じつは、これまで栗東市の手原《てはら》廃寺から出土している軒瓦と共通するものが大半である（図79）。

手原廃寺は、栗東市手原に造営されている氏寺で、JR草津《くさつ》線手原駅の南一帯に建っていたと推測される廃寺である。この手原廃寺からは、これまで軒丸瓦三種、軒平瓦《のきひらがわら》二種が出土している。軒丸瓦1は小さな中房に蓮子《れんし》をつけ、単弁八弁蓮華文《れんげもん》で外縁に輻線文《ふくせんもん》をつけるものである。軒丸瓦2は複弁八弁蓮華文で、外縁に面違鋸歯文《めんたがいきょしもん》をつける川原寺《かわらでら》式のもの、軒丸瓦3は大きな中房をもつ複弁八弁蓮華文で、外縁に面違鋸歯文をつける平《へい》隆寺《りゅうじ》式の軒丸瓦である。軒平瓦には、三重弧文《さんじゅうこもん》、忍冬唐草文《からくさもん》をつけるものが出土している。これらは、いずれも蜂屋廃寺の軒瓦と共通している。しかも、蜂屋廃寺は飛鳥《あすか》時代か

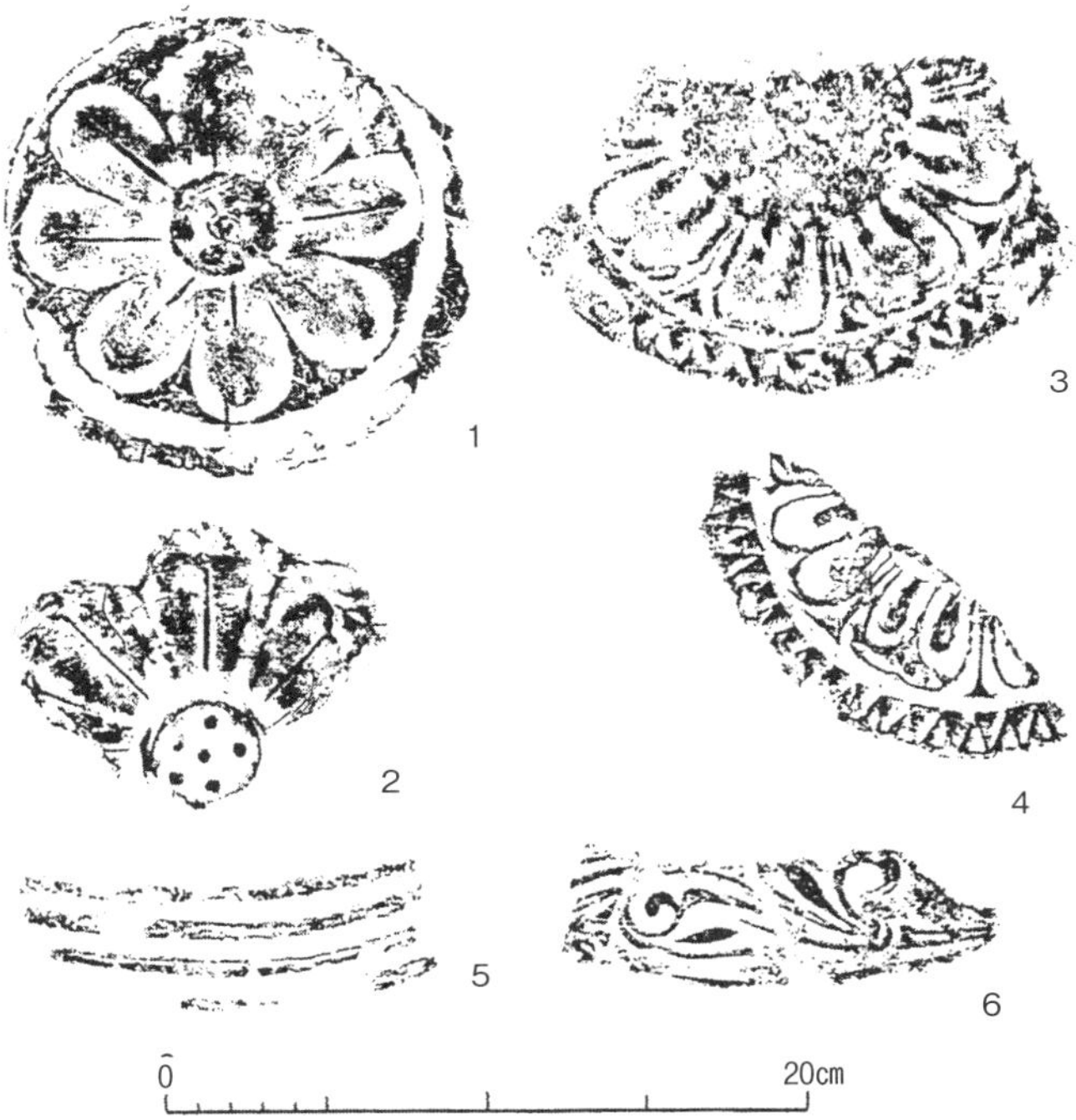

図79　手原廃寺出土の軒丸瓦（『近江の古代寺院』）

ら寺院造営を開始していることからすると、これらの軒瓦は、いずれも蜂屋廃寺に葺かれたものを、手原廃寺の造営に際して軒瓦の供給を受けたもの、あるいは瓦当笵《がとうはん》の提供を受けることによって焼成し、堂塔に葺いた可能性が高いものと推測される。

しかし、手原廃寺から近年に出土している軒丸瓦には、前述した輻線文縁単弁軒丸瓦に、単弁の蓮弁《れんべん》が少し扁平《へんぺい》な形状を示すものも出土している。これは、蜂屋廃寺の同形式の輻線文縁軒丸瓦をモデルとして、手原廃寺が瓦当笵を製作して造った手原廃寺固有の軒丸瓦として葺かれた可能性が高いものである。

蜂屋廃寺の造営氏族は、上宮王家や若草伽藍、さらに法隆寺式軒丸瓦、忍冬唐草文軒平瓦が出土しているので、『日本書紀』天智《てんじ》九年（六七〇）四月三〇日条に記すように、法隆寺が焼失した際に、その再建された法隆寺とも深いつながりをもった可能性が少なくないであろう。そして、『法隆寺伽藍縁起幷流記資財帳』には、法隆寺の薗地が近江栗太郡の物部郷にあり、また庄・庄倉二ヶ所が所在したことを記すことからすると、蜂屋廃寺の造営氏族は、栗太郡の物部郷にあった薗地と庄・庄倉二ヶ所を管理・運営した有力氏族であった可能性がきわめて高いものと推測される。

ところで、栗太郡に所在する古代の氏寺としては、前述したＪＲ手原駅の付近に造営された手原廃寺が知られている。この手原廃寺は、これまで手原駅周辺の開発に関連し、しばしば発掘されてきている。そして、この手原廃寺に葺かれた軒丸瓦は、蜂屋廃寺と同一の軒丸瓦である輻線文縁単弁蓮華文、複弁八洋蓮華文の法隆寺式、複弁八弁蓮華文の平隆寺式のものが出土している。また、その他に輻線文縁の単弁八弁蓮華文ながら、蜂屋廃寺のものより少し丸みを欠く平坦な蓮弁をなすものも出土している。この軒丸瓦こそは、手原廃寺が蜂屋廃寺の輻線文縁の単弁蓮華文をモデルとして、自らが笵型を製作して造った手原廃寺の固有の軒丸瓦であったと推測されるものである。

さて、手原廃寺や蜂屋廃寺の氏寺が建てられた栗太郡の郡司《ぐんじ》を担った氏族は、『正倉院《しょうそういん》文書』の「天平《てんぴょう》八年（七三六）八月二十六日付内侍司牒《ないしのつかさちょう》」（大日古二―八）に、従八位上《じゅはちいのじょう》の栗太采女《うねめ》の小槻山君広虫《おつきやまのきみひろむし》が、平城宮《へいじょうきゅう》の後宮《こうきゅう》に勤務し、主殿寮主薪所《とのもりょうしゅしんじょ》に薪三二束を請求した文書があり、小槻山君が郡領の一人であったことがわかる。そして、手原廃寺こそは、まさにこの栗太郡の郡領であった小槻山君が造営した氏寺であったと推測して間違いないものと思われる。

このように理解すると、手原廃寺の造営氏族である小槻山君は、自らの氏寺を造営する際に、それ以前に寺院造営を開始していた蜂屋廃寺から、軒丸瓦、軒平瓦などの供給・支援を受けて寺院造営をおこなったものと推測される。それは、蜂屋廃寺を造営した在地の有力氏族とそれ以前から親しい関係にあった、もしくは蜂屋廃寺の造営氏族も栗太郡の郡領の一人であったことなどによるものと推測される。

さらに、栗太郡衙《ぐんが》に推測される岡《おか》遺跡からは、少ないながら輻線文縁軒丸瓦、法隆寺式軒丸瓦が出土しているのも、手原廃寺・蜂屋廃寺の造営氏族が栗太郡の郡司を担っていたことによるものと推測されるのである。

さて、蜂屋廃寺を造営した造営氏族は、前述したように葺かれた輻線文縁軒丸瓦から渡来系氏族であったとすると、具体的にどのような氏族が建てたのかが問題になる。これには、古代の氏寺の造営には、大型建物の堂塔を構築し、しかも屋根に瓦類を葺くことなどから少なからず経済力を有することを必要とした。また、これらの堂塔を構築しうる高度な技術を擁する建築工人らを招来する必要もあり、それには、それなりの政治力も併せて不可欠であったと思われる。

そこで、栗太郡を本拠とし、しかも氏寺を造営しうる財力を有する渡来系氏族を求めると、『日本書紀』天智三年（六六四）一二月是月《このつき》条の記事が注目される。この記事には、栗太郡の磐城村主殷《いわきのすぐりおお》の新婦が住む建物の敷居の端に、一晩のうちに稲が生え、さらに稲穂がつき、翌日には熟した。さらに翌日の夜も新婦の庭に一つの稲穂がでて、また天から二個の鍵が落ちてきたので、それを殷《おお》にわたしたところ、殷は財力を有するようになったと記されている。

この記事は、少なからず寓話的に記されているので、この記事の本質を理解するのは少なからず難しい。しかし、この新婦に関連する稲と鍵に関連する話は、前述した『法隆寺伽藍縁起幷流記資財帳』に記された近江の物部郷に所在する法隆寺の薗地、また二個の鍵も法隆寺が所有する栗太郡に所在する水田で収穫された米を収納する物部郷の庄倉に関連するものではないかと推測される。

　そのように理解すると、栗太郡の物部郷を本拠とする渡来系氏族の磐城村主殷は、皇《こう》極《ぎょく》二年（六四三）一一月に、山背大兄王は蘇我入鹿によって斑鳩宮《いかるがのみや》が急襲され、上宮王家は滅亡したが、なお法隆寺と深いつながりをもつ氏族の女性と婚姻関係を有したことから、法隆寺の薗地の経営と栗太郡の水田から収穫された米を収納する庄倉の運営・管理に関与するようになったものと推測される。そして、それを契機に、磐城村主殷がすぐれた財力を有する在地の有力氏族になったものと理解しうるように思われる。

　この渡来系氏族の磐城村主氏は、主に野洲《やす》郡を本拠とする氏族であるが、隣接する栗太郡にもその一族が居住する氏族である。そして、野洲市西河原森ノ内《にしがわらもりのうち》遺跡からは、多くの戸主《へぬし》の名を記した木簡が出土しており、その木簡に「石木主寸《いわきのすぐり》□□呂《ろ》」と記されている。（註3）

　また野洲市の野洲中学校の地に所在したとする福林寺《ふくりんじ》跡は、『東寺文書《とうじ》』の康和《こうわ》三年（一一〇一）、長治《ちょうじ》元年（一一〇四）の弁官宣旨《べんかんせんじ》に、天武《てんむ》天皇のとき磐城宿祢《すくね》が鎮護国家を祈

願して建立した氏寺であったことを記している。(註4)

このように、蜂屋廃寺は栗太郡物部郷を本拠とする氏寺であることからすると、渡来系氏族の磐城村主が造営した氏寺であった可能性がきわめて高いものと推測される。そして、蜂屋廃寺に葺かれた法隆寺の若草伽藍と同笵の忍冬文単弁軒丸瓦、その後に葺かれた法隆寺式軒丸瓦・軒平瓦、平隆寺式軒丸瓦は、前述した野洲市福林寺跡をはじめ、蜂屋廃寺の周辺のいくつかの氏寺跡からも出土している。

その一つに、守山《もりやま》市の吉身《よしみ》に益須寺《やすでら》跡がある。この益須寺跡では、複弁八弁蓮華文で、外縁に線鋸歯文をつける法隆寺式軒丸瓦と忍冬文軒平瓦が出土している。(註5) また、少し西へ離れるが、大津《おおつ》市東光寺《とうこうじ》廃寺からは、大きな中房に1＋6＋12の蓮子をつけ、複弁八弁蓮華文と面違鋸歯文をつける平隆寺式軒丸瓦が出土している。(註6) この東光寺廃寺では、草津市の北大萱町《きたおおがやちょう》に所在する宝光寺《ほうこうじ》廃寺から出土する大ききめの中房に多数の蓮子をつけ、三弁を十字状に四枚配し、その蓮弁の間に小円形の蓮華文を四個つける蓮華文軒丸瓦も出土する。宝光寺廃寺では瓦積《かわらづみ》基壇の講堂跡が検出され、単弁蓮華文で輻線文縁の軒丸瓦も出土し、渡来系氏族が造営した可能性の高い氏寺である。(註7) このようにみると、東光寺廃寺も磐城村主の一族の氏寺であるとともに、同じく渡来系氏族の宝光寺廃寺の造営氏族とも深いつながりをもっていたものと推測される。

さらに、注目されるものに、草津市志那《しな》中町《なかちょう》に所在する大般若寺《だいはんにゃじ》跡からは、古く昭和二五年（一九五〇）に、蜂屋廃寺で出土した忍冬文単弁軒丸瓦と同笵のものが梅原末治《うめはらすえじ》氏によって報告されている（註8）（図58）。この忍冬文単弁軒丸瓦は、これまで類例の資料を欠くので、特に注目されることなく経過してきているが、飛鳥時代に遡る法隆寺の若草伽藍と同笵軒丸瓦だけに、さらに今後は注目すべきものである。

また、蜂屋廃寺の造営氏族が磐城村主に推測され、蜂屋廃寺に葺かれた軒瓦が栗太郡の郡司である小槻山君の氏寺に推測される手原廃寺でも多く葺かれていることは、栗太郡衙で政務を担った郡司の性格を考える上でも重視されることになる。

ところで、七世紀には国家的に仏教の崇拝が奨励され、また七世紀の後半に新たに任命された郡司の任用では、譜第《ふだい》・重大の氏族を任用、すなわち在地の有力氏族を任用するのを建前としている。しかも、在地の有力氏族を判断する材料の一つとして氏寺の造営を基準の一つとなったと推測されるふしがある。しかも、大化《たいか》の改新後、各地に設けられた郡は、それまでの国造《くにのみやつこ》に比し、新たに多くの郡が設置されたので、じつに多くの郡司が採用されることになったものと推測される。

また、この時期には、中央の王宮でも国家的に仏教的な行事も導入されており、地方官《かん》衙《が》の郡衙でも、同様の仏教的儀式に対応せざるをえないことになったものと推測される。

それには、郡司も国家的な仏教の儀式を挙行するため、氏寺を有することが、郡司の職務の執行と深くかかわるものと認識されるようになったものと思われる。『日本書紀』推古三二年（六二四）九月三日条は、それまでに建立されていた氏寺と僧尼《そうに》を調査しており、氏寺四六寺、僧八一六人、尼《あま》五六九人で合わせて一三八五人であったと述べている。そして、大化前代に遡る飛鳥時代の古代寺院は、出土軒瓦によると六〇ヶ所ほどと推測されている。しかし、それに続く白鳳《はくほう》寺院は六〇〇ヶ所余とする報告があり、（註9）白鳳寺院の著しい増加を知ることができる。そして、このような氏寺の急激な増加は、多くの氏族による仏教崇拝の著しい拡大とともに、郡司の任用に対する重要な要素となったことも、この時期の歴史的な背景を考慮する必要があるであろう。

さて、小槻山君の氏寺として造営された手原廃寺の西方にあたる地区では、南北溝と東西溝に区画された西辺部に、十余棟の倉庫群と十余棟の小規模な掘立柱《ほったてばしら》建物を配した遺構が検出されている。また、その北にも東西一二〇m、南北一〇〇mに溝を区画する中に、八棟の南北棟の掘立柱建物を配した一郭が検出されている。これらの二つの倉庫群と建物群の性格は明らかでないが、郡司を担った小槻山君の氏寺の西に設けられたものであることからすると、倉庫群は栗太郡衙の正倉院の一部、建物群はそれらを管理する曹司《ぞうし》であった可能性が少なくないであろう。それは、栗太郡の正倉の人為的な失火、あるいは落雷などによる火災でも、正倉院の全焼を避けたことも推測されるように思われる。

　このように、小槻山君は氏寺として手原廃寺を造営した際に、併せてその付近に、栗太郡衙の正倉院の一部も構築し、郡司としての政務を担うとともに、郡衙の施設を維持し、管理したものと推測される。

　そして、栗太郡衙の政務を担った郡領は、これまで小槻山君以外は明らかでないが、蜂屋廃寺の造営氏族だった磐城村主も郡領の一人であったものと推測される。しかも、栗太郡衙の岡遺跡では、輻線文縁単弁軒丸瓦、法隆寺式軒丸瓦が出土しており、その葺かれた建物はごく一部ながら瓦葺きした建物もふくまれていた。この建物に葺いた瓦は、いずれも蜂屋廃寺に葺かれた軒瓦であったことからすると、蜂屋廃寺の造営氏族に推測される磐城村主は、郡司としても重要な役割を担っていたものと考えられるのである。

おわりに

　蜂屋《はちや》廃寺はＪＲ草津《くさつ》線手原《てはら》駅の北七五〇ｍに所在する古代寺院である。中ノ井《なかのい》川の改修工事に関連し、蜂屋遺跡の発掘中に、この遺跡の一部に在地の有力氏族の氏寺がふくまれていたことが明らかになった。この蜂屋廃寺からは、法隆寺《ほうりゅうじ》の若草伽藍《がらん》にも葺かれた忍《にん》冬文《どうもん》単弁軒丸瓦《のきまるがわら》と同笵《どうはん》のものが出土し、また多くの法隆寺式軒瓦も出土し、法隆寺とじつに深いつながりをもつ有力氏族であることも明らかになった。

そして、蜂屋廃寺から出土した軒瓦の大半は、手原廃寺にも葺かれており、これまで手原廃寺の軒瓦として理解してきた。しかし、今回の蜂屋廃寺の発掘によって、それらの軒瓦に対しては、新たな考えが必要であることを示している。蜂屋廃寺には、この氏寺固有の輻線文縁《ふくせんもんえん》単弁軒丸瓦が葺かれており、この氏寺の造営氏族は渡来系氏族に推測されることも明らかになった。そこで、本書では、『日本書紀』天智《てんじ》三年（六六四）一二月条をもとに、蜂屋廃寺の造営氏族として磐城村主《いわきのすぐり》に推測した。この磐城村主は、野洲《やす》郡と栗太《くるもと》郡を本拠とする渡来系氏族で、蜂屋廃寺の周辺には蜂屋廃寺に葺かれた法隆寺式軒瓦、平隆《へいりゅう》寺《じ》式軒丸瓦を葺く氏寺がいくつかあり、蜂屋廃寺の造営氏族との関連をさらに検討する必要がある。また、蜂屋廃寺に葺かれた軒瓦は、いずれも手原廃寺にも葺かれており、この氏寺が栗太郡の郡司《ぐんじ》である小槻山君《おつきやまのきみ》の氏寺であったと理解されることからすると、蜂屋廃寺の造営氏族の磐城村主もまた、栗太郡の郡司に任用されていたものと推測して間違いないものと思われる。この蜂屋廃寺の性格を、さらに明らかにすることによって、古代の栗太郡の実態がより具体的に解明されることになるものと推測される。

註

(1) 滋賀県文化財保護協会『蜂屋遺跡発掘調査現地説明会資料』二〇一八年
(2) 山崎信二「後期古墳と飛鳥白鳳寺院」『文化財論叢』奈良国立文化財研究所　一九八三年
(3) 安土城考古博物館『古代地方木簡の世紀―文字資料からみた古代の近江―』二〇〇八年
(4) 小笠原好彦「福林寺跡」『近江の古代寺院』真陽社　一九八九年
(5) 西田弘「益須寺跡」『近江の古代寺院』真陽社　一九八九年
(6) 西田弘「東光寺跡」『近江の古代寺院』真陽社　一九八九年
(7) 小笠原好彦「宝光寺跡」『近江の古代寺院』真陽社　一九八九年
(8) 梅原末治「忍冬文様軒丸瓦について」『史迹と美術』第二〇輯ノ八　一九五〇年
(9) 稲垣晋也「古瓦よりみたる飛鳥・白鳳の寺院」『古代の日本　九　研究資料』角川書店　一九七一年

第三章　大津廃寺の性格と宝光寺廃寺

一、大津廃寺の発掘と出土軒瓦

ＪＲ大津《おおつ》駅の西北七〇〇ｍ、大津市京町《きょうまち》二丁目、滋賀県庁のすぐ西北部に所在したと推測される古代寺院である。この廃寺は、大津駅が設けられている付近をふくめ、南から北へゆるくのびる山地が平地に移り、やがて琵琶《びわ》湖に臨む平坦地に造営されたと推測される古代寺院である。そして、西田弘《にしだひろむ》氏が『近江の古代寺院』に、大津廃寺の項目を設けて記すなど、昭和五一年（一九七六）に家屋の改築時に出土したという四重弧文軒平瓦《しじゅうこもんのきひらがわら》と一点の平瓦を何度か紹介している（註1）（図80）。

このように、西田氏が採集された軒瓦と平瓦を大津廃寺として注目したことから、滋賀県教育委員会が編集し、昭和五五年（一九八〇）度に刊行した『滋賀県遺跡目録』に「大津

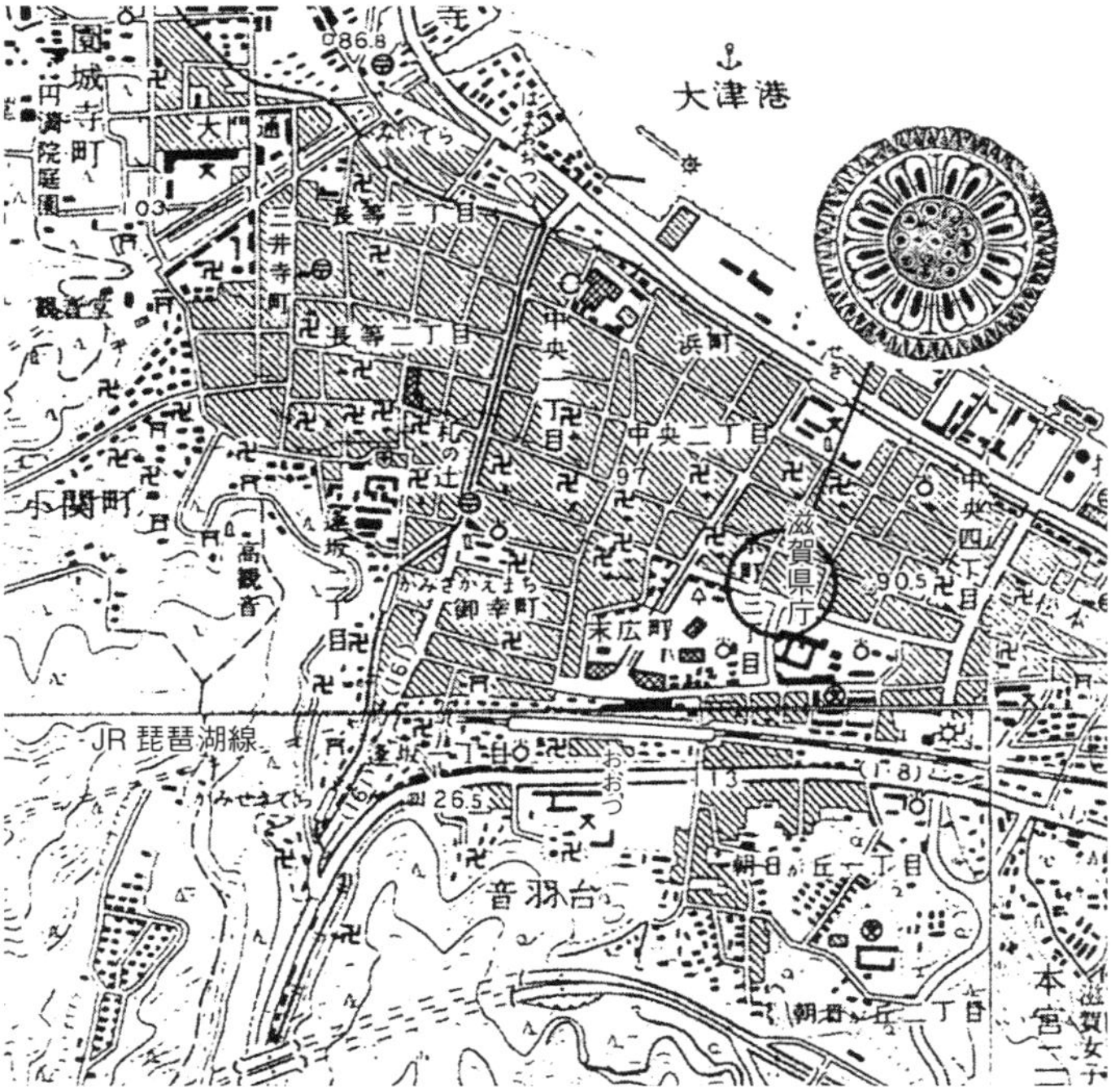

図80　大津廃寺の位置（著者作成）

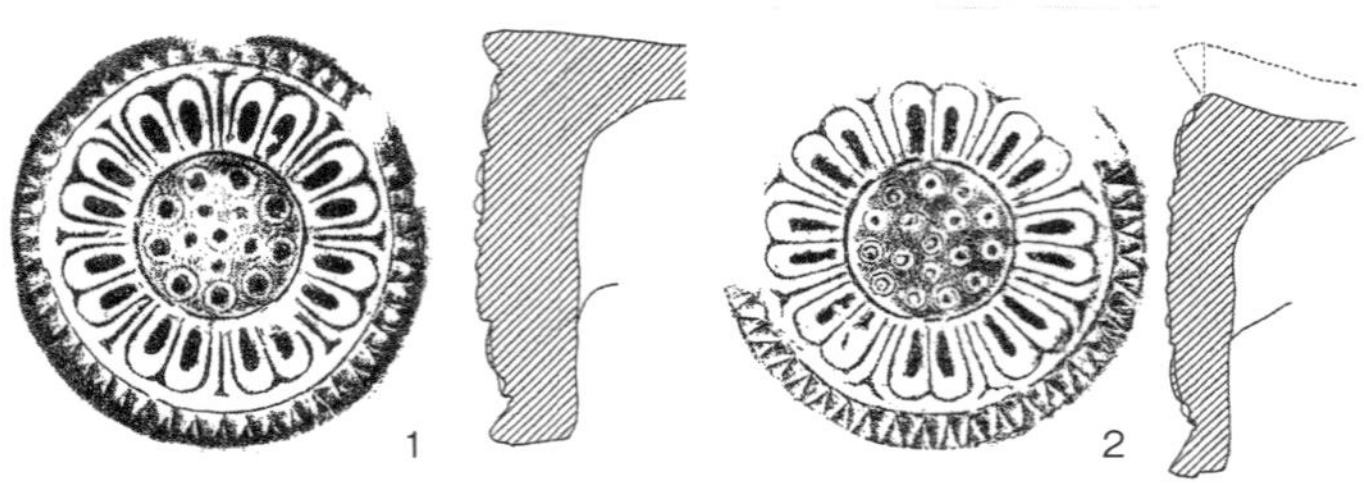

図81　大津廃寺出土の川原寺軒丸瓦A（1）と宝光寺廃寺と同笵軒丸瓦（2）
（著者作成）

廃寺」として掲載され、しだいに注目されるようになった古代寺院である。

そして、その後の平成一〇・一二年（一九九八・二〇〇〇）、それまで建てられていた滋賀会館の一帯の再開発にともなう工事中に一部が発掘され、東西溝、南北溝と土坑などが検出され、白鳳《はくほう》時代から平安時代の瓦類と土器が出土している。

この発掘調査では、軒丸瓦に複弁八弁蓮華文《れんげもん》で外縁に面《めん》違《たがい》鋸歯文《きょしもん》をつける川原寺《かわらでら》軒丸瓦Aと同笵《どうはん》のもの五点、草津《くさつ》市宝光寺《ほうこうじ》廃寺の複弁蓮華文と同笵のもの一八点（**図81**）、ほかに単弁十弁蓮華文などがある。また、軒平瓦に四重弧文、三重弧文、偏行唐草文《からくさもん》、均整唐草文、飛雲文《ひうんもん》などが出土し、古代寺院の堂塔の遺構は見つかっていないが、ここに大津廃寺の古代寺院が所在したことは疑いないものとなっている。

これら出土した軒瓦のうち、川原寺軒丸瓦Aは、七世紀の後半、斉明《さいめい》天皇が筑紫《つくし》で没した際に、飛鳥《あすか》の飛鳥川の西に弔うために建てられた川原寺の中金堂《ちゅうこんどう》に葺いた軒丸瓦と同笵のもので、滋賀里《しがさと》に所在する崇福寺《すうふくじ》跡でも出土するものである。また、複弁八弁蓮華文軒丸瓦の一つは、草津市宝光寺廃寺から出土しているものと同笵のものである。

このように、大津廃寺での発掘では、古代寺院の堂塔に対する手がかりは得られていないが、川原寺軒丸瓦A、宝光寺廃寺の複弁蓮華文軒丸瓦と同笵軒瓦が出土しており、検討すべき課題が提起されている。

二、出土した川原寺軒丸瓦Aと同笵軒瓦の性格

大津《おおつ》廃寺から出土した川原寺軒丸瓦《かわらでらのきまるがわら》Aは、飛鳥《あすか》の川原に造営された川原寺の創建時に葺かれた軒丸瓦である。この川原寺軒丸瓦Aは、天智天皇《てんじ》による川原寺の造営が一定進展した際に、山背《やましろ》の木津《きづ》川河畔に造営された高麗寺《こまでら》に移動している。そして、高麗寺跡では、金堂《こんどう》、塔に主体に葺かれた後に、近江《おうみ》の崇福寺《すうふくじ》に移動したことが明らかになっている。その崇福寺は、『扶桑略記《ふそうりゃくき》』に収録された「崇福寺縁起」に、近江大津宮《おおつのみや》に遷都した翌年（天智七年〈六六八〉）、天智が滋賀里《しがさと》山中に造営した経緯と伽藍《がらん》として構築された堂塔、また付属する雑舎《ぞうしゃ》などを述べている国家的に造営された古代寺院である。そして、この崇福寺跡からも、川原寺軒丸瓦Aと同笵《どうはん》の複弁八弁蓮華文《れんげもん》軒丸瓦が出土している。

　このように、天智が造営した川原寺の造営に際して製作された複弁蓮華文軒丸瓦の瓦当《がとう》范《はん》A・B・D・Eのうち、造営の当初に製作され、中金堂《ちゅうこんどう》に葺かれた瓦当范Aが、川原寺から山背の木津川河畔に建てられた高麗寺に移動し、ついで近江の崇福寺に移動した要因は、十分に明らかになっていない。また二つの古代寺院のうち、近江の崇福寺に移動したことは、「崇福寺縁起」によって、川原寺と同じく天智が造営したことからすると、造営の支援をしたものと推測される。しかし、近江の崇福寺に移動する前に、高麗寺の造営に、この瓦当范Aが移動したことは、前述したように十分に明らかでないが、著者は、この時期の七世紀後半に高句麗《こうくり》が滅亡した国際的な状況から、山背の高麗寺も天智が高句麗を弔うために造営した古代寺院であったとする考えを提示したことがある。(註2)

　さて、滋賀里に造営された崇福寺跡は、際《さい》川の上流域の丘陵地に所在する。ここには北尾根に弥勒堂《みろくどう》跡（金堂跡）、中尾根の西に小《しょう》金堂跡、東に塔跡が遺存し、発掘されている。また、さらに南尾根に金堂跡と講堂跡が遺存している。そして、現状では、北尾根と中尾根に所在する弥勒堂跡、小金堂・塔跡の堂塔が崇福寺の伽藍《がらん》を構成するものとされている。そして、南尾根の金堂跡と講堂跡は、伽藍の主軸を異にしており、桓武《かんむ》天皇が造営した梵《ぼん》釈《しゃく》寺《じ》跡に理解されている。(註3)

　この崇福寺は、『続日本紀《しょくにほんぎ》』大宝《たいほう》元年（七〇一）八月四日条に、志我山寺《しがやまでら》の食封《じきふ》は、満三〇年となっており、また、観世音寺《かんぜおんじ》と筑紫尼寺《つくしのにじ》の食封は、大宝元年から数えて満五年となっているので停止することを記していることが注目される。

この観世音寺は、斉明《さいめい》五年（六六〇）に、百済《くだら》が唐・新羅《しらぎ》軍によって倒されたので、その翌年（六六一）に、斉明天皇が百済を再興する兵士を派遣するために筑紫へ赴いたが、同年七月に筑紫で没したので、斉明を弔うために造営した古代寺院だった。この観世音寺とともに記された筑紫尼寺に対する研究は乏しいが、観世音寺を僧寺《そうじ》として、また弔う尼寺として筑紫尼寺を造営したとする考えが提起されており、[註4] 妥当な考えと思われる。

いま、このように、筑紫に斉明を弔う僧寺・尼寺として観世音寺と筑紫尼寺を造営したとすると、近江の滋賀里山中に造営された崇福寺も、「崇福寺縁起」にはまったく言及していないが、僧寺として崇福寺を造営し、大津廃寺も川原寺軒丸瓦Aを主体に葺いていることを重視すると、尼寺として造営した可能性がきわめて高いものと推測される。そして、天智は、僧寺として崇福寺を滋賀里山中に造営したが、これとともに造営した尼寺は同一の地域ではなく。逢坂山《おうさかやま》を東に越えたより交通の至便な地に大津廃寺を造営したものと推測されるのである。

この大津廃寺からは、川原寺軒丸瓦Aとともに、草津《くさつ》市に所在する宝光寺《ほうこうじ》廃寺の複弁蓮華文軒丸瓦と同笵のものも出土しており、この同笵軒丸瓦が葺かれたことも併せて検討する必要があるであろう。

三、宝光寺廃寺と同笵の複弁軒丸瓦

草津市《くさつ》の宝光寺《ほうこうじ》廃寺は、草津市の西北部、琵琶《びわ》湖に比較的近い北大萱町《きたおおがやちょう》に所在する古代寺院である。この廃寺は、古く『近江栗太郡志《おうみくりたぐんし》』に軒丸瓦《のきまるがわら》二点を掲載し、紹介されている古代寺院である。昭和五五～五八年（一九八〇～八三）、著者は滋賀大生とともに宝光寺本堂の西側を発掘したところ、講堂跡の基壇の西端を検出した（89ページ図33）。この基壇は、東西一五m以上、南北一六m以上のもので、基壇の外装は半截《はんせつ》した平瓦《ひらがわら》を積んだもので、高さ〇・四m、平瓦一一枚が遺存していた。

他にも瓦が散布する地点があり、他の堂塔も所在するものと推測されるが、現状では講堂跡一棟を確認したにとどまっている。

これまで採集されている軒瓦と出土したものを合わせると、素弁《そべん》軒丸瓦2種、単弁軒丸瓦2種、複弁軒丸瓦4種、軒平瓦3種がある。素弁軒丸瓦1は狭い外縁をつけるもの、素弁軒丸瓦2は、狭い外縁に輻線文《ふくせんもん》をつけている。また、複弁軒丸瓦の一つは、大きな中房に三枚の蓮弁《れんべん》を十字状に配し、その間に小型の蓮華文《れんげもん》を四個配するもの、複弁蓮華文2は、中房に蓮子《れんし》1＋5＋11をつけ、外区に面違鋸歯文《めんたがいきょしもん》をつけるものである。これと同笵《どうはん》のものは、大津《おおつ》廃寺から出土している。軒平瓦は、三重《さんじゅう》弧文《こもん》と四重弧文のものが出土している。

以上の軒瓦のうち、宝光寺廃寺の創建瓦である軒丸瓦1・2のうち軒丸瓦2は、素弁で外縁に輻線文をつけており、琵琶湖の西岸の穴太《あのう》廃寺に葺かれた輻線文縁軒丸瓦をもとに瓦当笵《がとうはん》が作られたものと推測される。宝光寺廃寺でも穴太廃寺と同じく瓦積《かわらづみ》基壇が構築されており、穴太廃寺の造営氏族と同じく渡来系氏族の氏寺であったと推測される。そして、その後に葺かれた複弁八弁蓮華文2は、前述したように大津廃寺のものと同笵瓦である。しかも、この軒丸瓦は、大津廃寺から供給されたものと推測される。この大津廃寺の複弁蓮華文の同笵軒瓦が宝光寺廃寺にもたらされた要因は明らかでない。しかし、宝光寺廃寺は、大津廃寺に先行して伽藍を造営しているので、大津廃寺の堂塔を構築する際に、宝光寺廃寺から木工工人、あるいは造瓦工人らを派遣するなど、大津廃寺の造営を支援した在地の有力氏族であったと推測される。

しかも、天智《てんじ》は、白村江《はくそんこう》の戦い後の緊迫した国際関係のもと、飛鳥《あすか》から近江大津宮《おうみおおつのみや》へ遷都しており、この近江大津宮への遷都では、在地に居住する渡来系氏族の全面的な支持と尼寺の造営に対する全面的な協力を求められたものと思われる。なお、宝光寺廃寺からは、南滋賀《みなみしが》廃寺で顕著に出土する方形瓦片も出土しており、近江大津宮周辺の氏寺と深いつながりがあたことも疑いないものと思われる。

おわりに

大津《おおつ》廃寺は、これまでの発掘では、堂塔は検出されていないが、出土した川原寺軒丸《かわらでらのきまる》瓦《がわら》Aからすると、天智《てんじ》が滋賀里《しがさと》山中に崇福寺《すうふくじ》を造営した際に、尼寺《にじ》として造営した可能性が高いものである。この寺院は、『近江輿地志略《おうみよちしりゃく》』巻之卅二《さんじゅうに》に、「大津寺《おおつでら》旧跡」なる項があり、この寺を大津皇子《おおつのみこ》、高市《たけちの》皇子の本願と伝えている。しかし、大津皇子、高市皇子が近江大津宮《おおつのみや》の周辺で過ごした年齢からすると、そのようには理解し難いであろう。

そして、『日本書紀』天智一〇年（六七一）一〇月一七日条は、天智の病が重くなったので、東宮《とうぐう》（大海人《おおあまの》皇子）を呼び、そして、後のことを託している。しかし、大海人皇子は、それを固辞し、後は皇后にと述べ、天智の病の回復のために、出家して仏道修行したいと述べ、吉野《よしの》に入っている。このような、にわかな大海人皇子の吉野への出立は、左大臣の蘇我赤兄《そがのあかえ》、右大臣の中臣金《なかとみのかね》、大納言の蘇我果安《はたやす》らに見送られ、大海人皇子は吉野へ出立している。

このように、にわかに起こった大海人皇子の吉野宮への出立では、大海人皇子の子であった高市皇子・大津皇子らは、そのまま近江大津宮の周辺に留まらざるをえなかったものと推測される。そして、『日本書紀』天武《てんむ》元年（六七二）六月二三日条は、大海人皇子が東国へ移動し壬申《じんしん》の乱を起こした際に、大海人皇子の舎人《とねり》に対し、高市皇子と大津皇子に対し伊勢《いせ》で落ち合えるように指示したことを記しているので、近江大津宮の周辺に留まっていたと思われる。

このような近江大津宮の周辺で過ごした高市皇子、大津皇子からすると、この寺院が二人の本願とするのは困難である。しかし、なお高市皇子と大津皇子が、この大津廃寺とかかわりがあったとすると、大海人皇子が吉野へ出立した後、高市皇子と大津皇子は、天智が尼寺として造営した大津廃寺に一時的に幽閉、もしくは身を寄せることがあったのではないと推測しうるように思われる。

註

（1）西田弘「大津廃寺」『近江の古代寺院』真陽社　一九八九年
（2）小笠原好彦『日本古代寺院造営氏族の研究』東京堂出版　一九八九年
（3）福山敏男「梵釈寺について」『史迹と美術』第一六巻第一号　一九四六年
（4）須田勉「下野薬師寺の造営と新羅芬皇寺」『渡来・帰化・建都と古代日本—新羅人と高麗人—』高志書院　二〇二三年

第四章　湖東式軒丸瓦の成立と系譜

はじめに

日本の本格的な寺院造営が、飛鳥《あすか》時代に蘇我《そが》氏と厩戸皇子《うまやどのみこ》を中心に進められたことは、畿内に造営された初期寺院に葺かれた素弁《そべん》系の軒瓦《のきがわら》の分布によってほぼ知ることができる。それに続く白鳳《はくほう》寺院に単弁様式の山田寺《やまだでら》式や複弁様式の川原寺《かわらでら》式軒丸瓦によって葺かれたことも、各地の寺院から出土する軒瓦によって明らかになっている。

このような飛鳥・白鳳時代の古代寺院の造営にあたって採用された軒瓦の多くは、大和《やまと》、河内《かわち》、摂津《せっつ》など畿内で採用された瓦当《がとう》文様が広まっているが、中には畿内の寺院には葺かれていない地域性の強いものも少なからず散見する。その一つとして、主として近江《おうみ》の湖東地域の寺院に集中して葺かれた湖東式軒丸瓦と呼ぶものがある。この軒丸瓦には、単弁様式と重弁様式のものがある。（註1）そして、近江では、愛智《えち》郡の軽野塔ノ塚《かるのとうのづか》廃寺、野々目《ののめ》廃寺、蒲生《がもう》郡綺田《かばた》廃寺、雪野寺《ゆきのでら》跡など湖東の古代寺院から顕著に出土する。しかし、近年では湖北の伊香《いか》郡の井口《いのくち》廃寺、さらにその一部は越前《えちぜん》の小粕瓦窯《こがすがよう》や美濃《みの》の寺院などでも出土することが知られている。

この湖東式軒丸瓦の成立時期と系譜に関しては、不明な点がなお多く、近年では軒丸瓦の製作技術の検討から瓦当文様の新旧を区別することも試みられている。また、瓦当文様の系譜に関しても、畿内や周辺の寺院では同系譜のものが確認できず、朝鮮半島の公州《こうしゅう》の大通寺《だいつうじ》址、南穴寺《なんけつじ》址、西穴寺《さいけつじ》址などから同一系譜とみなされるものが出土していることから、百済《くだら》の故地から導入されたものとみなす考えを述べたことがあるが、（註2）なお再検討を促す考えがだされている。（註3）

ここでは、湖東式軒丸瓦に関連する課題のうち、この瓦当文様の成立年代とその系譜に関連することを少し述べることにしたい。

一、湖東式軒丸瓦の二種

湖東式軒丸瓦《のきまるがわら》は、近江《おうみ》では愛智《えち》郡軽野塔ノ塚《かるのとうのづか》廃寺、小八木《こやぎ》廃寺、野々目《ののめ》廃寺、妙園寺《みょうおんじ》廃寺、犬上《いぬかみ》郡長《おさ》廃寺、蒲生《がもう》郡雪野寺《ゆきのでら》跡、綺田《かばた》廃寺、伊香《いか》郡井口《いのくち》廃寺、保延寺《ほうえんじ》大海道《だいかいどう》廃寺、小《おお》江《え》廃寺などから出土している。これらの古代寺院のうち、発掘調査が少し進んでいる愛智郡の野々目廃寺、軽野塔ノ塚廃寺の出土例をとりあげてその特徴をみることにする。

野々目廃寺では、昭和五三年（一九七八）の発掘で単弁八弁蓮華文《れんげもん》と単弁六弁蓮華文の二種類の軒丸瓦が出土している。このうち単弁八弁蓮華文のものは、中央の平坦面に大きな蓮子《れんし》を一つつけ、その上に十字の界線がつけられ、その外側に圏線、さらに環状に蓮子をめぐらして中房をなしている。また、蓮弁《れんべん》は稜《りょう》のある単弁八弁様式で、外区内縁には珠文《しゅもん》をめぐらし、外区の外縁を素文としたものである。また、他のものは単弁六弁蓮華文で、やはり平坦な中央に大きな蓮子を一つつけ、その外側に環状に蓮子をめぐらし、さらに単弁を配し、外区内縁に珠文、外区外縁を素文《そもん》とするものである。

また、軽野塔ノ塚廃寺からは、単弁蓮華文と重弁蓮華文の二様式の軒丸瓦が出土する。単弁蓮華文のものは六弁蓮華文で、平坦な中央に大きな蓮子を一つ置き、その上に小さい蓮子を一つつけ、その外側に圏線と環状に蓮子をめぐらし、六弁の蓮弁を配する。さらに外区内縁に珠文、外区外縁を素文とする。これには小型のものもある。また、重弁蓮華文のものは、平坦な中央に大きな蓮子、その外側に蓮子を環状につけ、稜のある八弁重弁を配し、外区内縁に珠文、外区外縁に圏線をめぐらすものである。これには六弁蓮華文のも

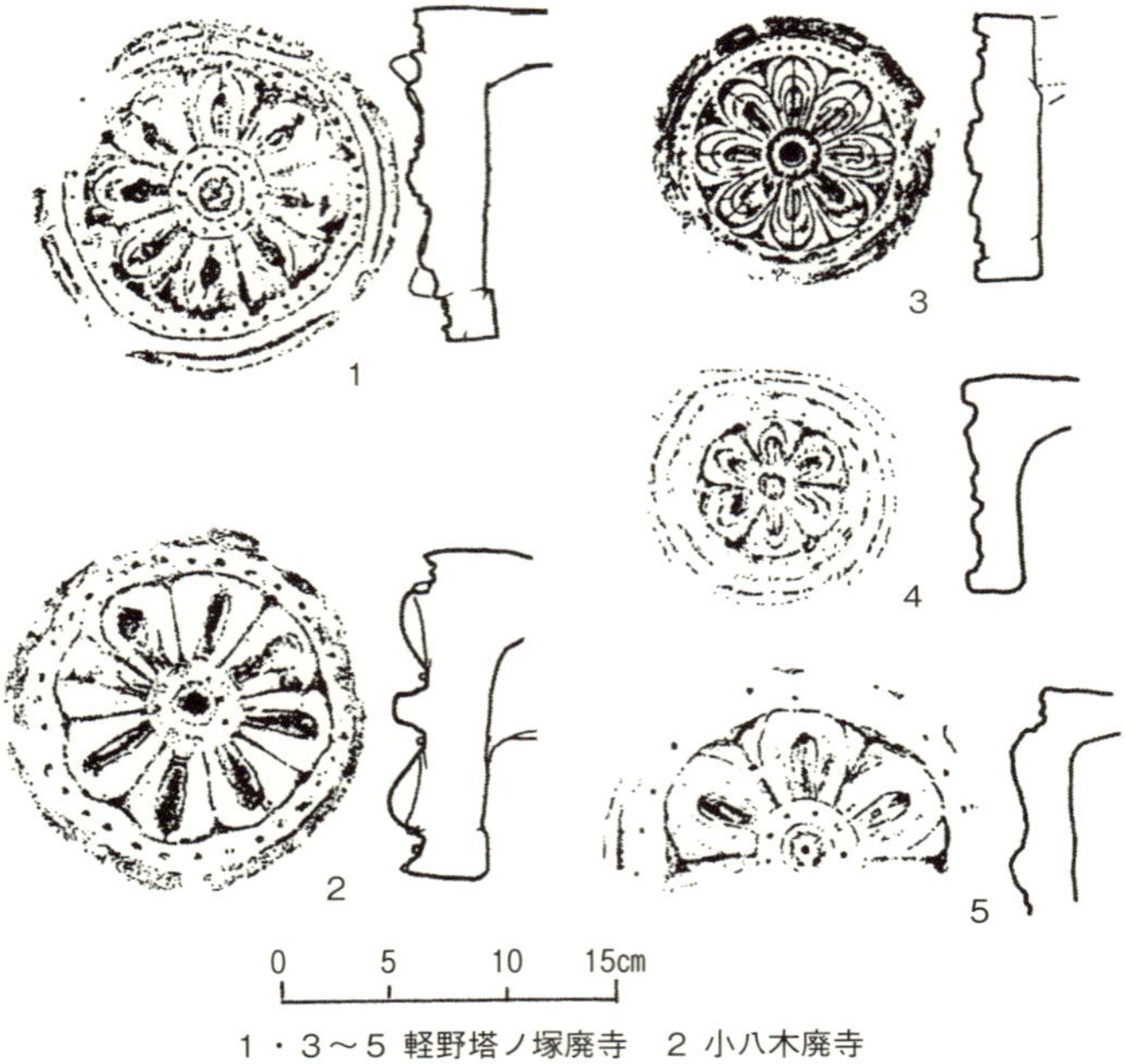

1・3～5 軽野塔ノ塚廃寺　2 小八木廃寺

図82　軽野塔ノ塚廃寺と小八木廃寺の湖東式軒丸瓦（著者作成）

のもある（図82）。

このように、湖東式軒丸瓦と呼ぶものは、瓦当《がとう》面の中央部に、通常は突出する中房が平坦面をなしている。また蓮弁は単弁と重弁のものがあり、単弁は愛智郡野々目廃寺、小八木廃寺（図82－5）、愛智郡軽野塔ノ塚廃寺、蒲生郡綺田廃寺、雪野寺跡、犬上郡長廃寺から、重弁は愛智郡軽塔ノ塚廃寺、蒲生郡綺田廃寺から出土し、単弁と重弁のいずれかが出土するものと両者が出土する寺院とがある。

これらの湖東式軒丸瓦のうち、湖東北半部に葺かれた軒瓦に対して、文様、外縁の圏線、色調と湖東の寺院に葺かれた軒瓦の製作技法との関連などが詳細に検討されている。(註4)しかし、湖東式軒瓦の変遷過程は、各寺院の堂塔との関連がほとんど把握し得ていないこと、また軒瓦の製作にあたった瓦窯《がよう》での先後関連も確認しえていないので、単弁、重弁のいずれが先に製作されたのかも今後に明らかにすべき課題となっている。

二、湖東式軒丸瓦の成立年代

湖東式軒丸瓦《のきまるがわら》の成立年代を明らかにするには、この軒瓦を葺いた湖東で最も古い廃寺を明らかにすることが望まれるが、現状では、なお容易でない。ここでは、湖東式軒丸瓦と組み合って葺かれたと想定される指頭圧痕重弧文《しとうあっこんじゅうこもん》軒平瓦の成立年代を検討し、この軒丸瓦が成立した上限を探ってみることにしたい。

まず、野々目《ののめ》廃寺で湖東式軒丸瓦と組み合う指頭圧痕重弧文軒平瓦は、上半部に二重弧文、下半部に指頭圧痕をつけたものである。顎《あご》（裏面にある段差）は直線顎《あご》をなしている。また、軽野塔ノ塚《かるのとうのづか》廃寺の指頭圧痕重弧文軒平瓦は三重弧文をつけ、その下に指頭圧痕をつける。平瓦の凸面《とつめん》には縄叩きがつけられている。

これらの指頭圧痕重弧文軒平瓦が製作された年代を直接的に知りうる資料は、現状ではいずれの廃寺でも得られていない。そこで、間接的ながら知り得る可能性が高いものに、蒲生《がもう》郡宮井《みやい》廃寺の出土例がある。宮井廃寺は日野《ひの》川左岸に造営された白鳳《はくほう》寺院で、金堂《こんどう》、塔、北方建物、西方建物などが見つかっている。この廃寺から出土した創建期の軒丸瓦は雷文縁《らいもんえん》軒丸瓦で、これと組み合って葺かれたと推測されるのが指頭圧痕重弧文をつけ、平瓦の凸面に格子目《こうしめ》叩きをつけた軒平瓦である。(註5) この宮井廃寺に葺かれた瓦類は、この廃寺の西南四〇〇mに位置する辻岡山瓦窯《つじおかやまがよう》で焼成されている。この辻岡瓦窯跡からはこれまで一〇基ほどの瓦窯が検出されており、そのうち北端部に近い位置で見つかっている一号窯《がま》が最も古く、(註6) この瓦窯からは軒瓦は出土していないが、凸面に格子目叩きを施した平瓦が大量に出土した。しかも、一号窯からは瓦類のほかに焼成部の床面から須恵器《すえき》の坏《つき》が数個体出土している（図83）。

この須恵器の坏身《つきみ》は、口径一一・七㎝、高さ四・一㎝と口径一〇・八㎝、高さ四・一㎝の丸底風の底部と口端部で短く外反するものである。これらの坏は瀬《せ》田《た》丘陵に営まれた大津《おおつ》市山ノ神古窯群《やまのかみこようぐん》では二号窯から出土しているものとほぼ同型式のものが出土しており、飛鳥《あすか》地域の編年では飛鳥Ⅲの新しい時期、あるいは飛鳥Ⅵの古い時期のものと推測される。この一号窯から出土した須恵器坏から宮井廃寺の金堂が造営された創建年代を求めると、この廃寺は六七〇年代末には建立されたものと想定してよいであろう。

また、この金堂に葺かれた格子目叩きの平瓦に指頭圧痕重弧文をつけた軒平瓦も、同様に六七〇年末まで遡りうる可能性が高いことになる。これは宮井廃寺が六七〇年代末までに造営を開始し、また指頭圧痕重弧文軒平瓦が湖東式軒丸瓦と組み合って葺かれたとすると、湖東式軒丸瓦も六七〇年代末には成立していた可能性が高いと推測されるのである。

この年代は、近江大津宮《おうみおおつのみや》への遷都にともなって六六〇年代後半に造営されたとされる穴太《あのう》廃寺の移建伽藍《がらん》、南滋賀《みなみしが》廃寺、崇福寺《すうふくじ》、宝光寺《ほうこうじ》廃寺などから出土する輻線文縁《ふくせんもんえん》軒丸

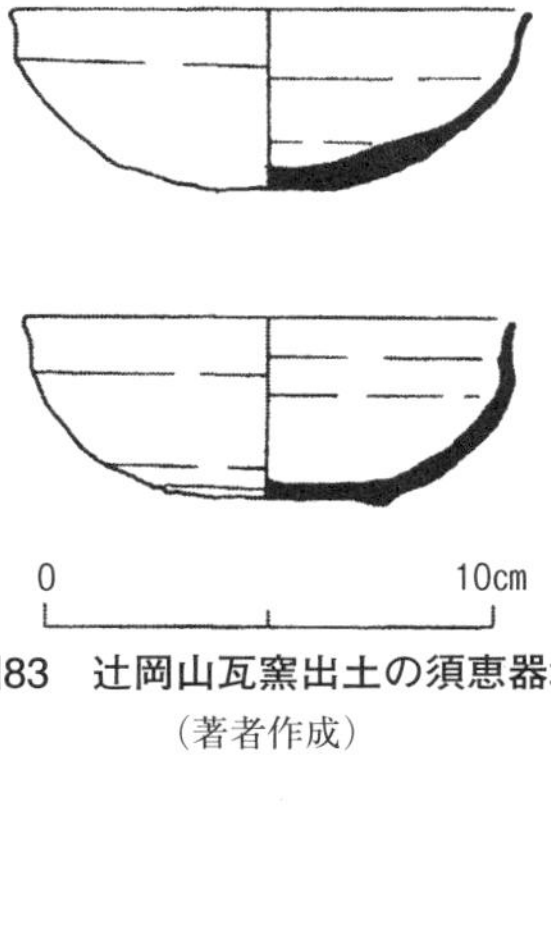

図83　辻岡山瓦窯出土の須恵器坏
（著者作成）

瓦・重弧文軒平瓦からみると、それらよりは少し遅れて製作され、しかも湖東を中心とする氏寺に葺かれたものと思われる。

三、湖東式軒丸瓦の系譜

湖東式軒丸瓦《のきまるがわら》は、湖東では、古代の愛智《えち》郡の宇曽《うそ》川流域の氏寺を中心に、蒲生《がもう》郡の日野《ひの》川流域の氏寺にも葺かれている。そして単弁のものは愛智郡野々目《ののめ》廃寺、小八木《こやぎ》廃寺、軽《かる》野塔ノ塚《のとうのづか》廃寺、蒲生郡綺田《かばた》廃寺、雪野寺《ゆきのでら》跡など、重弁《じゅうべん》のものは愛智郡軽野塔ノ塚廃寺、蒲生郡綺田廃寺などに葺かれている。

この湖東式軒丸瓦は、内区の平坦な中房の中央に大きな蓮子《れんし》を一配し、その外側に蓮子を環状にめぐらし、単弁あるいは重弁の蓮弁を配し、さらに外区内縁に珠文《しゅもん》、外区外縁を素文《そもん》もしくは圏線をめぐらすものである。これと同一の文様構成をなす軒丸瓦は、畿内では類例がなく、畿内の周辺でも関連を求めうる軒瓦は現状でも見いだし難い。

この形式の軒丸瓦の一つである単弁様式の軒丸瓦は、近年の研究によって大和《やまと》の吉備池《きびいけ》廃寺と木之本《きのもと》廃寺の調査によって、主葉《しゅよう》が長く、弁端が鋭角となる木之本廃寺式から山田《やまだ》寺《でら》式が成立し、この形式が多様性を生みながら各地で広まったことが知られている。近江《おうみ》でも七世紀の後半に、神崎《かんざき》郡木《き》流《ながせ》廃寺、犬上《いぬかみ》郡竹ヶ鼻《たけがはな》廃寺、坂田《さかた》郡三大寺《さんだいじ》跡、飯村《いむら》廃寺、大東《おおひがし》廃寺、新庄《しんじょう》馬場《ばんば》廃寺、浅井《あざい》郡八島《やしま》廃寺などから出土する。しかし、これらの山田寺式の軒丸瓦から、中央の平坦な中房に大きな蓮子を一つ配し、その外側に環状に蓮子をめぐらすような中房とのつながりを求めるのは難しいであろう。

また、一方の重弁のものは、京都市樫原《かたぎはら》廃寺など山背《やましろ》の寺院に顕著にみる瓦当《がとう》文様であるが、この形式の軒丸瓦も湖東式軒丸瓦へ発展しうる要素はほとんど見いだし難いように思われる。

さらに、外区内縁につけられた珠文も問題になる。畿内の七世紀後半の軒丸瓦で珠文をめぐらした最も古い軒丸瓦は、大和の飛鳥《あすか》に建立された大官大寺《だいかんだいじ》のものである。大官大寺は『大安寺伽藍《がらん》縁起　幷《ならびに》　流《る》記《き》資財帳』によると、廐戸皇子《うまやどのみこ》が建てた熊凝《くまごり》精舎を引き継いで舒明《じょめい》天皇が百済大寺《くだら(の)おおでら》を建立し、これを高市《たかいち》郡に移して高市大寺《たけちおおでら》とし、さらに天武《てんむ》六年（六七七）に高市大寺を大官大寺に改称したとされている。

しかし、大官大寺跡は発掘によって、藤原京《ふじわらきょう》の条坊に沿って伽藍《がらん》を造営し、その造営年代は六九〇年代まで下がるものと推測されている。とすると大官大寺の軒丸瓦に珠文の文様要素が導入されたのは湖東式軒丸瓦の成立以後の可能性が高く、湖東式軒丸瓦が畿内および周辺の古代寺院に葺かれた軒丸瓦の瓦当文様から、この文様要素を導入して創出したとは想定しにくいことになる。

湖東式軒丸瓦の瓦当文様の創出を考えるには、畿内の中枢部の寺院の軒丸瓦に見いだし難いので、近江で独自に作られた可能性を想定する見解もある。瓦当文様の創出は、周辺地域の寺院に葺かれた瓦当文様から導入するだけでなく、同時期、あるいはそれ以前に製作された仏像や荘厳具《しょうごんぐ》、さらに工芸品など、他の仏教関連の仏具に表現された蓮華文などの文様から導入されることも知られている。(註7)

しかし、そのような例を認め得るとしても、現状では湖東式軒丸瓦に関連する蓮華文が他に見いだし難いので、近江で創出されたとする考えもあるが、なお現状では推測にとどまっている。

一方、日本の古代寺院の瓦当文様は、飛鳥寺《あすかでら》の造営を契機に百済《くだら》から伝えられている。また、その後の軒瓦の瓦当文様も、百済や新羅《しらぎ》の寺院の瓦当文様の系譜を引くものがいくつか注目されてきている。(註8)

そこで、湖東式軒丸瓦の祖形を中国、もしくは朝鮮半島に求めると、百済の公州《こうしゅう》に所在する大通寺《だいつうじ》址《し》、西穴寺《さいけつじ》址、南穴寺《なんけつじ》址の堂塔に葺かれた軒丸瓦に強い共通性を見いだすことができる。(註9)

これらのうち、大通寺址は、公州市街のほぼ中央部にある寺院跡である。『三国遺事《さんごくいじ》』

巻三・原宗興法獣髑滅身条《げんしゅうこうほうけんとくめっしん》に、大通元年丁未《ていび》に、梁帝《りょうてい》のために寺を熊川州《ゆうせん》に創出し、大通寺と名づけたとあり、百済が熊津《ゆうしん》に遷都した後の五二七年に建てられたとされている。この大通寺址には幢竿《どうかん》支柱が残っており、金堂《こんどう》と講堂の基壇の所在が推測されている（図54）。そして、ここで出土した軒丸瓦は、内区の平坦な中房の中央に、大きな蓮子を一個つけ、その周囲に環状に蓮子を配し、その外側に単弁の八弁蓮弁を配置している。そして、外区は内縁に珠文、外縁に狭い素文をめぐらすものである。

また西穴寺址は、大通寺址の西南一・五㎞に所在し、寺跡は傾斜面を壇状に整地した上にあり、東向きの石窟《せっくつ》もある。ここでは金堂跡、その南で塔跡が確認されている。軒丸瓦は四種の単弁蓮華文のものが出土し、その一つは平坦な中央に突出する大きな蓮子を一つつけ、その周囲に環状に蓮子を配して中房とし、外区に珠文をめぐらすもの、二つに中央に蓮子を一つつけ、その外に圏線を二重にめぐらし、八個の蓮子を環状にめぐらして中房とし、外区の内縁に珠文、外区外縁に×をめぐらすものがある。内縁に珠文、外区外縁を素文とするものである。さらに、南穴寺址は、大通寺址の南二㎞にあり、ここからは、他に中央に突起する一個の蓮子を置き、その上に八分割線をつけ、その外側に一二個の蓮子をめぐらし、細長い単弁一六弁を配し、外区内縁に珠文と菱形文《ひしがたもん》をつけ、狭く素文の外区外縁をめぐらすものがある。

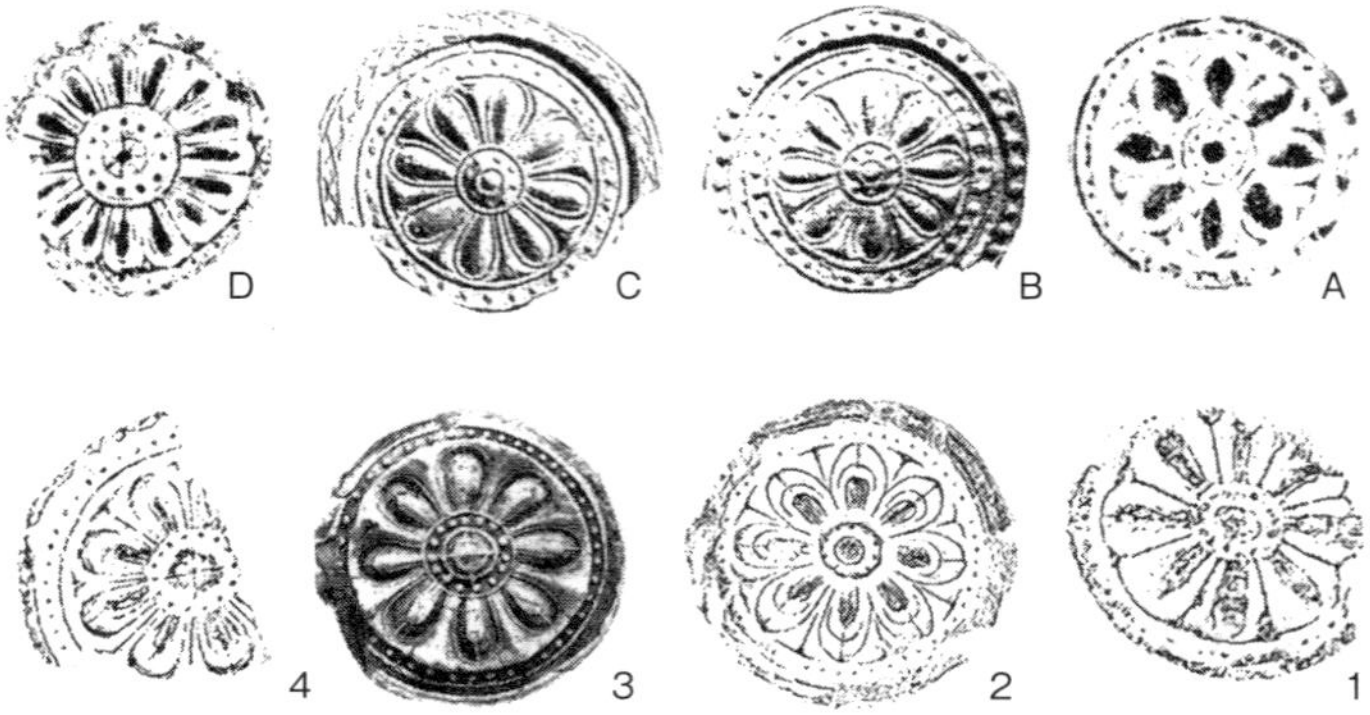

A 大通寺址　B 西穴寺址　C 西穴寺址　D 南穴寺址
1 小八木廃寺　2 軽野塔ノ塚廃寺　3 野々目廃寺　4 井口廃寺

図84　湖東式軒丸瓦と公州の寺院の軒丸瓦（著者作成）

以上のように、平坦な中央に、大きな蓮子一つをつけ、その外側の平坦面に蓮子を環状に配し、さらに単弁の蓮弁と外区内縁に珠文をめぐらす文様構成は、じつに湖東式軒丸瓦の文様構成ときわめて強い共通性を認めることができる。また西穴寺、南穴寺の軒瓦には、中央の蓮子に分割線を入れたものがあり、同様のものは、近江の湖東式軒丸瓦にもあり、両者は強い関連性を有するものと理解することができる（**図84**）。

しかし、百済の公州に建てられた西穴寺址の軒丸瓦は、その報告によると六六八年以降の統一新羅の時期に建立された寺院に想定されているだけで、葺かれた瓦当文様の製作年代は十分に明らかになっているとはいい難い。そして、外区内縁に配されている珠文は、繊内の古代寺院では大官大寺の軒丸瓦に初めて導入されており、関連するものとして、唐の大明宮《たいめいきゅう》の軒丸瓦には珠文をつけているので、かなり遅れて導入されたことになる。

一方、湖東式軒丸瓦と組み合う指頭圧痕《しとうあっこん》重弧文《じゅうこもん》軒平瓦は、朝鮮半島では百済の軍守里《ぐんしゅり》寺址《じし》、中国では洛陽《らくよう》の永寧寺《えいねいじ》跡などで出土している。これらのうち軍守里寺址は扶余《ふよ》にあり、発掘によって金堂、塔、講堂、東北基壇、西北基壇、東方基壇、西方基壇などが検出され、さらに近江の渡来系氏族の氏寺に顕著にみられる瓦積《かわらづみ》基壇が金堂、東方基壇から検出されている点でも注目される寺院である。（註10）

以上のように、湖東式軒丸瓦の成立年代は、宇曽川流域に集中して葺かれた廃寺からは知りうる資料がないが、宮井廃寺の格子目叩きをつけた指頭圧痕重弧文軒平瓦からすると、六七〇年代末まで遡る可能性が少なくないことになる。しかし、朝鮮半島の百済公州にある大通寺址、南穴寺址、西穴寺址の瓦当文様に対する年代観からすると、なお、百済の故地の軒瓦との関連で成立したとするには、これらの軒瓦の年代を再検討することも必要である。

四、湖東式軒丸瓦の成立の背景

いま、湖東式軒丸瓦《のきまるがわら》が公州《こうしゅう》の寺院に葺かれた軒瓦の瓦当《がとう》文様が導入されたとすると、どのようにして湖東地域に導入されたのだろうか。

この湖東式軒瓦の瓦当文様が、湖東の氏寺に六七〇年代の末までに導入されたとすると、つぎの二つのことを検討する必要があろう。一つは、百済《くだら》の滅亡後、百済の地から近江《おうみ》に移住した百済人との関連、いま一つは白村江《はくそんこう》の戦いに赴いた湖東地域の有力氏族との関連である。

朝鮮半島から移住した百済人のことは、『日本書紀』天智《てんじ》四年（六六四）二月是月《このつき》条に、百済の民の男女四〇〇人を近江神崎《かんざき》郡に居住させたことを記している。また、天智八年（六八九）是歳《このとし》条は、佐平余自信《さへいよじしん》、佐平鬼室集斯《きしつしゅうし》ら男女七〇〇余人を蒲生《がもう》郡に移住させたことも述べている。これらの記事からは、神崎郡、蒲生郡との関連は知りうるが、湖東式軒丸瓦が最も顕著に葺かれた愛智《えち》郡との関連は明らかでない。しかし、百済人を湖東地域に移住させているので、百済の故地である公州の寺院とつながりをもちうる条件が湖東にあったことまでは否定できないであろう。しかし、この時に渡来した百済人が六七〇年代末以降、湖東各地での寺院造営とどうかかわったかは明らかでない。年代は限定できないが、少なからず関連をもった可能性の高いものに蒲生郡石塔寺《いしどうじ》に百済系の三層石塔が造立されており、百済とのつながりの一部をうかがうことができる。

つぎに、『日本書紀』天智二年（六六三）の記事には、白村江の戦いで日本・百済遺民軍が唐・新羅軍に壊滅的な打撃を受けて敗れたことを記している。この戦いでは、愛智郡を本拠とした朴市《えち》秦造《はたのみやつこ》田来津《たくつ》（朴市田来津）が将軍として奮戦し、劇的な戦死を遂げている。田来津がこの戦いで奮戦できたのは、この戦いに愛智郡から他にも多くの有力氏族が参戦していたことを想定してよいであろう。

この白村江の戦いへの参戦と、寺院造営との関連では、『日本霊異《りょういき》記』上巻第七に、備後《びんご》の三谿《みたに》郡の大領《だいりょう》が戦いに赴くにあたって寺院造営を請願し、無事に帰還できたことから三谷寺《みたにでら》を造営したことを記している。この白村江の戦いでは、愛智郡に本拠をおく朴市秦造田来津が参戦し、将軍的な役割を担ったことは、この愛智郡を本拠地とする有力氏族が彼のもとに多くの隊を編成して戦った可能性が少なくないであろう。

しかも、この戦いでは惨敗しており、帰還できた者が少なく、愛智郡から戦いに赴いた者も帰還できなかった者が大半だったかと推測される。そこで、この戦いでの死者のために、愛智郡で多くの氏寺が造営され、弔うことになった可能性が少なくないのではなかろうか。ただし、それには公州の大通寺址《だいつうじし》、西穴寺址《さいけつじ》、南穴寺址《なんけつじ》の瓦当文様が愛智郡の氏寺に導入された歴史的な背景を、なお明らかにすることが課題になるであろう。

白村江の戦い後の記事で注目されるものに、『日本書紀』天智一〇年（六七一）十一月癸《き》卯《ぼう》条がある。この記事は戦いから八年後に、唐の郭務悰《かくむそう》ら六〇〇人と送使沙宅孫登《そうしさたくそんとう》ら一四〇〇人、総計二〇〇〇人が船四七隻で比知嶋《ひちしま》に来朝の意をもって到着したこと記している。そして翌年の五月一二日に、近江朝廷側は、郭務悰らに甲冑《かっちゅう》弓矢を賜い、さらに絁《あしぎぬ》を一六七三匹《びき》、布二八七二斤《きん》、綿六六六六斤を賜っており、そして三〇日に郭務悰らは帰国したことを述べている。

戦いから八年後に郭務悰らがどのような目的で、二〇〇〇人の大部隊で訪れたのか。これは百済の難民を輸送し日本に移住させる目的とする考え、(註11)郭務悰ら六〇〇人は熊津都督《ゆうしんととく》府《ふ》の官人、沙宅孫登ら一四〇〇人は百済難民とする考えなどがだされているが、直木孝次《なおきこうじ》郎《ろう》氏は、沙宅孫登のもとにある一四〇〇人の大部分は白村江の敗戦によって生じた日本軍の俘虜《ふりょ》、郭務悰らの六〇〇人は使節および俘虜を監視・護送にあたる唐人とその指揮下の百済人とする興味深い考えを提示している。(註12)

この白村江の戦いで俘虜がいたことは、『日本書紀』持統《じとう》四年（六九〇）一〇月乙丑《いっちゅう》条に、大伴部博麻《おおともべのはかま》に下した詔にも記されている。また郭務悰らの滞在地が島であること、期間、帰国に際して受けた賜物の量に端数が記されているので、直木氏が説くように俘虜の返還に関するものとするのが最も無理のない考えであろう。

このように理解すると、この時の俘虜返還には近江の愛智郡を本拠とする朴市秦造田来津とともに戦った愛智郡から参戦した有力氏族もふくまれていたであろう。そして、帰還した後の六七二年から間もなく渡来系氏族の依知秦《えちはた》一族らが中心となり、敗戦後に、熊津都督府のもと、公州で俘虜《ふりょ》となっていたとき、大通寺址、西穴寺址、南穴寺址などを参拝する機会があり、その際にこれらの寺院の軒丸瓦の瓦当を戦いの記念に持ち帰り、愛智郡内で造営した氏寺に、これらの瓦当文様を敢えて導入したことも、想定しえないことではないのではなかろうか。

以上のような想定は愛智郡の場合には、『日本霊異記』に記された三谷寺に記すような文献史料を欠くので、推測の域をでない考えである。しかし、平坦な中房につけた蓮子の配置と蓮弁、外区内縁に珠文をつける文様構成の強い共通性は、二つの地域に強い歴史的な関連があったことを疑うことはできないであろう。

いま、湖東式軒丸瓦の瓦当文様が愛智郡の氏寺で成立し、その後に湖東地域をはじめ、主として渡来系氏族の氏寺に導入されたと推測すると、公州の寺院の瓦当文様の系譜をそのまま導入して成立した外区外縁を素文とする単弁形式が先に作成され、その後、圏線が外縁に加えられた軽野塔ノ塚《かるのとうのづか》廃寺に典型的にみるような重弁形式のものが製作されることになったものと推測されるが、なお確認する資料が必要である。

註

(1) 西田弘「近江の古瓦Ⅲ　湖東北半部」『文化財教室シリーズ』三三　一九七九年。近藤滋「愛知郡湖東町小八木廃寺調査報告」『昭和四九年度滋賀県文化財調査年報』滋賀県教育委員会　一九七五年
(2) 小笠原好彦「近江古代寺院と分布」『近江の古代寺院』一九八九年。小笠原好彦「近江の仏教文化」『古代を考える近江』吉川弘文館　一九九二年
(3) 乗岡卓「『湖東式軒丸瓦』に関する基礎的考察」『紀要』第一〇号　一九九七年
(4) 註3と同じ
(5) 宮井廃寺出土の格子目叩きをつける軒平瓦は宮井廃寺の『宮井廃寺発掘調査報告書』に収録されていない
(6) 小笠原好彦「辻岡山瓦窯」『蒲生町史』第三巻　二〇〇〇年。滋賀大学考古学ゼミナール「辻岡山瓦窯跡」『東近江市埋蔵文化財調査報告書』第二四集　二〇一四年
(7) 須崎雪博「山ノ神遺跡発掘調査報告書」『大津市埋蔵文化財調査報告書』九　一九八五年
(8) 上原真人「蓮華紋」『日本の美術』第三五九号　一九九六年
(9) 亀田修一「瓦からみた畿内と朝鮮半島」荒木敏夫編『古代王権と交流』五　一九九四年

（10）軽部慈恩「百済系古瓦に就いて」『考古学雑誌』第二三巻第八号　一九三三年。浜田耕作・梅原末治「新羅古瓦の研究」『京都帝国大学文学部考古学研究報告』第一三冊　一九三四年

（11）池内宏「百済滅亡後の動乱及び唐・羅・日三国の関係」『満鮮史研究』第二冊　一九六〇年

（12）直木孝次郎「百済滅亡後の国際関係―とくに郭務悰の来日をめぐって―」『朝鮮学報』第一四七号　一九九三年。後に、直木孝次郎『日本古代の氏族と国家』（吉川弘文館　二〇〇五年）に所収

第五章　宮井廃寺の性格と造営氏族

はじめに

宮井《みやい》廃寺は、日野《ひの》川の左岸、東近江《ひがしおうみ》市宮井町に所在する白鳳《はくほう》寺院である。この宮井廃寺のすぐ北に雪野山《ゆきのやま》を望むことができる。

この廃寺は、古くから水田中に塔基壇をふくむ土壇が残されており、また、その近くに大型の塔心礎《しんそ》が遺存している。古く『近江蒲生郡志《がもうぐんし》』に、「宮井の古寺」として、畑地に礎石が残り、天《てん》神社前に塔心礎が置かれていることなどを記し、軒丸瓦《のきまるがわら》一点、軒平瓦《のきひらがわら》三点の拓影を掲載している。(註1)

また、昭和一一年(一九三六)に刊行された柏倉亮吉《かしわくらりょうきち》氏による『滋賀県史蹟名勝天然紀念物概要』に、雷文縁複弁蓮華文《らいもんえんれんげもん》、雷文縁単弁蓮華文、単弁蓮華文で外区内縁に珠文《しゅもん》をめ

ぐらす軒丸瓦などの拓影を掲載している。(註2)

昭和五五年(一九八〇)、宮井廃寺の周辺で圃場《ほじょう》整備事業の実施が計画されるようになり、それに先だって伽藍《がらん》の構成と寺域の範囲などを確認する発掘調査が実施された。この発掘調査によって、堂塔の位置、規模、さらにそれぞれの建物に葺いた軒瓦もほぼ判明し、この廃寺が七世紀後半に造営された氏寺であることが明らかになった。(註3)

しかも、昭和五八・五九年(一九八三・八四)には、宮井廃寺の寺域に北隣する野瀬《のせ》遺跡の発掘調査も併せて実施されている。この発掘によって、宮井廃寺の北限と古代寺院に隣接して営まれた集落の実態もほぼ判明するにいたっている。(註4)

このように、これまでの発掘調査によって宮井廃寺の伽藍と寺域、さらに七世紀後半に造営された氏寺の内容がほぼ明かになっている。

しかし、この寺院の造営氏族を具体的に知る資料、あるいは文献史料は乏しく、『調査報告』では明らかにしえないまま残されている。

ここでは、宮井廃寺の発掘調査にかかわったこともあり、この廃寺の研究で残る課題の一つとして、金堂《こんどう》基壇に採用された瓦積《かわらづみ》基壇外装とこの氏寺に葺かれた雷文縁軒丸瓦との関連を検討し、宮井廃寺の造営氏族の性格を少し探ってみることにしたい。

一、宮井廃寺の伽藍と軒瓦

宮井《みやい》廃寺の発掘調査は、昭和五五年（一九八〇）から五七年（一九八二）にかけて実施され、それまで水田中に高く残ってきた土壇は、一辺が一二・七五m、高さ一・二mの塔基壇であることが確認され、礎石の大半が遺存することが判明した（126ページ図47）。

また、塔基壇の東北部にある天神《てん》社が鎮座する北側は一段高くなっており、それまで雑木が鬱蒼と茂る状態となっていた。この天神社の北側で、東西一六・七m、南北一一・七mの建物基壇が検出され、金堂《こんどう》基壇に想定された。この基壇の南、東、西面では半截《はんせつ》した平《ひら》瓦《がわら》が数枚積まれているのが確認され、基壇外装は瓦積《かわらづみ》基壇であることが判明した。

ほかに金堂基壇の西方四〇mで、低い乱石積《らんせきづみ》基壇が検出され、その北側で石積みした階段が検出された。また、金堂の北西四〇mでも、低い基壇をもつ建物跡が検出され、一〇個の礎石が検出された。しかし、建物規模は十分に把握しえないままとなっており、講堂もしくは僧房の、いずれの建物とも判別し難いものであった。

以上のように、宮井廃寺の堂塔に伽藍《がらん》に関連する建物は、金堂の西南に塔を配し、その西方と北方にそれぞれ建物を配していたことが判明している。（註5）

一方、宮井廃寺に北接する野瀬《のせ》遺跡でも、圃場《ほじょう》整備事業に関連して全面的に発掘調査され、寺院に関連すると想定される掘立柱《ほったてばしら》建物群と井戸などが検出され、遺物では瓦類のほかに「秀本寺」、もしくは「勢本寺」と記した墨書《ぼくしょ》土器や僧房に関連する「西一坊」「東一方」などと記した墨書土器が出土している。(註6)

これらの宮井廃寺と野瀬遺跡の発掘調査によって、寺院の堂塔の四辺に築地《ついじ》がめぐり、東西一・五町、南北一・五町ないし二町の寺域を有していたものと推測されている。

以上のような発掘調査で出土した軒丸瓦《のきまるがわら》には、雷文縁《らいもんえん》複弁八弁蓮華文《れんげもん》二型式、雷文縁単弁十二弁蓮華文一型式、雷文縁単弁十六弁蓮華文一型式、単弁十二弁蓮華文で外区内縁に珠文《しゅもん》をめぐらすもの二型式がある。また軒平瓦に重弧文《じゅうこもん》、指頭圧痕《しとうあっこん》重弧文のもの、均整唐草文《からくさもん》などが出土し、特に雷文縁複弁八弁蓮華文軒丸瓦と指頭圧痕重弧文軒平瓦が多く出土した。そして、これらの軒瓦の出土状態から創建時の軒丸瓦と軒平瓦との組み合わせは十分に明らかになっていないが、瓦当文様の様式と出土比率からすると、創建時には雷文縁複弁八弁蓮華文と指頭圧痕重弧文軒平瓦を組み合って葺いた可能性が高いものと推測される(図85)。

また、軒丸瓦の雷文縁複弁八弁蓮華文では、中房に配した蓮子《れんし》に周環をつけるもの、つけないものがあり、前者が盛り上がる蓮弁《れんべん》をなすことから様式的に古いものと推測される。

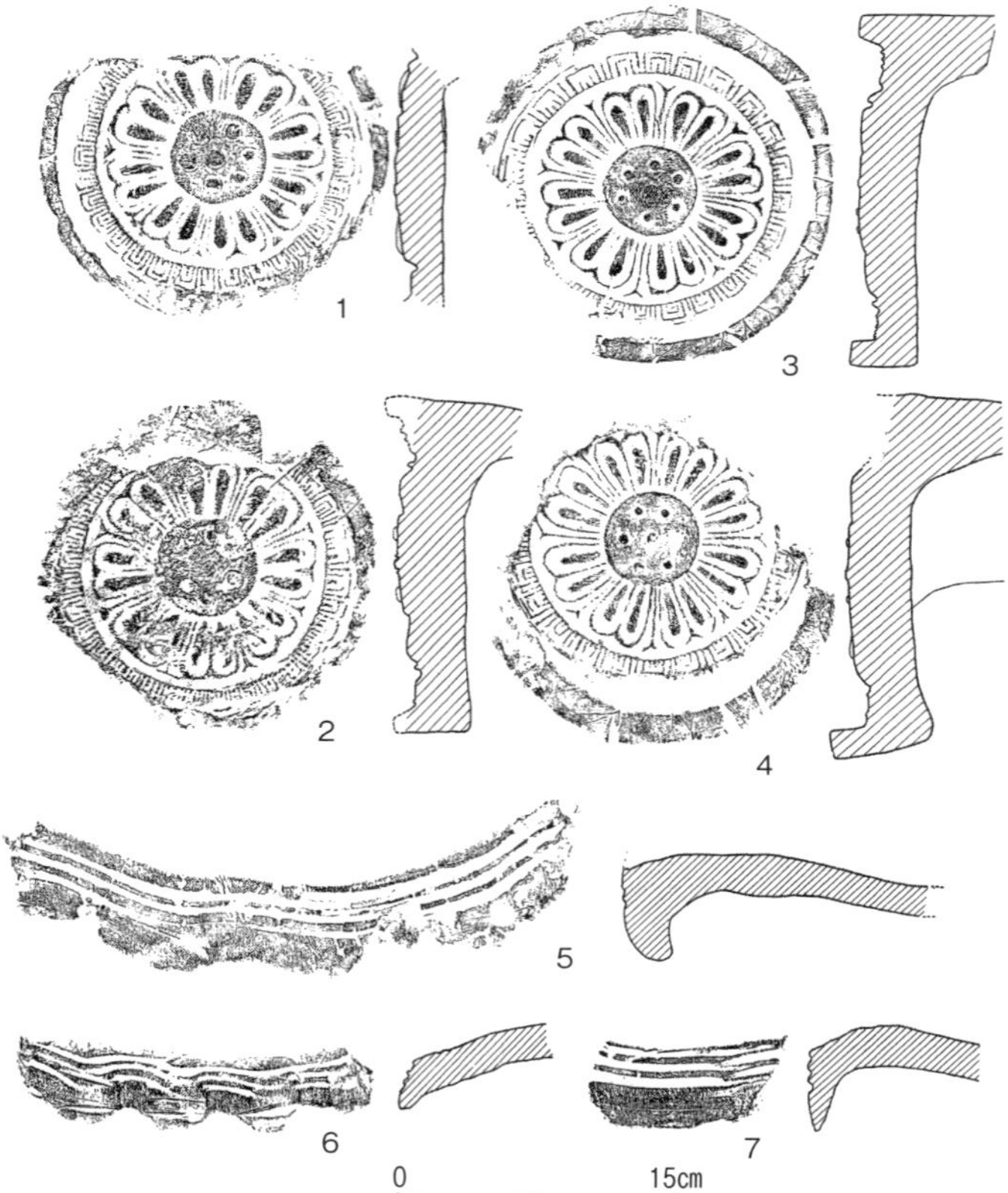

図85　宮井廃寺出土の雷文縁複弁蓮華文軒瓦と重弧文軒平瓦（著者作成）

さらに、軒平瓦の指頭圧痕重弧文のものは、湖東地域の宇曽《うそ》川流域の古代寺院に顕著に葺かれており、その多くは平坦な中房に大きな蓮子を一つつけ、その周囲に環状に多くの蓮子をめぐらし、単弁あるいは重弁蓮華文を配し、外区内縁に珠文をめぐらす湖東式軒丸瓦と組み合って葺かれている。しかし、宮井廃寺では、これと組み合う湖東式軒丸瓦は、発掘調査以前に採集されたと伝えるものがあるのみで、発掘調査ではまったく出土していないので、これを主体に葺いたとはみなし難いことになる。

二、軒瓦からみた宮井廃寺の性格

宮井《みやい》廃寺から出土した平瓦《ひらがわら》には、外面に格子《こうし》目叩きと縄目《なわめ》叩きを施したものがある。これらのうち格子目叩きのものは、宮井廃寺の西南四〇〇ｍにある辻岡山《つじおかやま》瓦窯群《がようぐん》の一号窯《よう》で焼成されている。しかも、この瓦窯では口径一一・七㎝、高さ四㎝と口径一〇・八㎝、高さ四・一㎝の丸底風の須恵器《すえき》の坏《つき》が共伴《きょうはん》しており（263ページ図83）、この須恵器の形態、法量《ほうりょう》からみて七世紀の第４四半期の早い時期のものと推測される。すなわち、宮井廃寺は六八〇年代には造営を開始していたものと推測される。(註7)

また、宮井廃寺で出土した軒瓦《のきがわら》には、緻密に雷文縁《らいもんえん》を配した複弁八弁蓮華文《れんげもん》二種、少し

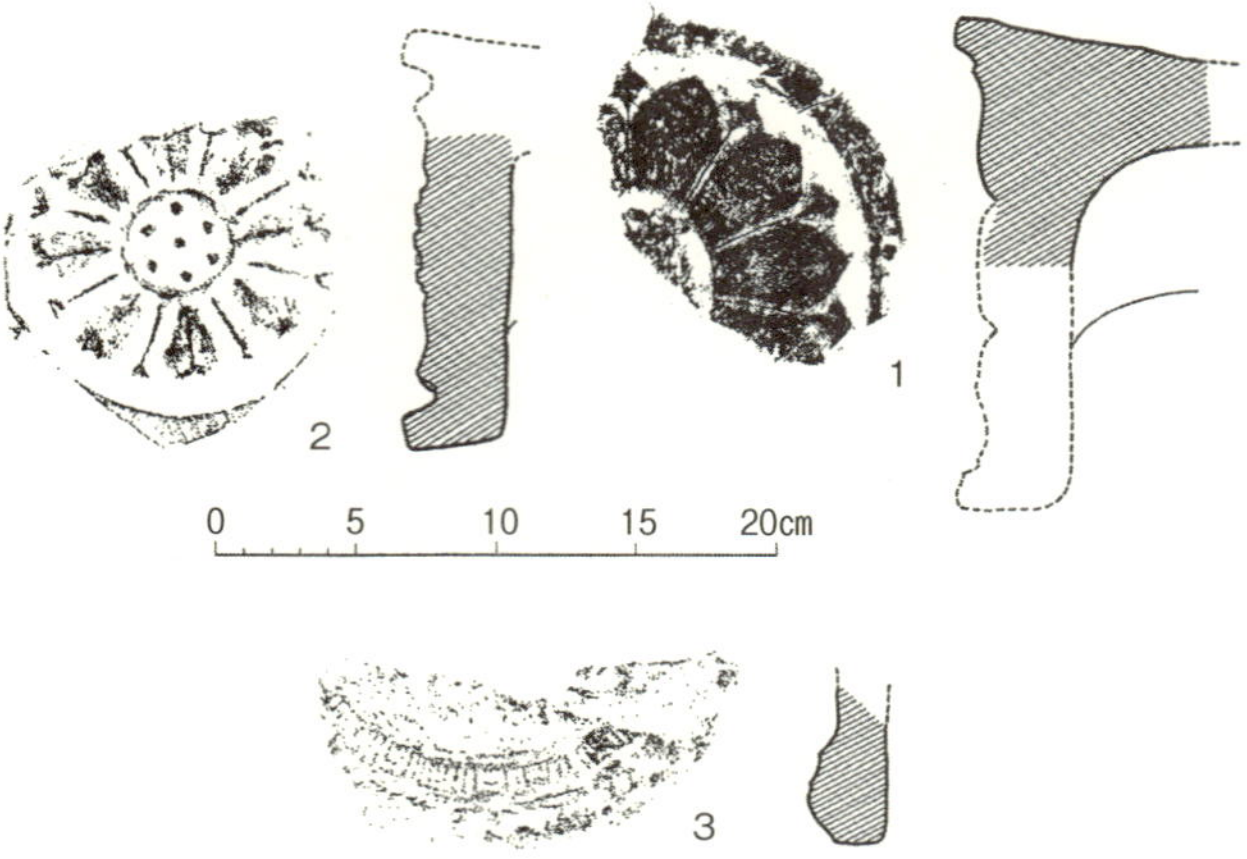

図86　千僧供廃寺出土の軒丸瓦（著者作成）

粗く雷文縁を配した複弁八弁蓮華文一種、粗く雷文縁を配した単弁一二弁蓮華文一種が出土している。また軒平瓦は重弧文《じゅうこもん》、指当圧痕《しとうあっこん》重弧文、均整唐草文《からくさもん》などが出土している。これらのうち、雷文縁をつける瓦当《がとう》文様は近江の古代寺院に葺かれた例は少なく、わずかに北八km、日野《ひの》川右岸に位置する近江八幡《おうみはちまん》市千僧供《せんぞく》廃寺で出土しているだけである。(註8)

この千僧供廃寺のものは、昭和五七年(一九八二)に圃場《ほじょう》整備事業に関連して発掘した際に出土したもので、蓮弁《れんべん》、中房部分は剥離して明らかでないが、雷文を細かく配した小破片である。(註9)そして、この千僧供廃寺の雷文縁軒丸瓦は、宮井廃寺の複弁八弁蓮華文と同形式のものであり、その同笵《どうはん》関係は千僧供廃寺のものが小破片なので明らかにし難い(図86-3)。

しかし、宮井廃寺とはごく近い距離にあり、また宮井廃寺では細かい雷文縁をつける複弁八弁蓮華文が創建時の主体をなすことからすると、宮井廃寺から千僧供廃寺に供給された可能性がきわめて高いものと推測される。

これまで千僧供廃寺から出土している軒丸瓦には、古く小字「堂の内《どううち》」から出土した少し肉厚の素弁《そべん》一〇弁蓮華文（図86－1）のほかに、単弁八弁蓮華文（図86－2）と雷文縁軒丸瓦がある。これらのうち、素弁一〇弁蓮華文軒丸瓦は、七世紀後半に葺かれたものと想定されるものである。

このように、千僧供廃寺と宮井廃寺は、ほぼ同時期に造営された古代寺院であり、雷文縁複弁蓮華文軒丸瓦は、南に位置する宮井廃寺から供給された可能性がきわめて高いものと推測される。

ところで、この千僧供廃寺の知見はなお乏しいが、この廃寺の性格を考えるうえで特に注目すべき近在する遺跡に御館前《みたちまえ》遺跡がある。この御館前遺跡も近江八幡市千僧供町にあり、これまで数回にわたって発掘され、大型の掘立柱《ほったてばしら》建物などが検出され、また「西殿」と記す墨書《ぼくしょ》土器が出土している。遺跡の北端部付近には、古代の東山道《とうさんどう》が設けられていたと想定されており、古代蒲生《がもう》郡の郡衙《ぐんが》（評衙《ひょうが》）がここに設けられていたと推測する研究者が少なくない。現状では、そのように確定しうる資料はないが、近くに七世紀後半に造営さ

れた千僧供廃寺が所在することを考慮すると、その可能性はきわめて高いものと推測される。(註10)

このように千僧供廃寺と宮井廃寺が雷紋縁軒丸瓦によって関連をもつとすると、以下の二つのことを考慮する必要があるであろう。その一つは千僧供廃寺の造営氏族と宮井廃寺の造営氏族との関連、いま一つは蒲生郡衙（評衙）との関連である。

まず、後者の千僧供廃寺が造営された位置と造営時期からみて、御館前遺跡が蒲生郡衙（評衙）と関連をもつとすると、千僧供廃寺の造営氏族は、この地域の有力氏族であり、さらに郡衙（評衙）の官人としての職掌《しょくしょう》を担っていた可能性が少なくないものと推測される。

これまでも地方官衙の郡衙（評衙）と、その付近に建てられた郡寺《ぐんじ》との関連が検討されているように、郡司《ぐんじ》の本拠には郡司の一族が造営した氏寺が所在する例がきわめて多い。たとえば近江の例では、栗太《くるもと》郡衙の岡遺跡の付近に、同笵軒瓦を葺いた手原《てはら》廃寺が所在しており、この栗太郡の郡司を担った有力氏族の氏寺の可能生がきわめて高い。千僧供廃寺の造営氏族も、蒲生郡衙（評衙）の可能性が高い御館前遺跡の付近に所在し、この遺跡の具体的な内容は不明な点が多いが、なお蒲生郡の郡司を担った可能性が少なくないものと推測される。

また、この蒲生郡衙（評衙）の郡司としてかかわりをもつ有力氏族が造営したと推測する千僧供廃寺からは、宮井廃寺の雷文縁軒丸瓦と同形式、もしくは同笵の軒瓦片が出土していることは、宮井廃寺の造営氏族も深いつながりをもつ有力氏族であった可能性が少なくないであろう。

そして、より具体的には、宮井廃寺の造営氏族もこの地域の有力氏族として、蒲生郡衙（評衙）の郡司の職掌を担った可能性が少なくなかったものと推測されることになる。すなわち、宮井廃寺の造営氏族は、蒲生郡衙（評衙）の郡司の一人として、郡寺の性格が推測される千僧供廃寺に、宮井廃寺の雷文縁複弁蓮華文軒丸瓦の同笵軒丸瓦を供給し、この氏寺の軒先に葺かれたことが推測されるのである。

つぎに、二つの寺院を造営した氏族に対し、相互の関連を少し検討してみよう。

三、宮井廃寺を造営した氏族の性格

宮井《みやい》廃寺と千僧供《せんぞうく》廃寺は、ともに蒲生《がもう》郡を本拠とする有力氏族が造営した氏寺である。前節では、雷文縁複弁蓮華文軒丸瓦《らいもんえんふくべんれんげもんのきまるがわら》の同様式、もしくは同笵《どうはん》軒瓦を葺いたことを推測し、蒲生郡衙《ぐんが》（評衙《ひょうが》）の郡司《ぐんじ》の職掌《しょくしょう》を担った有力氏族を推測した。さらに、二つの氏寺が仮に同族的な氏族であったと想定した場合、どのような氏族を想定しうるであろうか。

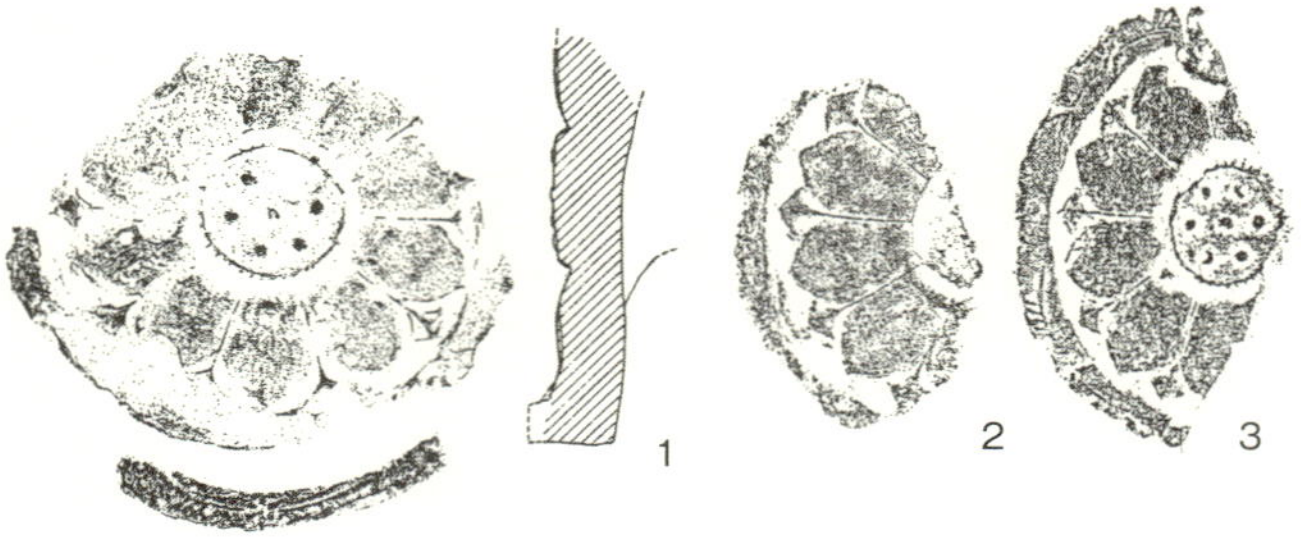

1 平川廃寺　2 千僧供廃寺　3 瓦屋寺所蔵の瓦

図87　京都府平川廃寺の軒丸瓦F型式（著者作成）

しかし、現状では宮井廃寺の造営氏族の性格を明らかにする直接的な手掛かりが乏しいので、他方の千僧供廃寺の造営氏族の性格を少し検討し、それとの関連を推測することにしたい。

千僧供廃寺から出土する軒丸瓦には、前述のように素弁《そべん》一〇弁蓮華文《れんげもん》と中房に1＋6の蓮子《れんし》をつけた単弁八弁蓮華文、雷文縁蓮華文のものがある。これらのうち、注目される素弁一〇弁蓮華文軒丸瓦は、古く『滋賀県史蹟調査報告』(註11) 第六冊に柏倉亮吉《かしわくらりょうきち》氏によって紹介されており、やや肉厚で先端が尖《とが》る蓮弁《れんべん》、少し幅と稜《りょう》をもつ蓮弁状の間弁《かんべん》をもつものである。中房は剥離しており、明らかでない。

しかし、これと同笵と考えられる軒丸瓦は、東近江《ひがしおうみ》市建部《たてべ》瓦屋寺町《かわらやじちょう》にある瓦屋寺所蔵のものが柏倉氏によって同一文献で紹介されている（図87）。この瓦屋寺所蔵の軒丸瓦は、瓦当《がとう》面のほぼ半分ほどのもので、中房に1＋6蓮子をつけ、中房の側面に蕊《しべ》を示す縦方向の細かな刻線を表現し、一〇弁に復原される肉厚な蓮弁と三角状をなす間弁、さらに注目されるものに、外縁に半パルメット様の唐草文《からくさもん》をつけている。二つの軒瓦のうち、千僧供廃寺のものは中房が剥離し、外縁につけられた半パルメットの文様も明らかでないが、瓦屋寺所蔵の軒丸瓦と同笵のものとみなして間違いない。

これらの二つの軒丸瓦は、近年に辻本和美《つじもとかずみ》氏によって検討されており、さらに京都府城陽《じょうよう》市平川《ひらかわ》廃寺から出土した軒丸瓦F型式と同笵であることが明らかになっている。しかも外縁につけられた半パルメット状の唐草文が六弁の小花文《しょうかもん》を中心飾りとし、これに三枚の枝葉状のものがつき、これを四単位めぐらしていることが復元されている。(註12)また、瓦屋寺所蔵の軒丸瓦は、瓦当裏面に布目痕《ぬのめあと》を残し、周縁に堤状の低い凸帯《とったい》があり、いわゆる一本造りの技法が用いられているのに対し、平川廃寺の軒丸瓦F型式は平滑にナデ調整しており、異なる製作技法が採用されているという(図87)。

このように、瓦屋寺所蔵のものと平川廃寺のものは、製作技法が異なっており、いずれが先行して製作されたかは判然としないが、瓦当笵のみが移動し、近江と山背《やましろ》で軒丸瓦が製作されている。

ところで、山背の平川廃寺は、昭和四七年(一九七二)以降に数回にわたって発掘され、金堂《こんどう》、塔、回廊、築地《ついじ》が検出され、法隆寺《ほうりゅうじ》式伽藍《がらん》をもつ寺院であることが明らかになっている。金堂と塔跡は河原石を置いて地覆石《じふくいし》とし、その上に半截《はんせつ》した平瓦《ひらがわら》を積む瓦積《かわらづみ》基壇の外装が採用されていた。この平川廃寺では、千僧供廃寺と同笵軒瓦が二〇点ほど出土しており、七世紀後半の軒瓦で最も多く占めている。(註13)

この平川廃寺は、山背国久世《くぜ》郡久世郷に建てられた氏寺で、この地域を本拠地とする黄文《きぶみ》氏によって造営された氏寺に推測されている。

この黄文氏は、『日本書紀』推古《すいこ》十二年(六〇四)九月条に、

是月《このつき》、始定㆓黄書畫師《しょがし》山背畫師㆒。

とあり、黄文氏が画業を職掌とする伴造《とものみやつこ》氏族であったことを記し、さらに、同書の天武《てんむ》十二(六八三)年九月丙戌《へいじゅつ》条に、それまでの「造」に代わり「連《むらじ》」の姓を賜ったことを記している。

また、『新撰姓氏録《しんせんしょうじろく》』の「山城国諸蕃《やましろのくにしょばん》」に、

黄文連　出㆑自㆓高麗《こま》国人久斯祁王《くしきおう》㆒也。

と記し、高句麗《こうくり》系の渡来系氏族とされている。

さらに、黄文氏で顕著な活動をした人物に黄文本実《きぶみのほんじつ》がよく知られており、『日本書紀』天智《てんじ》一〇年（六七一）三月庚申《こうしん》条に、水はかり（水準器）を献上した記事、持統《じとう》八年（六九四）三月乙酉《いつゆう》条に、鋳銭司《じゅせんし》の官人に任じられた記事がある。さらに『続日本紀《しょくにほんぎ》』大宝《たいほう》二年（七〇二）一二月乙卯《いつぼう》条に、持統《じとう》天皇が没した際に作殯宮司《もがりのみやつくるつかさ》に、慶雲《けいうん》四年（七〇七）一〇月丁卯《ていぼう》条に、文武《もんむ》天皇が没した際に御装束司《みよそいのつかさ》に任じられたことなどを記している。

さらに、一族に関連するものとして、『正倉院文書《しょうそういんもんじょ》』天平勝宝《てんぴょうしょうほう》九年（七五七）四月の文書に、画工司《がこうし》の未選に関連するものがあり、山背の久世郡久世郷に居住する黄文連乙麻呂《おとまろ》の戸口《へぐち》として黒人《くろひと》の名を記しており、画師として八世紀中ごろ平川廃寺が所在する久世郷を本拠としていたことがわかる。

さて、山背南部に造営された平川廃寺が黄文連の氏寺に推測しうるとすると、平川廃寺の素弁一〇弁蓮華文軒丸瓦の同笵軒瓦が近江の蒲生郡に造営された千僧供廃寺から出土し、さらに瓦屋寺所蔵となっていることをどのように理解するかが問題になる。ここでは特に千僧供廃寺が問題になる。

近江の千僧供廃寺と山背の黄文連と直接的に関連することを示す文献史料は見いだせな

い。しかし、蒲生郡との関連は辻本和美氏が注目するように、昭和五九年（一九八四）に野《や》洲《す》市西河原森ノ内《にしがわらもりのうち》遺跡から出土した木簡に、野洲郡に居住した磐城村主《いわきのすぐり》、大友《おおとも》（村主）などの渡来系氏族名などとともに「戸主《へぬし》　黄文」が記されている。[註14] この木簡に記す黄文の姓は明らかでないが、「連」に想定され、これによって八世紀前半には、近江国野洲郡のうち、蒲生郡と近い西河原森ノ内遺跡の周辺に黄文氏が居住したことが推測され、しかも同笵軒瓦によって、湖東地域に居住する黄文氏と山背の黄文氏による交流があったことが推測されている。

　しかし、近江蒲生郡の千僧供廃寺の周辺に黄文連一族が居住したかどうかは、なお明らかでない。ただし、西河原森ノ内遺跡の木簡に同じく記された磐城村主は、『日本書紀』天智三年（六六四）一二月是月《このつき》条に、栗太《くるもと》郡の磐城村主殷《おお》のことを記しており、栗太郡にも磐城村主の居処があったことが知られ、さらに西河原森ノ内遺跡の木簡によって野洲郡にも磐城村主の居処があったように、黄文連の一族が野洲郡に隣接する蒲生郡北部にも居住していた可能性は少なくないのではないか。

　このように、千僧供廃寺と平川廃寺との関連からすると、一つには千僧供廃寺も黄文連の一族が造営した氏寺の可能性が少なくない。また、二つには黄文連の平川廃寺では、金堂と塔に瓦積基壇の外装を採用している。そして、千僧供廃寺では堂塔の基壇は見つかっていないが、千僧供廃寺とのつながりを推測される宮井廃寺でも、金堂に瓦積の基壇外装を採用していたことは重視される(註15)。

この瓦積基壇の外装は、近江では穴太《あのう》廃寺、南滋賀《みなみしが》廃寺、崇福寺《すうふくじ》など近江大津宮《おうみおおつのみや》の周辺に建立された寺院で顕著に採用しており、しかも天智天皇が造営を勅願した崇福寺(註16)では、百済《くだら》の軍守里寺址《ぐんしゅりじし》、定林寺址《じょうりんじ》などにみるような地覆石《じふくいし》の上に平積《ひらづみ》技法と合掌積《がっしょうづみ》技法が採用されており、百済から導入された最古様式のものが見つかっている。

このように、瓦積基壇は百済系の系譜を引くものであり、しかも近江では渡来系氏族の氏寺に顕著に採用され、八世紀に瀬田《せた》廃寺、近江国庁跡などでも検出されている、以上のような点を考慮すると、千僧供廃寺は近江を本拠とする渡来系氏族の黄文氏との関連が少なくない氏寺に推測される。また、この氏寺と関連を有する宮井廃寺では、金堂に瓦積基壇の外装を採用している点からすると、渡来系氏族が造営した可能性がきわめて高いものと推測されることになる。

なお、雷文縁複弁蓮華文軒丸瓦と同形式の軒瓦は、近江では少ないが、山背では大宅《おおやけ》廃寺に古式のものが葺かれ、そのほか北白川《きたしらかわ》廃寺、醍醐《だいご》廃寺、おうせんどう廃寺、法淋寺《ほうりんじ》などの氏寺に葺かれている(註17)。この軒丸瓦の成立および大和の紀寺《きでら》跡(小山《こやま》廃寺)に葺かれた要因と歴史的背景に関しては、別に記したことがある(註18)ので割愛するが、山背の渡来系氏族の氏寺とのつながりによって宮井廃寺に導入されたことも考慮する必要があるだろう。

おわりに

宮井廃寺《みやい》は近江の堂塔の配置がほぼ判明し、塔の礎石がよく残り、また心礎《しんそ》も遺存する寺院である。この寺院の屋瓦《おくが》は寺院跡の西南四〇〇mにある辻岡山瓦窯《つじおかやまがよう》で焼成され、この窯跡群《ようせきぐん》の構成もほぼ明らかになっている。(註19)

この宮井廃寺に葺かれた雷文縁複弁蓮華文軒丸瓦《らいもんえんれんげもんのきまるがわら》は、蒲生郡衙《がもうぐんが》（評衙《ひょうが》）に想定される御館《みたち》前遺跡《まえ》に近い千僧供《せんぞく》廃寺でも同形式の雷文縁軒丸瓦が出土し、しかも同笵《どうはん》の可能性が少なくないことを重視し、宮井廃寺の造営氏族の性格の一端を検討してみた。なお、塔跡から塑像片が少なからず出土している。北三kmに位置する雪野寺跡《ゆきのでら》からは重要文化財に指定されている多くの塑像が出土している。しかも雪野寺跡は、渡来系氏族の安吉《あき》氏の氏寺に推測されていることも留意する必要があるであろう。

註

(1) 滋賀県蒲生郡役所『近江蒲生郡志』一九一一年
(2) 柏倉亮吉『滋賀県史蹟名勝天然紀念物調査概要』滋賀県史蹟名勝天然紀念物調査会　一九三六年
(3) 小笠原好彦ほか『宮井廃寺跡』滋賀大学考古学ゼミナール・蒲生町教育委員会　一九八五年
(4) 田中浩「ほ場整備関係遺跡発掘調査報告書―野瀬遺跡・堂ノ前遺跡・蒲生堂廃寺―」『蒲生町文化財資料集』七　蒲生町教育委員会　一九八九年
(5) 前掲註3と同じ
(6) 前掲註4と同じ
(7) 小笠原好彦「湖東式軒丸瓦の成立年代と系譜」『近江の考古と歴史』西田弘先生米寿記念論集　二〇〇一年
(8) 西田弘「千僧供廃寺」『近江の古代寺院』近江の古代寺院刊行会　一九八九年
(9) 出土した雷文縁軒丸瓦片は、外区内縁の一部であるが、雷文の表現は重弁の花文を緻密に表現されている
(10) 近江八幡市『御館前遺跡（Ⅱ）』一九八七年
(11) 柏倉亮吉「曼荼羅堂阯」『滋賀県史蹟調査報告』第六冊　滋賀県史蹟名勝天然紀念物調査会　一九三四年
(12) 辻本和美「黄文の寺と瓦―平川廃寺軒丸瓦F型式をめぐって―」『京都府埋蔵文化財論集』第四集　財団法人　京都府埋蔵文化財調査研究センター　二〇〇一年

(13) 平良泰久外「平川廃寺発掘調査概要」『城陽市埋蔵文化財調査報告書』第一・二・三　一九七三・七四・七五年
(14) 山尾幸久「森ノ内遺跡出土の木簡をめぐって」『木簡研究』八　木簡学会　一九九〇年。山尾幸久「木簡」「西河原森ノ内遺跡第一・二次発掘調査概要」『中主町文化財調査報告書』第九集　中主町文化財教育委員会　一九八七年
(15) 小笠原前掲註3と同じ
(16) 柴田實「大津京阯（下）崇福寺阯」『滋賀県史蹟調査報告』第七冊　滋賀県史蹟名勝天然紀念物調査会　一九四一年
(17) 森郁夫「古代山背の寺院造営」『学叢』第八号　京都国立博物館　一九八六年
(18) 小笠原好彦「大和紀寺（小山廃寺）の性格と造営氏族」『日本考古学』第一八号　二〇〇四年。小笠原好彦『日本古代寺院造営氏族の研究』（東京堂出版　二〇〇五年）に所収
(19) 滋賀大学考古学ゼミナール「辻岡山瓦窯跡」『東近江市文化財調査報告書』第二四集　二〇一四年

第六章　大宝寺廃寺と造営氏族の性格

はじめに

高島《たかしま》市のほぼ中央部には、安曇《あど》川によって形成された平野部とその西側に標高二〇〇mほどの洪積《こうせき》台地が南北にのびている。この長い南北の台地を安曇川が東流し、北の饗庭野《あいばの》台地と南の泰山寺野《たいさんじの》台地にわけている。

この安曇川の北七〇〇mほどにある安井川《やすいがわ》集落の北を通る東西道の北に、これまで大宝《たいほう》寺《じ》廃寺とよぶ古代寺院がある。この古代寺院は、東側の沖積《ちゅうせき》平野部とは二〇mほどの比高差のある台地上にあり、周辺は特に遮るものがないことから、視界が大きく開け、東方に琵琶《びわ》湖を一望することができる。

大宝寺廃寺が建立された大宝寺山の南麓一帯は、昭和二八年（一九五三）からの開拓事業によって畑地化されたところで、その開拓にともなって弥生《やよい》土器、有樋式磨製石剣《ゆうひしきませいせっけん》などとともに、瓦類や鴟尾《しび》片が採集され、この地に古代寺院があったことが確認されるようになった。しかも、工事中に出土した土器、石器、瓦類、鴟尾片は、散逸することなく採集され、新旭《しんあさひ》町公民館に保管されることになった。

採集された出土資料のうち、軒瓦《のきがわら》類は西田弘《にしだひろむ》氏によって一九七〇年代の後半にしばしば紹介され、高島郡の古代寺院として注目されるようになった。そして、平成元年（一九八九）に近江《おうみ》の古代寺院をまとめて収録した『近江の古代寺院』で、林博通《はやしひろみち》氏が「大宝寺跡」の項目に、寺院跡が知られるようになった経緯、出土資料を詳細に記述し、軒瓦・鴟尾片などを図示している。(註1)

この記述にみるように、大宝寺廃寺は、伽藍《がらん》に関連する知見は基壇一つが遺存するのみであるが、複数の軒瓦類と鴟尾片などが出土し、ここには複数の堂塔が建てられたことが容易に推測される。しかも高島郡を本拠とする有力氏族が造営した寺院としては最も古い時期のものとして、また、この地域の古代氏族の性格を考えるうえでも重要視される寺院である。

前述した『近江の古代寺院』が刊行された後の平成二年（一九九〇）、大宝寺廃寺の基壇の周縁で、正規の手続きを経ない不法な掘削行為がおこなわれ、瓦類と多数の鴟尾片が出土していたことが判明した。それらの軒瓦・鴟尾片は、平成三年（一九九一）四月、飛鳥《あすか》資料館の特別展で公表されており、(註2)この廃寺の偉容を十分にうかがわせるものであった。

このように、大宝寺廃寺では、本格的な発掘調査がおこなわれていないので、採集された資料から知りうることは、おのずと限られる。しかし、ここでは、これまでの限られた資料をもとに、あえて新たな視点を加えて、大宝寺廃寺の性格と造営氏族に関連することを少し検討してみることにしたい。

一、これまでの研究

大宝寺《たいほうじ》廃寺は安曇《あど》川の北岸に広がる饗庭野《あいばの》台地の南端部に建てられた古代寺院である。この寺院の周辺一帯は戦後の開拓によって耕地化されており、その広い平坦地に樹木が茂る一画が取り残されたようにある。ここに一辺が一〇mほど、高さ約一mの土壇が現存し、周辺には瓦片が散布する。この土壇は、堂塔の基壇と推測されるもので、旧状をどの程度とどめるかは明らかでないが、塔基壇に想定されている。

大宝寺廃寺は、昭和四九年（一九七四）に『近江文化史シリーズ第四回展　奈良時代の文化』に軒瓦の一部が紹介され、昭和五〇年（一九七五）に刊行された『美園遺跡発掘調査報

告』でも、高島《たかしま》郡で知られる唯一の古代寺院としてあげている。(註3)

また、昭和五二年（一九七九）四月、西田弘《にしだひろむ》氏は、『湖国《ここく》と文化』に大宝寺廃寺の古瓦として、外縁のない蓮弁《れんべん》の中央が凹《へこ》む無子葉《むしよう》八弁蓮華文軒丸瓦《れんげもんのきまるがわら》を紹介し、これは京都市広《こう》隆寺《りゅうじ》のものと類似することを述べている。(註4)

また、同年十二月にも、西田氏が大宝寺廃寺の白鳳《はくほう》時代と奈良時代の軒丸瓦を紹介し、無子葉八弁のものは京都市広隆寺に六弁のもの、京都市右京区京北《けいほく》地区の周山《しゅうざん》廃寺に八弁の類例があること、他の単弁一〇弁蓮華文は、外縁に斜格子《しゃこうし》をつけており、草津《くさつ》市下物《おろしも》町《ちょう》、米原《まいばら》市高溝《たかみぞ》に類例があることを述べている。(註5)

その後の平成元年（一九八九）、『近江の古代寺院』に、林博通《はやしひろみち》氏が「大宝寺跡」の項目として、それまでの知見をまとめて記している。そこでは、この廃寺が安曇川の北岸の台地に存在することが知られるようになった経緯、現地に堂塔の基壇が一つ遺存する現況、瓦類・鴟尾《しび》片が採集され、新旭公民館に保管されるに至ったことなどを記し、併せて軒丸瓦、軒平瓦《のきひらがわら》と鴟尾、塼仏《せんぶつ》などを分類して述べている。(註6)

また、大宝寺廃寺の造営氏族に関連するものとしては、西田氏が高島郡を本拠とする古代氏族である三尾君《みおのきみ》を検討した際に、これに関連することにふれている。そこでは、大宝寺廃寺から出土する軒丸瓦が京都太秦《うずまさ》広隆寺の軒丸瓦と類似すること、高島市永田《ながた》遺跡から出土した木簡に秦氏《はた》の名があることから山城国葛野郡《やましろのくにかどの》の秦氏との関連や秦氏の存在を推測することが可能であるとしても、この地域の郡司《ぐんじ》として秦氏を大領《だいりょう》とするのは強弁の誹り《そし》を免れないとし、やはり三尾君を奈良時代でも大領としてこの地に存在したと推測している。これは、三尾君が大宝寺廃寺の造営氏族であると記したものではないが、この大宝寺廃寺の存在からみて、三尾君の他には在地の有力氏族は想定しえないとし、壬申《じんしん》の乱で大友皇子《おおとものみこ》側に加わったため没落したとする説を退けている。(註7)

二、軒瓦類と鴟尾

大宝寺廃寺《たいほうじ》から採集されている瓦類には、軒丸瓦《のきまるがわら》が四型式五種、軒平瓦《のきひらがわら》二型式と鴟尾《しび》片がある。軒丸瓦の1型式は外縁がない素弁八弁蓮華文《そべんれんげもん》で、弁央《べんおう》が凹《へこ》む蓮弁《れんべん》と楔状《くさびじょう》の間弁《かんべん》をなし、中房に1＋8の蓮子《れんし》をつける（次ページ図88－1・2）。2型式は小型の素弁八弁蓮華文で、中房は小さく二段に突出し、蓮子はつかない。外縁は素文《そもん》である（図88－3）。3型式は単弁八弁蓮華文であるが、小破片で詳細は不明（図88－4）。4型式は単弁一〇弁蓮華文で、中房に1＋8の蓮子をつけ、外縁が素縁のもの（図88－6）と、外縁に格子目《こうしめ》叩きを施したもの（図88－5）が多く出土している。また、軒平瓦の1型式は、三重弧文《さんじゅうこもん》で直

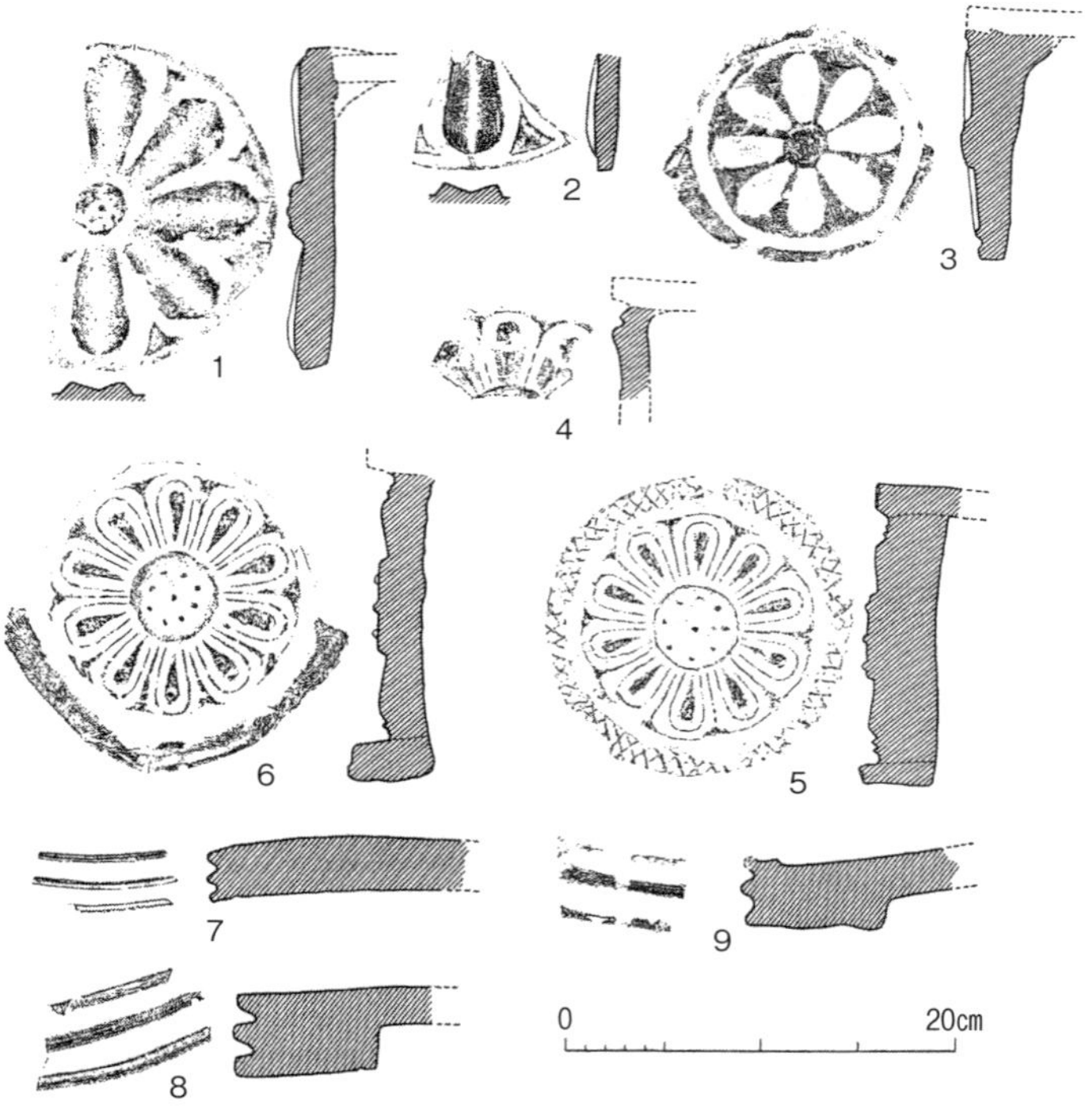

図88　大宝寺廃寺出土の軒瓦（『近江の古代寺院』）

線顎《あご》と段顎《だんあご》のものがある。２型式は時期の新しい唐草文《からくさもん》系のものである。

鴟尾は胴部と鰭《ひれ》部の破片がある。鰭部の外面は、ヘラで削りこんだ段をなしている。これには古く三片が採集されたが、その後に多くの破片が出土し、三個体以上の脊稜《せきりょう》と縦帯《たておび》が交差する破片が出土している。これには墨で縦帯や鰭の段を交互に塗り分けているものがある。

以上のような大宝寺廃寺から採集されている軒丸瓦のうち、１型式は弁央が凹む素弁をなし、外縁をもたないものである。これは飛鳥《あすか》末あるいは白鳳《はくほう》初期の様式の特徴をもち、七世紀中ごろに推測される。２型式は小型で凹《おう》状の蓮弁をなし、１型式と同時か続く時期のもの。３型式は単弁八弁蓮華文であるが、小破片で詳細は明らかでない。４型式は単弁一〇弁蓮華文で、外縁が素縁のものと、外縁に斜格子をつけるもので、近江では類例が少なく、時期も十分明らかになっていない。しかし、単弁で外縁に斜格子を叩いてつけており、七世紀末もしくは八世紀前半のものと推測される。また、軒平瓦は重弧文《じゅうこもん》のもののみがあり、軒丸瓦の４型式が最も多く採集されているので、これにともなうものと推測される。

また、鴟尾片は接合されていないが、三個体以上があるとされ、時期は七世紀後半とされている。（註8）

三、寺院の性格と造営氏族

大宝寺《たいほうじ》廃寺は、これまで採集されている瓦類、鴟尾《しび》からみると、七世紀中ごろに造営が開始され、軒丸瓦《のきまるがわら》1型式・2型式が葺かれたことが想定される。その後は3型式の軒丸瓦の小破片があるが、引き続いて堂塔の造営が進められたことを示す軒瓦が採集されていないので、継続して伽藍《がらん》が完成したとはみなしにくい。むしろ、最初の堂塔が建立された後、造営は中断した可能性が高い。そして、七世紀末ないし八世紀初頭に造営が再開され、短期間で全体の伽藍が完成したことが推測される。

大宝寺廃寺には、一辺が一〇mほどの基壇が遺存し、これまで塔基壇に想定されることが多い。しかし、平成三年（一九九一）にこの基壇周辺から鴟尾片が多くに出土しており、塔跡とはみなしにくく、金堂《こんどう》跡の可能性が高いだろう。そして、最も多く採集されている4型式の軒丸瓦が葺かれた時期に大棟に据えられた可能性が高いように推測される。

このように限られた採集資料からではあるが、大宝寺廃寺は七世紀中ごろに堂塔の造営が開始しており、その後は山田寺《やまだでら》系、川原寺《かわらでら》系の軒丸瓦がみられないので、この時期には造営が中断した可能性が高い。そして、七世紀末ないしは八世紀の第1四半期に、軒丸瓦

4型式によって伽藍の造営が再開され、きわめて短期間に伽藍が再整備されたものと推測される。

以上のように、この寺院の造営では、堂塔の一つが建立された後、何らかの要因で伽藍の造営を継続することが困難となったことが推測される。したがって、このことを考慮して造営氏族を想定することが必要である。

ところで、七世紀に建てられた地方寺院は、そのほとんどが在地の有力首長によって造営されている。大宝寺廃寺もそれ以外は推測しえないので、同様のものとみてよいであろう。そこで、この寺院の造営氏族を求めると、高島《たかしま》郡を本拠とする氏族としては、これまでよく知られる角《つの》(山《やま》)君《のきみ》と三尾君《みおのきみ》がその候補となる。

まず、角山君は、これまで西田弘《にしだひろむ》氏が「角山君について」で『古事記』に記す都奴臣《つぬのおみ》、都怒山臣《つのやまのおみ》に対する以下のような検討がおこなっている(註9)。そして、『続日本紀《しょくにほんぎ》』天平宝字《てんぴょうほうじ》八年(七六四)九月壬子《じんし》(十八日)条に、藤原仲麻呂《ふじわらのなかまろ》が孝謙《こうけん》上皇側によるクーデタによって宇《う》治《じ》から近江《おうみ》へ走ったとき、追跡した孝謙上皇軍が田原道《たわらみち》を回り、勢多橋《せたばし》を焼いたので、

押勝《おしかつ》、見レ之失レ色、即便走二高島郡一、而宿二前少領《しょうりょう》角家足《つののいえたり》之宅一。

とあり、八世紀後半の高島郡に前少領の角家足の宅地があったことがわかる。この角家足は姓が記されていないが、同書の神亀《じんき》元年(七二四)二月壬子条に私穀物を陸奥国《むつのくに》の鎮所《ちんしょ》に献じた授位者に、外従七位上《げじゅしちいのじょう》の角山君内麻呂《うちまろ》があり、この内麻呂と同じく角山君とみなしうるとしている。

また、角山君の本拠は、『和名抄《わみょうしょう》』に角野《つの》郷、式内《しきない》社に津野《つの》神社があり、布留宮《ふるみや》氏所蔵文書「太政官牒写《だいじょうかんちょううつし》」に石田《いしだ》川を角河《つのかわ》と記しているので、石田川以北の地に想定している。そして、角野郷は湖岸よりの地域とし、ここに前少領《さきのしょうりょう》の角家足の宅地があり、さらに近年に発掘調査が進展している高島市今津町《いまづちょう》日置前《ひおきまえ》遺跡を具体的に想定している。

一方の三尾君も高島郡の南半部を本拠としたと推測されている氏族である。この三尾君は継体《けいたい》朝成立と深く関連したとされる氏族で、『釈日本紀《しゃくにほんぎ》』所引《しょいん》の『上宮記《じょうぐうき》』、『古事記』、『日本書紀』、『先代旧事本紀《せんだいくじほんぎ》』に記された三尾君の祖に関連する伝承があり、これらも西田氏が「三尾君について」で詳細に検討している。[註10] そして、高島郡の南半部に築造された鴨稲荷山《かもいなりやま》古墳の被葬者に言及し、この古墳を六世紀第1四半期とし、三尾の別業《なりどころ》にいたとする彦主人王《ひこうしのおおきみ》が五世紀後半に亡くなり、その後、その子である男大迹王《おおどのおおきみ》(継体天皇)が生後間もなく越前《えちぜん》三国《みくに》に移ったとすると、彦主人王の血を引くものが三尾の別業にいたかが問題になるとし、鴨稲荷山古墳の被葬者となる者が王の一族にいたとは想定しにくいとする。しかし、在地の有力氏族に被葬者を想定し、三尾君以外には求め難いとした。さらに継体天皇の皇妃伝承に現れる三尾君の二人のうち一人を高島郡の三尾君とし、この一族が三尾の地の最有力氏族であったことを考え、鴨稲荷山古墳の副葬品と若狭《わかさ》、越前、また山背国《やましろのくに》乙訓《おとくに》の古墳との関連にもふれ、鴨稲荷山古墳の副葬品が最も優れているので、継体朝の成立とこの古墳被葬者とは深く関連をもつとしている。

このように、西田氏は継体天皇に関連する古伝承と鴨稲荷山古墳の被葬者との関連を検討し、高島郡南半部の三尾郷を中心に三尾君がここを本拠地とする通説を支持している。また、このような三尾君が、それ以後の記録上にまったく現れないことから、壬申《じんしん》の乱で大友皇子《おおとものみこ》方に味方し没落したとする説に対しても、否定的な考えを述べている。

以上のように、西田氏が高島郡を本拠地とした有力氏族を角山君と三尾君以外に想定しにくいとし、また安曇川《あどがわ》の南半部は三尾君以外に想定し難いとする考えは、ほぼ妥当な考えのように思われる。しかし、大宝寺廃寺の造営からすると、なお以下の点で検討すべき点が残るだろう。

大宝寺廃寺は、七世紀中ごろに大津《おおつ》市穴太《あのう》廃寺、衣川《きぬがわ》廃寺に少し遅れて寺院の造営が開始したものと推測される。この造営では、永田《ながた》遺跡出土の木簡に秦《はた》氏の名が記されている山背の秦氏が造営した広隆寺《こうりゅうじ》と関連をもつ造瓦《ぞうが》工人が関与した可能性が少なくないように思われる。しかも、七世紀後半と推測される鴟尾が三個体以上見つかっていながら、七世紀後半に顕著にみる山田寺系、川原寺系などの軒瓦がまったく出土していないので、その後の造営は中断した可能性がきわめて高い。そして、造営が再開したのは、軒丸瓦4型式の時期と推測して間違いないであろう。

そして、この4型式の実年代は明らかでないが、近江に平城宮《へいじょうきゅう》・京《きょう》系の軒瓦が新たに導入される前の七世紀末ないし八世紀第1四半期の時期のものと推測される。このように理解すると、この時期に何らかの要因から大宝寺廃寺の造営が再開したことが推測されるであろう。

では、造営の中断、そして再開の背景をどのように考えうるだろうか。

高島郡で知られる古代の氏寺には、現在では大宝寺廃寺の他に大供《おおとも》廃寺、大町《おおまち》廃寺、日置前廃寺、藁園寺《わらそのでら》などが知られている。これらのうち、大宝寺廃寺は、この郡で最も水量の豊かな安曇川流域を本拠とした氏族によって造営された寺院である。

いま、大宝寺廃寺が造営を再開した時期に注目すると、この時期には藤原宮《ふじわらきゅう》・京《きょう》、平城宮・京遷都にともなう大規模な都城の造営がおこなわれていることが留意される。これらの都城の遷都では、京内に宮殿・官衙《かんが》、官人層の宅地、寺院の堂塔などの造営が集中しておこなわれている。そして、これにともなって多くの建物が構築され、厖大な量の建築資材が必要な状況が生み出されている。藤原宮・京の遷都では、この新たに必要になった建築資材の大半は、飛鳥《あすか》の南部や大和《やまと》盆地の周辺地域に求められたであろう。さらに、『万葉集』巻一の「藤原宮の役民の作る歌」には、

（前略）いはばしる　近江の国の　衣手の　田上山《たなかみやま》の　真木《まき》さく　檜《ひ》のつまでを
もののふの　八十《やそ》宇治川に　玉藻《たまも》なす　浮かべ流せれ（後略）　（巻一―五〇）

と詠まれており、大和盆地のみでなく、より広い地域に求められており、その一部は山背を越えて、近江の瀬田《せた》川からも桴《いかだ》によって木材が漕運《そううん》されている。

また、大和盆地の北端に遷都した平城宮に造営された宮殿・官衙、官人層の宅地、寺院の堂塔などを構築する建築資材は、藤原宮から建物や施設を移築したものも少なくなかったであろうが、新たに厖大《ぼうだい》な量の建築資材が求められたであろう。

その際、中央官衙である平城宮の殿舎《でんしゃ》の構築に必要とする建築資材は、大和周辺の山林地に造宮《ぞうぐう》省や木工寮《もくりょう》などによって山作所《さんさくしょ》を設け、そこから調達したものが少なくなかったものと推測される。しかし、官人層の宅地に構築する建物は、藤原京から移築したものに加えて外部から尨大《ぼうだい》な量の建築資材が必要となったであろう。

平城宮・京での発掘で検出される掘立柱《ほったてばしら》建物の柱根《ちゅうこん》には、柱のもとに桟穴《さんけつ》をとどめるものがじつに多く見つかっている。これらの柱や建築資材は、大和盆地の河川とともに、奈良山丘陵の北を流れる泉《いずみ》川（木津《きづ》川）によって漕運することが可能な地域から運ばれたものと推測して間違いないものである。

また、『正倉院《しょうそういん》文書』に収録されている天平宝字《てんぴょうほうじ》三・四年（七五九・七六〇）におこなわれた法華寺《ほっけじ》金堂の造営に関連する文書では、建築資材が伊賀山《いがやま》、丹波山《たんばやま》、近江の高島山の山林に山作所を設けて調達している。これらの木材の調達地のうち、近江の高島山の材木は、琵琶《びわ》湖から瀬田川、宇治川を下し、さらに泉川（木津川）によって泉津《いずみつ》に漕運し、泉津から車で運んでいる。

また、天平宝字五・六年（七六一・七六二）におこなわれた石山寺《いしやまでら》の造営では、近江の田上山に山作所を設けて木材を調達し、さらに高島山作所から榑《くれ》（厚い板）を調達したほかに、天平宝字年間には東大寺《とうだいじ》東塔を構築する建築資材を高島山作所によって購入し、泉津に漕運している。（註11）

このように、平城京への遷都以降には、建築資材の漕運は、近江では瀬田川流域のみでなく、湖西《こせい》北部の高島郡の地域もその対象地にふくまれている。

このことは、平城京への遷都以前から、安曇川流域の地域も、瀬田・石山の津を介在し、多くの建築資材を漕運しうる地域として、少なからずかかわりをもっていたことを推測して間違いないであろう。

さて、この近江の高島郡を本拠とする有力氏族に角（山）君がいる。この角山君は、角野郷を本拠とする郡領氏族であり、しかも山君の姓《かばね》からみて、石田川流域を中心に木材を調達し、さらに北の高島市マキノ町で製鉄遺跡が多く見つかっており、鉄生産とも深く関与したものと推測される氏族である。(註12) そして、高島市今津町大供に所在する大供廃寺は、角野郷に所在することからみて角山君の氏寺に推測される古代寺院である。この大供廃寺では、素弁《そべん》系二種、単弁系二種の軒丸瓦《のきまるがわら》が出土している。このうち単弁十弁蓮華文《れんげもん》は、外縁を素縁《そえん》とするものである。これと類似するものが大宝寺廃寺でも出土し、しかも外縁が素縁のものと外縁に格子目《こうしめ》叩きを施すものとがあり、より発展させている（図89）。

このことは、安曇川流域は、角山君一族の本来の本拠からは少し南に離れるが、高島郡の郡領《ぐんりょう》を担う氏族として、また山君として角山君一族が安曇川下流域に進出し、平城京への木材供給とも深くかかわった可能性が高いものと推測される。そして、その際に、それまで廃寺の状態だった大宝寺廃寺を、金堂や講堂の大棟《おおむね》に鴟尾を載せる優れた伽藍に再興したものと推測する。

以上述べたように、高島郡では、七世紀末ないし八世紀初頭には安曇川流域を本拠とす

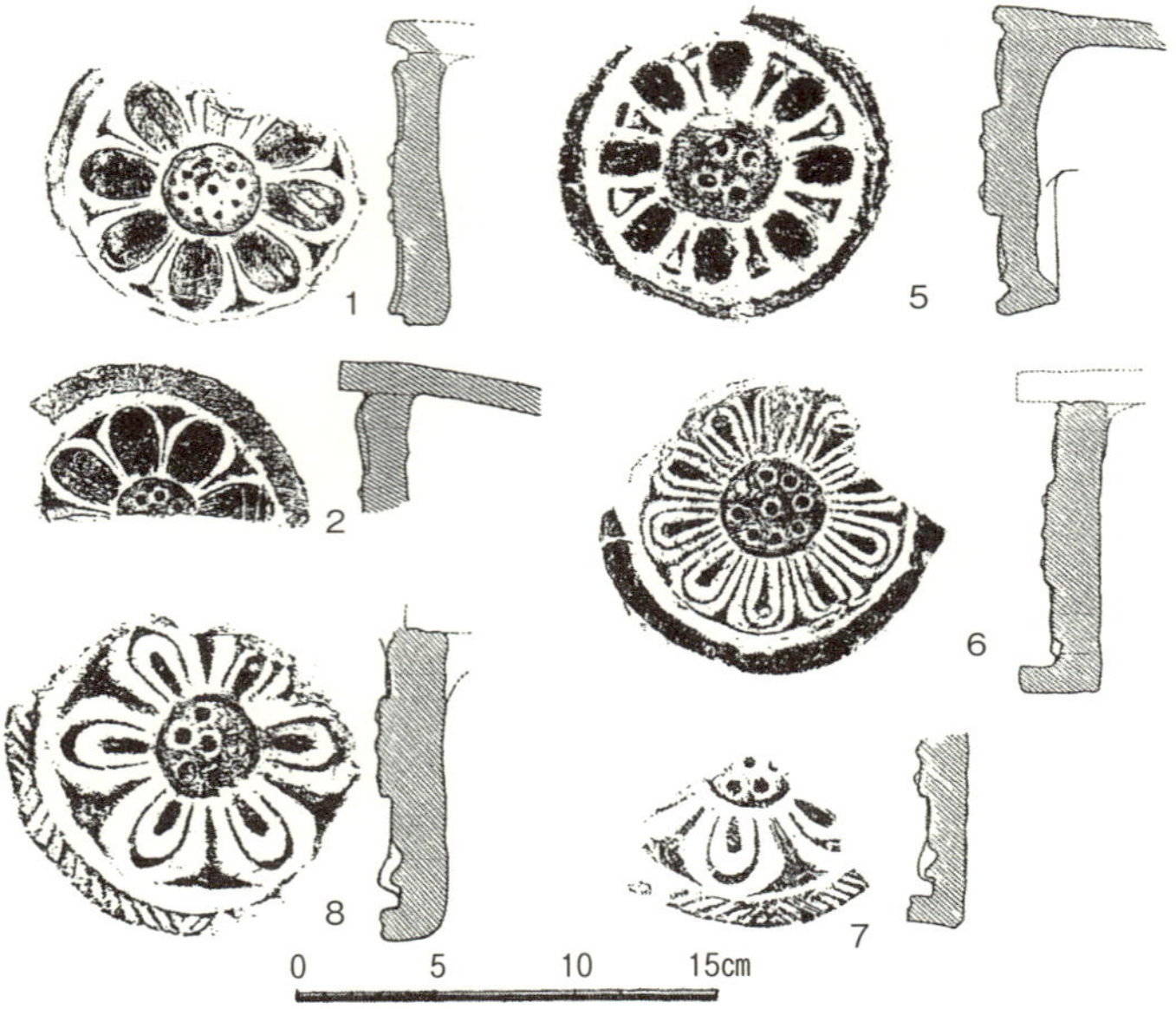

図89　大供廃寺出土の軒丸瓦（『近江の古代寺院』）

る有力氏族が豊かな経済力をもつ契機があったものと推測される。そして、安曇川に建てられた大宝寺廃寺が、七世紀末ないし八世紀初頭に、金堂・講堂の大棟に鴟尾をのせて仏殿を造営できた背景には、藤原京・平城京へ建築資材を漕運することによって豊かな経済力を有するようになったことと深く関連するものと推測されるのでる。

なお、この大宝寺廃寺の造営では、中断したことが推測され、その要因は、やはり古代最大の戦乱であった壬申の乱による可能性が最も高いものと理解する。(註13)

そして、以上述べたような藤原京・平城京の遷都にともない、近江でにわかに経済力をもつようになり、氏寺の造営をおこなったと推測される他の例をあえて求めると、つぎに記す瀬田川左岸に建てられている大津市石居《いしずえ》廃寺がその候補になるであろう。

四、類似の性格をもつ寺院

石居廃寺は、瀬田《せた》丘陵の南麓、瀬田川に東から合流する大戸《だいど》川の北側の大津市石居町にある古代寺院である。大戸川の川岸から、石居集落へ少し北に進んだところに、伽藍《がらん》の一部をなす建物基壇が遺存している（図19）。この建物基壇は、東西一一・七m、南北七mあり、一九個の柱座《はしらざ》を造り出した礎石が遺存する。現在は東西道路にせり出すように南側の柱座をもつ礎石が並んでいる（図63）。これまで島田貞彦《しまださだひこ》氏・肥後和男《ひごかずお》氏・高井悌三郎《たかいていさぶろう》氏らによって金堂《こんどう》跡に想定されており、他に北側に講堂、東南の小字「塔ノ前」に塔があったものと推測されている。（註14）

基壇に残る現状の礎石配置からすると、この建物は、桁行《けたゆき》五間《けん》ないし七間、梁行《はりゆき》三間ないし四間の仏殿の建物が想定され、礎石はいずれも柱座を造り出しているものが配されている。近江では同様の柱座をもつ礎石を配した寺院が少ないだけに、造営氏族を考える際に重視される。

　ここから採集されている軒丸瓦《のきまるがわら》には、中房に1＋8と1＋6の蓮子《れんし》を配した複弁八弁蓮《れん》華文《げもん》で、外縁が素文《そもん》のもの二種がある。蓮子1＋6のものには、周環をめぐらすものがある。軒平瓦《のきひらがわら》は重弧文《じゅうこもん》のものが採集されている。また、他に塼仏《せんぶつ》が三型式、塑像片、泥塔《でいとう》も見つかっている。（註15）このように石居廃寺では、複弁八弁で外縁が素文をなす軒丸瓦と重弧文が出土する。軒丸瓦には蓮子に周環をつけるものがあるので、白鳳《はくほう》期に造営されたものとみてよい。しかし、軒丸瓦には大宝寺《たいほうじ》廃寺の単弁十弁軒丸瓦と同様に、中房が小さく、外区が素文をなすものがあり、また柱座をもつ礎石からみて、堂塔の造営は八世紀まで継続して進められたものと推測される。

　このように、石居廃寺は軒瓦からみると、七世紀末に造営が開始し、八世紀にも続いて堂塔が建てられたことが想定されるものである。しかも、大戸川流域のごく手狭な平野部を本拠地とする氏族が寺院造営をおこない、しかも、比較的短期間に、柱座をもつ礎石を配した仏堂を構築したことを示している。このように短期間でこの寺院を造営することを可能としたのは、豊かな経済力によってなしえたものと思われる。そして、この氏寺を造営した候補としては、『正倉院《しょうそういん》文書』に収録された石山寺《いしやまでら》の大増改築に際し、檜皮《ひわだ》を葺く作業に協力した羽栗大山《はくりのおおやま》一族がいる。このように推測する田上《たなかみ》の羽栗氏の本拠とは少し

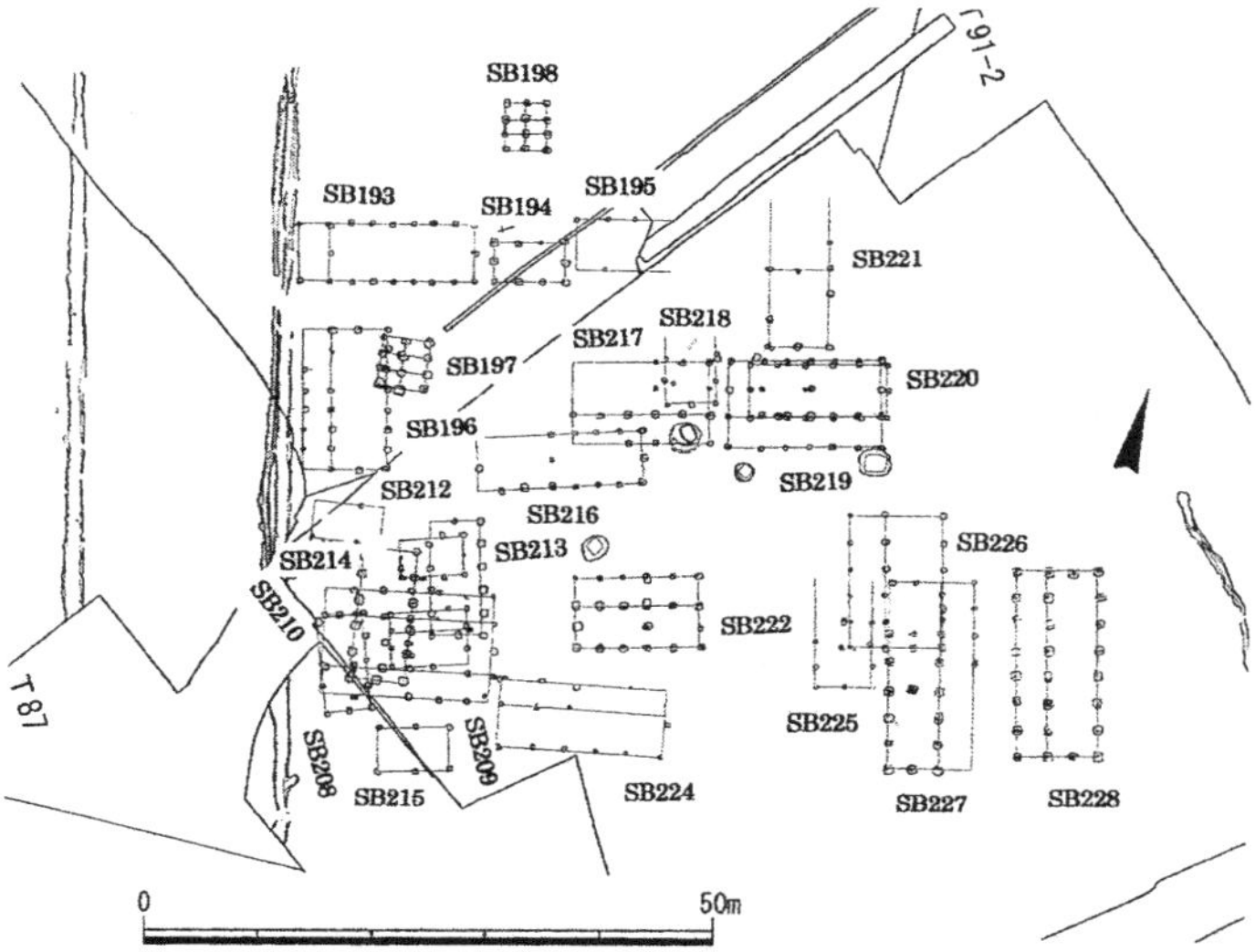

図90　関津遺跡北区の検出建物
（著者作成、滋賀県教育委員会『関津遺跡Ⅲ』）

離れるが、あえて大戸川の北岸に伽藍を建てた可能性が少なくないように思われる。

そして、近年に石居廃寺からさほど離れていない瀬田川左岸の関津遺跡の発掘調査からみると、ここでは八世紀代の大小の多くの掘《ほっ》立柱《たてばしら》建物が集中して検出されている(図90)。しかも、北区は大型建物が集中しており、これらは田上山で採取した木材を収納した木《き》屋《や》所《しょ》に推測しうる可能性が高い。そして、ここで国衙《こくが》あるいは郡衙《ぐんが》の関与のもと、木材の交易がおこなわれた可能性が少なくない。また、瀬田川と大戸川の合流地付近

に大きな港津《こうしん》があったことも想定され、ここから多くの木材が桴《いかだ》によって大和《やまと》へ漕運《そううん》されたことが推測される。（註16）

そして、関津《せきのつ》遺跡で検出された多くの掘立柱建物群からすると、石居廃寺の造営氏族も関津遺跡の一部に木屋所を設け、田上山から採取した木材を、瀬田川の東岸で桴に組んで、藤原京《ふじわらきょう》・平城京《へいじょうきょう》へ大量に漕運したものと推測されるのである。

おわりに

古代高島《たかしま》郡の大宝寺《たいほうじ》廃寺は七世紀後半に、近江《おうみ》に設けられた古代寺院では、早い時期に造営に着手した推測される寺院であった。しかし、現状で知りうる限られた採集資料からみると、寺院造営を開始した後、七世紀後半には造営が中断し、七世紀末ないし八世紀初頭に造営を再開し、堂塔の整備が進められたことが推測される。

しかも、この大宝寺廃寺からは、多くの鴟尾《しび》片が採集されており、その正確な製作年代は明らかでないが、これらは寺院造営を再開した際に構築した仏殿に載せられた可能性が高いものと推測される。また、この寺院の造営を再開するのに要した財源は、七世紀末から八世紀初頭におこなわれた大規模な藤原宮《ふじわらきゅう》・京《きょう》、平城宮《へいじょうきゅう》・京《きょう》の造営にともない、安曇《あど》川による多大な木材の漕運《そううん》によってえられたものと考えられる。また、大宝寺廃寺の造営が中断した要因も、この地域を本拠とする三尾君《みおのきみ》が壬申《じんしん》の乱によって没落したことと深く関連するものと推測され、この政変後に、角《つの》(山《やま》)君《のきみ》の一族がこの地域にも進出したものと推測する。(註17)

註

（1）林博通「大宝寺跡」『近江の古代寺院』真陽社　一九八九年
（2）飛鳥資料館「飛鳥時代の埋蔵文化財に関する一考察」『飛鳥資料館図録』第二四冊　飛鳥資料館　一九九一年
（3）林博通ほか『美園遺跡発掘調査報告―古代地方官衙跡―』滋賀県教育委員会・滋賀県文化財保護協会　一九七五年
（4）西田弘「古瓦の語る近江の古代」『湖国と文化』第七号　一九七九年
（5）西田弘「近江の古瓦Ⅱ　湖西・湖北」『文化財教室シリーズ』一八　財団法人　滋賀県文化財保護協会　一九七七年
（6）林博通前掲註1と同じ
（7）西田弘「角山君について」『近江の古代氏族』真陽社　一九九九年
（8）大脇潔「鴟尾」『日本の美術』三九二　至文堂　一九九九年。鴟尾の細かな編年は、まだ明らかに

なっていない。また、八世紀初頭の比較しうる鴟尾の確実な例は乏しい

(9) 西田弘前掲註七と同じ
(10) 西田弘「三尾君について」『近江の古代氏族』真陽社　一九九九年
(11) 福山敏男『日本建築史の研究』桑名文星堂　一九四三年
(12) 大橋信弥「近江における和邇系氏族の研究」『日本古代の王権と氏族』吉川弘文館　一九九六年
(13) ここでは、三尾君が壬申の乱によって没落した氏寺の造営が中断したものと推測する。大宝寺廃寺の造営の再開は、在地の有力氏族の角山君の一族以外には想定し難いであろう
(14) 林博通「石居廃寺」『近江の古代寺院』真陽社　一九八九年
(15) 肥後和男「石居廃寺」『滋賀県史蹟調査報告』第五冊　一九三三年
(16) 滋賀県文化財保護協会・滋賀県教育委員会『関津遺跡発掘調査報告』二〇一〇年
(17) 飛鳥の地域では、山田寺、奥山久米寺のように、造営が中断することによって、造営主体が異なると推測される例がある。小笠原好彦「奥山久米寺の性格と造営氏族」(『日本古代寺院造営氏族の研究』東京堂出版　二〇〇五年)

エピローグ

近江《おうみ》は、琵琶《びわ》湖の周辺に広がる地域である。この琵琶湖には野洲《やす》川・日野《ひの》川・愛知《えち》川・安曇《あど》川など、多くの河川が流れ込みながら、流出するのは瀬田《せた》川のみである。著者は、この瀬田川の流域の南郷《なんごう》の南端付近に居住している。瀬田川の東岸周辺に造営された古代寺院には、瀬田《せた》廃寺と石居《いしずえ》廃寺がある。また西岸付近には、石山《いしやま》の地に国昌寺《こくしょうじ》跡と、奈良時代に造営され、現在もなお灯明を続ける著名な石山寺《いしやまでら》がある。

これらの古代寺院のうち、石山寺は古代の伽藍《がらん》に関連する遺構がまったく検出されていないので、本書ではほとんどとりあげていない。しかし、奈良時代におこなわれた石山寺の伽藍の造営は、平城京《へいじょうきょう》の東で東大寺《とうだいじ》を造営した造東大寺司《ぞうとうだいじし》が担ったことから、じつに詳細な史料が『正倉院文書《しょうそういんもんじょ》』に残されている。

奈良時代の後半、淳仁《じゅんにん》天皇が即位すると、大師《たいし》（太政大臣《だ(い)じょう》）であった藤原仲麻呂《ふじわらのなかまろ》は、平城宮《へいじょうきゅう》の内裏《だいり》を改修するために、平城宮・京から近江の石山の地に、保良宮《ほらのみや》・京《きょう》を造営して遷都した。しかも、保良宮の付近で国家的な写経事業を進めるために、近くにあった石山寺の大増改築事業に着手している。

それまでの石山寺は、檜皮葺《ひわだ》きで庇《ひさし》のない掘立柱《ほったてばしら》の小仏堂と板葺の倉一棟、板屋が数棟あるだけだった。そのような小寺院に対し、礎石建で四面に庇をもつ寄棟《よせむね》造りの仏堂に大改築し、さらに法堂（講堂）一棟・食堂《じきどう》一棟・経奉写堂《きょうほうしゃどう》一棟・経蔵《きょうぞう》一棟・僧房四棟・板葺倉三棟と板屋の厨《くりや》・温屋《ゆや》（湯屋）・厠《かわや》など一四棟を構築するものであった。

このような石山寺の大増改築事業を担うため、奈良の造東大寺司から主典《さかん》の安都雄足《あとのおたり》が別当《べっとう》として派遣された。また、建物を構築する事務部門を担う案主《あんず》（書記）として下道《しものみち》主《ぬし》、写経部門を担う案主として上馬養《かみのうまかい》が併せて派遣されている。

そして、石山寺での仏堂（金堂《こんどう》）一棟をふくむ二六棟の建物の造営は、天平宝字《てんぴょうほうじ》五年（七六一）一二月から翌年七月上旬まで、八ヶ月でほぼ終了しており、その迅速さは驚くべきものであった。

これらの建物の構築に必要とした主要な木材は、近くの田上山《たなかみやま》に山作所《さんさくしょ》を設け、そこで樹木を伐採し、『正倉院文書』に記す「柱・桁《けた》・架《たるき》（垂木）・棉梠《きおい》（木負）・角木《すみき》（隅木）・長押《なげし》・佐須《さす》（叉首）・久礼《くれ》（榑＝厚板）・薄風《はふ》（破風）・机板《つくえいた》・温船板《ゆふねいた》・歩板《あゆみいた》・蘇岐板《そぎいた》・波多《はた》板《いた》・扇《とびら》（扉）・目草《まぐさ》（戸口上の材）・樋《とゆ》」などが作材されている。そして、これらの木材は、天神《てんじん》川・大戸《だいど》川・瀬田川によって石山津《いしやまつ》に漕運《そううん》している。

また、建物の構築を担当した工人らをみると、田上山で木材を伐木し製材した木工工人、石山寺で建物を構築した木工工人、仏堂の壁を塗った土工工人、鉄製工具や多くの釘《くぎ》を製作した鉄工工人、仏堂に絵を描いた画師《えし》、さらに漆塗工《うるしぬり》、仏像を制作した仏工工人らが作業を分担して進めたことが記されている。そして、仏堂の屋根は瓦葺きではなく、檜皮葺きとし、羽栗大山《はくりのおおやま》らが請け負って葺いている。

このような奈良時代に行われた石山寺の仏堂と食堂・僧房・倉などの構築からみると、近江の各地を本拠とする有力氏族の氏寺の伽藍の造営でも、多岐にわたる工人集団らが関与して造営が進められたものと推測される。

また、石山寺の造営では、事務部門を担う官人として別当・案主以下、それぞれの工人集団に対し、また造営工事に補助的に関与した仕丁《しちょう》や雇工《ここう》らに対しても、功銭《こうせん》や食料が支払われたことが記されている。そして、それらの諸経費の使途をみると、寺院の堂塔を構築する伽藍の造営は、じつに多大な経費・財源を必要としたことがよくわかる。それだけに、伽藍の中枢部に建てた金堂、塔、講堂などを連続して造営を進めるのは、きわめて難しいことで、数年以上の準備期間が必要だったものと推測される。

本書で述べた近江の古代寺院は、いずれも廃寺となっており、往時に構築された堂塔の造営工程と堂塔や伽藍の威容を見ることは難しい。しかし、『正倉院文書』として、奈良時代の後半におこなわれた石山寺造営の史料が遺存することによって、古代の寺院造営の実態の一端を知ることができる。

さらに、石山寺の仏堂（金堂）の屋根は、完成を急いだせいか、檜皮葺《ひわだ》きしている。本書で取り上げた近江の古代寺院跡では、いずれも瓦類が出土しており、瓦葺きした堂塔が構築されている。これらの瓦類は、その大半は丘陵地に瓦窯《がよう》を設け、丸瓦・平瓦《ひらがわら》・軒《のき》丸瓦《まるがわら》・軒平瓦を焼成して葺いたものである。古代寺院の堂塔の屋根に、瓦葺きすることは、長く堂塔を維持・存続させるために不可欠なことであったことを示している。

そして、この古代寺院の堂塔の屋根に葺いた瓦類のうち、とりわけ軒丸瓦・軒平瓦の瓦当文様とその製作技法などによって、堂塔が構築された時期、さらに堂塔を補修し、伽藍が存続した歴史をたどることができる。また、堂塔の構築に際して設けた基壇の外装では、壇正積《だんじょうづみ》基壇のほかに、六世紀代に百済《くだら》の扶余《ふよ》の寺院の堂塔に採用したのを起源とする瓦積《かわらづみ》基壇も導入されており、近江では渡来系氏族の氏寺に顕著に採用されており、造営氏族の性格がよく反映している。

さて、本書の第一部は、令和五年（二〇二三）一月一日から十二月二四日まで、「近江の古代寺院と造営氏族」と題し、『滋賀民報』に隔週で二十三回にわたって連載したものである。本書への収録に際して、多くの挿図を加えることにした。

また、第二部は新たに執筆したもの、第三部の「穴太《あのう》廃寺の性格と造営氏族」は『かにかくに』（八賀《はちが》晋《すすむ》先生古稀《こき》記念論文集　二〇〇四年）所収、「蜂屋《はちや》廃寺の性格と造営氏族」は新たに執筆したもの、「大津《おおつ》廃寺の性格と宝光寺《ほうこうじ》廃寺」も新たに執筆したもの、「湖東式軒丸瓦の成立と系譜」は『近江の考古と歴史』（西田《にしだ》弘《ひろむ》先生米寿記念論集　二〇〇一年）所収、「宮井《みやい》廃寺の性格と造営氏族」は『淡海《おうみ》文化財論叢《ろんそう》』第二輯《しゅう》（二〇〇七年）所収、「大宝寺《たいほうじ》廃寺と造営氏族の性格」は『淡海文化財論叢』第三輯（二〇一一年）に所収された論文を再録したものである。ただし、第三部の挿図は、第一・第二部と重複するのを避け、ごく一部にとどめている。

本書は、飛鳥《あすか》時代から奈良時代に政治の中心地となり、八〇余の古代寺院が造営された大和《やまと》につぐ、六〇余の古代寺院が造営された近江に構築された古代寺院とその造営を担った有力氏族に言及したものである。本書を読まれた後、ぜひ近江の古代寺院跡のいくつかを探訪してみていただきたい。

本書の編集および刊行をスムーズに進めていただいた、サンライズ出版の岩根順子氏・矢島潤氏の両氏に、心からお礼を申します。

二〇二五年二月

小笠原　好彦

著者プロフィール

小笠原好彦（おがさわら・よしひこ）

1941年　青森市生まれ
1966年　東北大学大学院文学研究科修士課程修了
奈良国立文化財研究所主任研究官、滋賀大学教授、明治大学大学院特任教授を経て、現在、滋賀大学名誉教授、博士（文学）

主な著書

『近江の考古学』（サンライズ出版　2000年）
『日本古代寺院造営氏族の研究』（東京堂出版　2005年）
『聖武天皇が造った都』（吉川弘文館　2012年）
『日本の古代宮都と文物』（吉川弘文館　2015年）
『古代豪族葛城氏と大古墳』（吉川弘文館　2017年）
『検証　奈良の古代遺跡』（吉川弘文館　2019年）
『検証　奈良の古代仏教遺跡』（吉川弘文館　2020年）
『古代近江の三都　大津宮・紫香楽宮（甲賀宮）・保良宮の謎を解く』（サンライズ出版　2021年）
『古代宮都と地方官衙の造営』（吉川弘文館　2022年）
『平城京の役人たちと暮らし』（吉川弘文館　2023年）
『奈良時代の大造営と遷都』（吉川弘文館　2024年）

近江《おうみ》の古代寺院と造営氏族
発掘した遺構と軒瓦《のきがわら》から謎を解く

2025年３月15日　初版第１刷発行

著　者　小笠原好彦
発行者　岩根順子
発行所　サンライズ出版
〒522-0004
滋賀県彦根市鳥居本町655-1
電話 0749-22-0627　FAX 0749-23-7720

印刷・製本　シナノパブリッシングプレス

 ISBN978-4-88325-844-4